中国消防救援学院规划教材

消防政治机关工作

主　　编　李连东　王燕群
副 主 编　陈明厚　李蓉蓉
参编人员　李　醍　侯建锋　陈向华
　　　　　于　鹏　元彦梅　原　源
　　　　　杨劲方

应 急 管 理 出 版 社
·北　京·

图书在版编目（CIP）数据

消防政治机关工作/李连东，王燕群主编.--北京：应急管理出版社，2024
中国消防救援学院规划教材
ISBN 978-7-5237-0511-7

Ⅰ.①消… Ⅱ.①李… ②王… Ⅲ.①消防部队—机关政治工作(军事)—中国—高等学校—教材 Ⅳ.①E277.12

中国国家版本馆 CIP 数据核字(2024)第 074200 号

消防政治机关工作（中国消防救援学院规划教材）

主　　编	李连东　王燕群
责任编辑	郭玉娟
责任校对	张艳蕾
封面设计	王　滨
出版发行	应急管理出版社（北京市朝阳区芍药居 35 号　100029）
电　　话	010-84657898（总编室）　010-84657880（读者服务部）
网　　址	www.cciph.com.cn
印　　刷	北京建宏印刷有限公司
经　　销	全国新华书店
开　　本	787mm×1092mm 1/16　印张　13　字数　281 千字
版　　次	2024 年 5 月第 1 版　2024 年 5 月第 1 次印刷
社内编号	20231594　　　　　　　　定价　39.00 元

版权所有　违者必究

本书如有缺页、倒页、脱页等质量问题，本社负责调换，电话：010-84657880

前 言

中国消防救援学院主要承担国家综合性消防救援队伍的人才培养、专业培训和科学研究等任务。学院的建设与发展，对于加快构建消防救援高等教育体系、培养造就高素质消防救援专业人才、推动新时代应急管理事业改革发展，具有重大而深远的意义。学院秉承"政治引领、内涵发展、特色办学、质量立院"办学理念，贯彻对党忠诚、纪律严明、赴汤蹈火、竭诚为民"四句话方针"，坚持立德树人，坚持社会主义办学方向，努力培养政治过硬、本领高强，具有世界一流水准的消防救援人才。

教材作为体现教学内容和教学方法的知识载体，是组织运行教学活动的工具保障，是深化教学改革、提高人才培养质量的基础保证，也是院校教学和学术科研水平的重要反映。学院高度重视教材建设，紧紧围绕人才培养方案，按照"选编结合"原则，重点编写专业特色课程和新开课程教材，有计划、有步骤地建设了系列具有学院专业特色的规划教材。

系列教材以马克思列宁主义、毛泽东思想、邓小平理论、"三个代表"重要思想、科学发展观、习近平新时代中国特色社会主义思想为指导，以培养消防救援专门人才为目标，按照专业人才培养方案和课程教学大纲要求，在认真总结实践经验，充分吸纳各学科和相关领域最新理论成果的基础上编写而成。教材在内容上主要突出消防救援基础理论和工作实践，并注重体现科学性、系统性、适用性和相对稳定性。

本教材由中国消防救援学院副教授李连东、教授王燕群任主编，讲师陈明厚、副教授李蓉蓉任副主编。参加编写人员及分工：李连东编写第一章，陈明厚编写第二章，王燕群编写第三章，陈向华编写第四章，李蓉蓉、于鹏编写第五章，陈向华、侯建锋编写第六章，杨劲方编写第七章，元彦梅编写第八章，李醍、原源编写第九章。

系列教材在编写过程中，得到了国家消防救援局、相关院校及科研院所的大力支持和帮助，谨在此深表谢意。

　　由于编者水平所限，教材中难免存在不足之处，恳请读者批评指正，以便再版时修改完善。

中国消防救援学院教材建设委员会
2023 年 12 月

目 录

第一章　绪论 1
　　第一节　队伍政治机关工作的性质和地位 1
　　第二节　队伍政治机关工作的内容和要求 3
　　第三节　队伍政治机关工作的特点和原则 6
　　第四节　学习队伍政治机关工作的意义与方法 10

第二章　组织建设工作 14
　　第一节　指导基层按纲抓建工作 14
　　第二节　党务日常管理 18
　　第三节　组织业务工作 25
　　第四节　指导基层群团组织工作 30

第三章　思想政治工作 39
　　第一节　开展理论研究 39
　　第二节　指导基层思想政治教育 44
　　第三节　思想政治工作教员队伍建设 55
　　第四节　组织指导基层经常性思想工作 59
　　第五节　组织指导心理服务工作 63

第四章　干部管理工作 70
　　第一节　领导干部考核 70
　　第二节　机关干部考核 75
　　第三节　领导干部选拔任用 78
　　第四节　干部调动 82
　　第五节　辞职辞退 84
　　第六节　专业技术干部管理 86
　　第七节　干部福利工作 89

第五章 宣传工作 ········· 95

第一节 宣传工作概述 ········· 95
第二节 消防舆情应对工作 ········· 98
第三节 先进典型的培育和宣传 ········· 104
第四节 文化工作 ········· 109

第六章 管理工作 ········· 121

第一节 消防员管理业务工作 ········· 121
第二节 队伍日常管理工作 ········· 125
第三节 队伍预防事故工作 ········· 130

第七章 纪检监察工作 ········· 135

第一节 纪律检查委员会的领导体制、产生及运行 ········· 135
第二节 纪律检查委员会的工作职责及主要任务 ········· 137
第三节 纪检机构执纪工作 ········· 139

第八章 政治机关干部队伍建设 ········· 146

第一节 政治机关干部的职责和要求 ········· 146
第二节 政治机关干部队伍建设的主要内容 ········· 156
第三节 政治机关干部队伍建设的主要方法 ········· 168

第九章 消防政治机关文书写作 ········· 172

第一节 消防政治机关文书写作概述 ········· 172
第二节 消防政治机关文书写作的基本要求 ········· 181
第三节 消防政治机关专用文书 ········· 184

参考文献 ········· 200

第一章 绪 论

队伍政治机关是中国共产党在国家综合性消防救援队伍中的工作机关,是负责管理所属队伍党的工作、组织进行政治工作的领导机关。在实现中华民族伟大复兴的新时代,我们要全面实现国家综合性消防救援队伍始终成为党绝对领导下的常备应急骨干力量,确保队伍绝对忠诚、绝对纯洁、绝对可靠,确保队伍建设高质量发展,确保队伍有效履行职能使命。加强队伍政治机关建设,做好队伍政治机关工作,具有不可或缺的重要作用。

第一节 队伍政治机关工作的性质和地位

队伍政治机关工作的性质和地位,是一个带有全局性和根本性的问题,它不仅规定着政治机关工作的目的和内容,而且规定着政治机关工作的原则和方向。因此,揭示政治机关工作的性质和地位,是政治机关工作理论体系中不可或缺的重要内容。

一、队伍政治机关工作的性质

队伍政治机关工作的性质,就是揭示党在国家综合性消防救援队伍中的政治机关工作的根本属性,也就是国家综合性消防救援队伍政治机关工作与其他机关工作的区别,从而准确地把握队伍政治机关工作的特殊性。显而易见,队伍政治机关的性质决定队伍政治机关工作的性质,队伍政治机关工作的性质表现或反映着队伍政治机关的性质。

(一)政治机关是中国共产党在队伍中的工作机关

中国共产党是中国特色社会主义事业的坚强领导核心,是最高政治领导力量,各个领域、各个方面都必须坚定自觉坚持党的领导。作为党绝对领导下的一支国家综合性常备应急骨干力量,要确保"对党忠诚、纪律严明、赴汤蹈火、竭诚为民",永远做党和人民的忠诚卫士,就必须通过一定的组织实体和运行机制来实现。一是政治机关就是党的工作机关。国家综合性消防救援队伍中的各级政治机关,是中国共产党为了实施对队伍的绝对领导而专门设置的工作机关。党的路线、方针、政策和党对国家综合性消防救援队伍的各项指示、要求等,都是通过政治机关来宣传贯彻落实。因而,政治机关是党的意志的体现,并通过卓有成效的实际工作,使党的路线方针政策成为国家综合性消防救援队伍的自觉行动,保证党对国家综合性消防救援队伍的绝对领导。因此,坚持不坚持政治机关的党性原则,实质上是能不能坚持党对国家综合性消防救援队伍实施绝对领导的根本问题,也是能否使这支国家应急救援主力军在思想上政治上行动上同党中央保持高度一致的重大政治原则问题。二是政治机关是同级党委的办事机关。国家综合性消防救援队伍中各级党的委员会是所属队伍决策重大问题的最高领导机构，而政治机关则是在同级党的委员会领导下的具体承办党委工作的办事机关。但是，党的委员会对队伍全面建设的科学决策、民主决策、依法决策，离不开政治机关的基础性工作和参谋助手作用。如决策前，政治机关要进行大量的调查研究和情况收集，提供具体的研究方案，起草有关的会议文件，通知会议的有关事项等；决策中，要积极配合和协助党的委员会核实有关问题，提供更为准确的情况，记录和整理讨论有关情况，汇总和起草决定、决议等；决策后，要负责向所属单位传达贯彻党委的决议，组织队伍学习讨论，督促检查并做好信息反馈等一系列工作。此外，政治机关还要在平时承办党委的一些事务性工作，如党委会议的记录，党委文件、党委请示报告的起草、印发与保管，党委工作总结的拟写，党委印章的使用与管理，以及上级党委和政治机关文件的传阅等。

需要强调的是，政治机关作为党在队伍中的工作机关和同级党的委员会，都是党对国家综合性消防救援队伍实施绝对领导的领导体制，但二者在工作性质上有所区别。首先，党的委员会与该级政治机关是领导与被领导的关系，政治机关的各项工作必须对同级党的委员会和政治委员负责，决不能脱离党委的统一领导而另搞一套。其次，政治机关在政治工作方面的决策与领导，应在同级党委的统一领导下，并在征得党的委员会同意后才能组织实施，决不能脱离党委对所属队伍各项重大问题的决策而孤立地抓政治工作，更不能以政治工作的重要性或特殊性来影响和干扰党委工作的全局计划。

（二）政治机关是中国共产党在队伍中的思想工作机关

中国共产党对国家综合性消防救援队伍的绝对领导，首先是政治上、思想上的领导，所谓政治上的领导，主要是党的路线方针政策的领导。它具体体现为，必须严格执行党的基本理论、基本路线、基本方略，在政治方向上与党中央保持一致。所谓思想上的领导，主要是指党通过在队伍中建立的各级组织和机关的思想工作，把队伍中干部群众的思想认识统一到党的路线方针政策上来，以达到认识的一致性和行为选择的正确取向性。因此，政治机关就是为使党的路线方针政策变为干部群众自觉的认知而设置的专门从事党的教育任务的思想工作机关。

（三）政治机关是中国共产党在队伍中的组织工作机关

组织领导是实现政治领导和思想领导的根本保证。政治机关作为党在队伍中的组织工作机关，具体体现在：政治机关要对所属队伍中的党组织和群众组织以及政治工作机构进行管理和组合。国家综合性消防救援队伍是党绝对领导下的坚持纪律部队建设标准的综合性常备应急骨干力量，要建设好这支队伍，不仅要建立党的各级组织，而且还必须建立健全政治工作的各项制度。通过健全党的组织，配备好各级领导班子，严格落实组织生活制度和领导制度，以及党员教育、党员发展、党员管理等一系列组织管理活动，把党员组织起来，使党组织成为党领导和掌握队伍的组织支撑，担负起实现党的绝对领导、团结巩固队伍、完成各项任务的重要责任。同时，还要根据党的建设总目标和队伍的基本任务，依据各类群众组织的章程、制度、原则和工作特点，做好组织协调工作，通过思想沟通和目标、关系、工作、行为的协调，增强内外团结和组织的吸引力以及全体干部群众的向心力，使各种组织机构和各项工作保持协调有序的最佳运行状态，最大限度地发挥政治工作的整体效能。所有这些，都要靠政治机关的组织工作去落实和保证。

二、队伍政治机关工作的地位

队伍政治机关工作的地位，是指队伍政治机关工作在队伍建设的整体结构和系统中所处的方位。认识和把握队伍政治机关工作的地位，必须着眼于队伍建设的全局，通过对队伍政治机关工作与周围相关事物的空间关系上进行全方位研究，确定其所处的位置。

（一）从与政治工作的关系看，政治机关工作处于指导地位

队伍政治工作是党在队伍中的思想工作和组织工作，它涵盖的内容十分广泛，其实质上是党领导和掌握队伍的工作。顺利有效地完成这些工作，需要队伍政治机关去组织实施。各级政治机关是所属队伍政治工作的领导机关，在上级政治机关的指导、同级党的委员会和政治委员的领导下，负责管理所属队伍党的工作，组织进行政治工作。显而易见，队伍政治机关工作就是根据同级党组织和政治主官的指示要求和上级政治机关的指导意见，对所属队伍政治工作进行指导与检查评估。它主要体现在：一是指导所属队伍政治工作目标、计划的制定与落实，并对贯彻实施情况进行检查评估；二是指导所属队伍加强对政治工作的组织机构和政工人员的管理，确保各项任务落到实处；三是指导所属队伍各项政治工作的开展，发现经验及时总结推广，发现问题及时解决纠正。

（二）从与同级党委和政治委员工作的关系看，政治机关工作处于参谋助手地位

队伍各级党的委员会对本单位的组织、人员和工作实行统一领导。党委是各队伍政治工作的最高领导机构。队伍政治机关是党的工作机关，是同级党委的办事机关，是为党委对队伍实施统一领导而设立的。因此，从政治机关工作与队伍党委工作的关系看，政治机关工作的存在，是以党委的领导工作需要为前提的，政治机关工作必须按照党委的意图行事，政治机关必须在党的工作、政治工作方面当好党委的参谋助手。

各级政治机关还要接受本队伍政治主官的领导。政治主官和同级行政主官同为单位首长，在上级首长、同级党的委员会领导和上级政治机关的指导下，对本单位各项工作共同负责。领导政治机关的工作，抓好政治机关和政治干部队伍建设，是政治主官的主要职责之一。各级政治机关的工作，要向政治主官请示报告，在政治主官的组织领导下开展。

第二节 队伍政治机关工作的内容和要求

队伍政治机关工作的内容和要求是由队伍政治机关工作的性质与地位决定的。国家救援力量转隶改革后，队伍政治机关工作的内容有了不少新变化，这也给做好这些工作提出了许多新要求。

一、队伍政治机关工作的内容

根据国家消防救援局相关文件规定,政治机关的主要业务工作构成了队伍政治机关工作的主要内容。

(一)组织教育处(科)(机关党委)

总队组织教育处主要负责组织指导思想政治教育,承担新闻宣传、舆情应对、文化建设等工作。支队组织教育科主要负责承办支队党委的日常党务工作,制定加强党组织建设的计划和措施,筹办本级和指导队伍召开党的代表大会和党的代表会议工作,指导党员教育和发展党员工作;指导开展群众性争创先进和学习英雄模范的活动;管理表彰奖励、优抚优待、婚姻工作;队伍共青团建设、青年工作、消防指战员委员工作和工会、妇女工作;指导队伍思想政治教育、政治理论学习研究,承担支队党委中心组学习;指导队伍经常性思想工作、心理工作和自杀事件预防等工作;指导队伍文化建设,组织群众性的文体活动;指导队伍消防救援、重大活动消防安全保卫等遂行任务和训练中政治工作等。

(二)人事处(科)

总队人事处主要负责干部人事、劳动工资等工作,组织指导人才队伍建设。支队人事科主要负责管理掌握队伍领导班子和干部队伍的情况,组织做好干部选拔任用工作,提出干部调整任免意见;拟订干部工作计划、人才规划、制度和规定并指导实施;组织指导消防救援人才队伍建设;研究基层干部队伍建设的意见和措施等。

(三)队务处(科)

总队队务处主要负责机构编制管理和消防员人事、劳动工资等工作,组织指导队伍正规化建设与管理,承担安全保卫工作。支队队务科主要负责队伍机构编制管理和人员实力统计,承办建制单位与内设机构组建、调整、撤销,以及印章请领、制发、收缴、销毁等工作;组织队伍消防员招录、培训、考核、任免、晋升、调配、退出、安置等工作,负责消防员工资、津补贴、奖金等核定,组织指导消防员休假、婚恋、量化考评、档案、证书等日常管理工作;承办消防员年度定期增资工作;督促消防救援队伍加强正规化建设,落实经常性管理和纠察等工作;定期分析消防救援队伍安全形势,督促、检查、落实各项安全管理措施,确保队伍安全稳定;组织指导队伍内部多种形式消防救援队伍管理和政府专职消防队员、消防文员的招录退出、培训考核、日常管理等工作;牵头统筹指导消防救援队伍和消防行业职业技能鉴定工作等。

(四)纪检督察处(科)

总队纪检督察处主要负责组织指导支队党风廉政建设,开展巡察、内部审计和执纪审查工作。支队纪检督察科主要负责监督检查支队执行党的路线、方针、政策和决议,遵守党的章程和其他党内法规、国家法律法规,以及执行上级决定、命令等情况;研判支队党风廉政建设形势并开展廉政风险排查,制定党风廉政建设制度规定并组织实施;推动支队党委、纪委履行全面从严治党主体责任和监督责任;组织开展支队党委巡察工作;负责支队廉政文化建设，组织指导支队开展廉洁从政教育、警示教育等反腐倡廉教育；组织开展监督检查工作，监督队伍依法履行职责、行使职权和遵守纪律情况，并按规定权限和程序实施问责；按规定受理支队涉嫌违纪的检举、控告和不服从处分的申诉，开展线索处置和执纪审查；承担支队纪委日常工作；组织制定队伍审计工作制度规定并组织实施；负责队伍预算经费、预算外经费、地方保障经费和工程建设、物资采购、信息化项目，以及财务收支、资金管理情况的审计监督；组织开展队伍专项审计和调查研究；配合上级审计部门，按照权限组织开展队伍审计监督，承担法律、法规规定的其他审计事项的审计监督工作；负责委托社会中介机构做好单位相关项目审计工作，审定社会中介机构出具的审计报告；负责沟通协调审计署派驻地方机构、地方审计部门，协助开展队伍审计等相关工作。

二、队伍政治机关工作的要求

队伍政治机关工作的性质与地位，决定了队伍政治机关工作比其他工作有着更高的要求。

（一）政治过硬，坚持原则

队伍政治机关肩负着保证党的意志主张在队伍贯彻落实的重大责任，队伍政治机关工作必须旗帜鲜明讲政治，坚持原则，公平公正，这是队伍政治机关威信所系，也是队伍政治工作的威力所在。政治过硬，就是要始终牢记"国之大者"，坚持以党的旗帜为旗帜、以党的宗旨为宗旨、以党的目标为目标，坚持"两个确立"、坚定"四个自信"、做到"两个维护"，自觉在思想上政治上行动上同党中央保持高度一致。坚持原则，就是要以法律为准绳，以政策为依据，按照有关的政策、规定来办事，面对不正之风敢于亮剑，面对矛盾问题敢于迎难而上，不断提高政治判断力、政治领悟力、政治执行力。这就要求队伍政治机关干部要始终站在党和队伍工作的高度，出谋划策、贡献智慧，紧紧围绕应急救援想问题、办事情，加强指导、促进落实；始终牢记自己的身份和职责，老老实实做人，兢兢业业做事，把慎独慎初慎微慎友，自重自省自警自励作为修身律己的有效形式和最高境界，自我修炼、自我约束、自我塑造。

（二）业务娴熟，能力高强

这是从事政治机关工作的基本功，也是每一个工作人员必须具备的素质和能力。业务娴熟，就是要熟悉本职业务的有关政策、规定、要求和办理手续、程序以及遵守的纪律，力求做到"一口清"；能力高强，就是要既专又博，一专多能，做到会调查研究、会业务指导、会文字表达、会组织协调、会网络运用、会参谋指挥。这就要求政治机关干部要有"板凳宁坐十年冷"的毅力，始终保持锲而不舍的精神、常读常新的态度、百读不厌的劲头，带头参加集中学习、带头参加政治教育、带头参加研讨交流，以学习训练的"辛苦指数"换取能力素质的"成长指数"，在能说会写善做中反映首长的意图和队伍的情况，确保各项任务高质量完成。

（三）遵纪守法，严守秘密

队伍政治机关是党的政策的执行机关，是贯彻执行法律法令、党规党纪的工作机关，纪律要求严，涉密程度高。因此，做好队伍政治机关工作一定要注意遵纪守法，严守秘密。一是要模范执行党的纪律规矩和国家的法律、法令。政治纪律和政治规矩是党最根本、最重要的纪律，遵守政治纪律和政治规矩是遵守党的全部纪律的基础。要坚决反对本位主义，决不允许搞"上有政策、下有对策"，决不允许有令不行、有禁不止，决不允许在贯彻执行党中央和各级党委决策部署上打折扣、做选择、搞变通。二是要有强烈的保密意识。队伍政治机关的所有工作人员都要做到口要紧、话要慎、行要正，不该说的绝对不说，不该做的坚决不做，坚决杜绝各类泄密事件发生。

（四）调查研究，作风扎实

这是政治工作威信所在，也是政治机关工作效益之根本。队伍政治机关工作肩负着教育人、引导人、培养人、塑造人的使命职责，面对世界百年未有之大变局，面对转隶重塑后的新情况新问题，做好铸魂育人的工作，队伍政治机关必须把主要精力和时间放在深入实际、调查研究上，说老实话，办老实事，做老实人，严格按照习近平总书记提出的好干部的"五条标准"，以"三严三实"为座右铭，加强修养，不断改造，敢于担当，以身作则，坚决摒弃"工作讲排场、活动争彩头"的名利思想，自觉克服形式主义和官僚主义，扎扎实实地为基层建设服务、为广大消防员服务。

第三节　队伍政治机关工作的特点和原则

政治机关工作作为队伍政治工作的重要组成部分，它不仅要按照队伍政治工作的特点和规律办事，而且必须遵循其自身工作的特点和规律，只有这样，队伍政治机关工作才能实现科学性和实效性。

一、队伍政治机关工作的特点

（一）政治性

队伍政治机关是党为了实施对队伍的绝对领导而专门设置的工作机关，政治机关和政治干部是政治工作的主体力量，毫无疑问，政治性是队伍政治机关工作的显著特点。正因为如此，队伍政治机关各项工作都必须把党的政治建设摆在首位，把对党绝对忠诚作为第一位的标准，把讲政治作为第一位的要求。

队伍政治机关工作的政治性，要求队伍政治机关工作人员理想信念特别坚定，树牢"四个意识"、坚定"四个自信"，始终保持对马克思主义的坚定信仰，对中国特色社会主义的坚定信念；党的领导的意识特别牢固，坚持党对队伍绝对领导的根本原则和制度，严守政治纪律和政治规矩，在保持一致、听党指挥上坚定自觉；党性原则特别坚强，恪守党的性质和宗旨，在党言党、在党忧党、在党为党，坚决贯彻党的意志和主张，坚定地站在党的立场上认识和处理问题，敢于同损害党的形象的行为作斗争，发挥政治工作应有的战斗功能。

（二）指导性

自国家综合性消防救援队伍成立以来，队伍政治机关的职能发生了重大变化，队伍政治机关工作的指导性更为突出。如总队、支队两级政治工作部门主要是组织指导队伍的思想政治教育、组织工作、干部工作、消防员工作、经常性管理工作、宣传文化工作和遂行任务政治工作。

队伍政治机关工作的指导性，要求队伍政治机关工作人员必须精通本职业务，着力提高政治素养、指挥素养、信息素养、人文素养，增强掌握思想、抓建组织、服务中心、帮带解难、言传身教的能力，同时还要熟练运用业务知识进行工作指导，使自己站起来能讲、坐下来能写、蹲下去能抓，成为政治工作的专家、分管领域的行家、党委首长的高参。

（三）服务性

政治工作是做人的工作，作为政治工作的领导机关，政治机关工作必须凸显服务性的特征：一是服务于消防救援。消防救援是队伍的主责主业，也是政治工作的主责主业，政治机关工作必须紧紧围绕这一主责主业统筹谋划。二是服务于党委工作。队伍政治机关是同级党委的办事机关，它所开展的工作就是对党委的决议与决策的形成和落实提供服务性的工作。三是服务于基层。基层是队伍政治机关工作服务的重点。队伍政治机关工作要为基层建设提供保障性服务，为基层建立良好的正规秩序进行协调性服务，为基层全面发展进行指导性服务。

队伍政治机关工作的服务性，要求队伍政治机关工作人员必须牢固树立一切为了救援的思想，树牢"政治机关是指挥机关""应急救援是主业是本分"等观念，大兴研究应急救援之风，坚决铲除和平积弊，全面提升素质本领；要大兴联系群众之风，彻底革除那种"门难进、脸难看、话难听、事难办"的衙门作风，以热情服务、优质服务、廉洁服务的形象，赢得基层。

二、队伍政治机关工作的原则

原则是队伍政治机关工作必须遵循的基本准则和规范，是做好队伍政治机关各项工作的基本依据。政治机关要真正成为使党放心、使队伍干部和消防员满意的政治工作指挥部，在履行自己的职责时，应当坚持和把握以下几个重要的指导原则。

（一）坚持服从领导与开拓创新的统一

坚持服从领导与开拓创新的统一，是根据队伍政治机关的性质地位和职能作用以及各队伍的不同实际确立的。队伍政治机关作为党在队伍中的工作机关，决定了其既要无条件地服从党的路线方针政策的领导，服从上级政治机关的领导，服从同级党委首长的领导，又要坚持解放思想，实事求是，与时俱进，善于结合实际，创造性地抓好贯彻落实。服从领导是开拓创新的前提，决定着开拓创新的内容、范围和方向；开拓创新不能违背党的路线方针政策，不能偏离上级政治机关的指示和同级党委首长意图。

坚持这一原则，实质上就是对上负责与对下负责的辩证统一。一是吃透"上面"的，即要认真学习党的路线方针政策和上级政治机关以及同级党委首长的指示、决定，领会精神实质，保持清醒的政治头脑；二是摸清"下面"的，即对本单位、本部门的实际情况要了如指掌，并随时研究队伍面临的新情况新问题；三是了解"外面"的，即对兄弟单位的一些好的做法要及时了解掌握，有针对性地加以借鉴；四是拿出"自己"的，即要把上级的指示精神同本单位的实际相结合，实施科学民主依法决策，拿出使基层单位看得懂、摸得着、照着办的具体计划；五是变成"大家"的，即要深入做好思想发动，把指战员的认识统一到领导机关的决策部署上来；六是见到"实际"的，即在具体的指导过程中要创造性地做好各项工作，坚持一抓到底，不见成效不放手。

（二）坚持突出中心与兼顾一般的统一

坚持突出中心与兼顾一般的统一，是依据马克思主义哲学的重点论和两点论原理提出的。马克思主义认为，任何事物都是由多种要素构成的一个矛盾的统一体，但由于统一体内各要素所处的地位不同，对整个矛盾统一体的作用也不同。政治机关工作也不例外。队伍政治机关在处理纷繁复杂的日常业务中，要紧紧抓住和服从于队伍的中心工作，把中心工作与一般性业务工作统一起来，使整个政治机关工作有条不紊地进行。要遵循处理二者关系的原则，就是要认真分析全局形势，抓住主要矛盾，在组织实施政治工作中做到突出中心，兼顾一般。突出中心，即在某个时期或某个阶段，必须集中主要力量，抓好事关全局、对全盘工作具有决定性意义的工作。兼顾一般，即在集中力量抓好中心工作的同时，要注意做好其他业务性工作。由于队伍政治机关的中心工作是随着党、国家和队伍不同时期具体任务的变化而变化的，因而队伍政治机关的中心工作与一般性业务工作在一定条件下也会随之发生变化。队伍政治机关一定要正确把握中心工作的转换时机，适时地调整工作重心和力量配置，以保证中心工作和整个政治工作任务的完成。

坚持这一原则，首先，要强化全局意识。中心工作是整个政治机关工作的重心，牵一发而动全局，关系到整个工作布局和主要力量的调配。中心工作的具体落实，不是哪一个部门或几个业务部门的事情，而是整个政治机关的大事。在组织实施过程中，要统揽全局，突出中心，以主要精力服务中心，保证中心。各业务部门要做到，主动围绕中心任务想问题，主动为完成中心任务献计献策，主动为做好中心工作铺路搭桥，从各个方面提供方便和支持。其次，要掌握协调艺术。队伍政治机关人员特别是业务部门领导要学会"弹钢琴"，处理好"重音符"与"轻音符"、"长音符"与"短音符"的关系。在以主要精力抓好中心工作的同时，切忌对一般性业务工作不管不问，放到可有可无的位置。因为一般性业务工作尽管是次要矛盾，但不是不重要、不需要。正确的态度应当是：中心工作抓住不放，一般性业务工作兼顾不忘。这就要求政治机关工作人员一定要准确把握工作任务的轻重缓急和实施进程，适时搞好统筹协调，做到既不因突出中心工作而忽视一般性业务工作，又不能为了兼顾一般性业务工作而影响中心任务的完成。这样才能真正实现中心工作与一般性业务工作的有机统一，才能在队伍政治机关工作实践中奏出和谐美妙动听的乐曲，收到事半功倍的效果。

（三）坚持讲究形式与注重实效的统一

坚持讲究形式与注重实效的统一，是依据马克思主义关于形式与内容辩证统一关系原理提出的。马克思主义认为，任何事物都是内容和形式的统一。内容决定形式，形式对内容具有反作用。内容与形式的辩证统一关系告诉我们，队伍政治机关在开展工作中，队伍政治机关工作的形式必须服从、服务于队伍政治机关工作的内容。既要采取声情并茂灵活新颖的多种形式，又要真抓实干，注重实效，使政治机关工作既富有生气，又扎实有效。只有内容和形式相一致，队伍政治机关工作才能充满生机与活力。

坚持这一原则，要防止和克服两种形而上学的观点。一是形式主义的观点，即片面夸大形式的作用，搞花架子，做表面文章，把本来有丰富内容、深刻内涵的革命道理变成了一种空洞的说教，失去了说服力；二是虚无主义的观点，即只讲内容对形式的决定作用，根本否定形式对内容的反作用。政治机关工作的丰富内容，如果没有一定生动活泼的形式，就不可能使政治工作有号召力、吸引力，再好的革命道理也显得苍白无力。目前队伍中存在的形式主义主要表现在政治机关的工作作风上。如指导工作时的"文山会海"，检查工作时的"浮光掠影、走马观花"，贯彻上级指示过程中的"照抄照转"，评判工作成绩时的"以文论绩"，汇报工作时的"报喜藏忧"等现象，严重影响了队伍政治机关的形象。因此，自觉坚持这一原则，就必须在反对官僚主义、形式主义，改进机关作风，提倡求真务实、真抓实干上下功夫。

（四）坚持分工负责与齐抓共管的统一

坚持分工负责与齐抓共管的统一，是根据队伍政治机关各业务部门工作的特殊性和各业务部门工作的关联性确立的。队伍政治机关各部门，尽管具体任务不同，工作方式有别，工作规律各异，但各业务部门的工作又有一定的联系，面对的是同一个对象，实现的是同一个根本目标，互相制约，相辅相成，缺少哪一个门类的工作都将影响到队伍政治机关整体功能的发挥。队伍政治机关各业务部门之间以及业务部门内部之间，要有明确的分工，做到职责明确，权责对应。同时，各业务部门之间又要互相配合、互相支持和团结合作。分工负责与齐抓共管是辩证统一的。分工负责离不开齐抓共管，否则就会各自为政，各唱各的调，各喊各重要；齐抓共管不等于"大呼隆""一窝蜂"的无序、无责状态。只有把分工负责与齐抓共管统一起来，才能使队伍政治机关这架机器协调、和谐、高效地运转。

坚持这一原则，一要做到队伍政治机关分工明确、具体、合理。分工明确，即要依据业务部门的工作性质、业务范围，把政治机关工作区分为若干条块，用一种既定的方式明确分配给各业务部门；各业务部门再依据本部门人员编制和每个人的素质特长，对承接的条块工作进行"再分配"，明确到每个人头上。分工具体，即在某个时期或某一阶段，不仅要把各项任务落实到单位和个人，而且要对完成某项任务的时限、质量都应有具体的要求，真正做到事事有人抓，件件有人管。分工合理，即划分政治机关工作条块和各业务部门在实施"再分配"时，要尽量避免工作分工上的交叉重复现象，防止出现"形式上你管我也管，实际上大家都不管"的现象，要从人员编制和个人工作能力出发，发挥特长和优势，以取得最佳效益。二要增强队伍政治机关的整体观念和协调意识。队伍政治机关工作人员要强化整体观念，自觉把本部门、本职工作纳入政治机关的整体运行轨道，主动配合，密切合作。要克服各自为战的"独家经营"观念和消极依赖的不负责任现象。三要加强队伍政治机关人员的素质养成。队伍政治机关要重视和加强自身业务建设，通过多种渠道，使政治机关人员不仅精通本职业务，成为政治机关工作的"行家里手"，而且要熟悉并能适应其他部门的工作，成为队伍政治机关工作的"多面手"。

（五）坚持科学指导与服务保证的统一

坚持科学指导与服务保证的统一，是由队伍政治机关的性质地位决定的。队伍政治机关是党在队伍中的工作机关，是组织进行政治工作的指导机关，是同级党委的办事机关，也是承上启下的枢纽机关。队伍政治机关的性质地位，决定了政治机关不仅具有对本单位政治工作的指导职能，而且也要履行政治工作服务保证的职能作用，为基层着想，给基层方便，替基层办事。

坚持这一原则，一方面要端正工作指导思想。科学指导主要体现在对所属单位政治工作的开展给予方向性、政策性、原则性的指导，既要及时宣传党的路线方针政策、及时传达上级的指示精神，又要制定出具体的贯彻落实意见，不能笼统地发个文件，搞个规定，给一个宏观上的指令性计划，而不进行具体帮助。另一方面要增强服务意识。这个"服务"不仅表现在为同级党委和上级政治机关服务上，更主要的是为基层服务。防止对上服务劲头十足，对下服务拖泥带水。在当前，队伍政治机关一定要从文山会海中解脱出来，减少文电和会议，压缩各种烦琐的检查、考核和评比；要为基层多办实事，为基层排忧解难，做到人往基层去，劲往基层使，钱往基层花，物往基层送，多给基层方便，不给基层添乱。同时，对基层政治干部要进行传帮带，不断提高他们的素质能力，保证各项工作任务的圆满完成。

第四节 学习队伍政治机关工作的意义与方法

学习队伍政治机关工作，掌握政治机关工作的方式方法，对于促进新时代队伍政治机关工作高质量发展具有重要的现实意义。

一、学习队伍政治机关工作的意义

政治机关工作是一门科学，做好新时代队伍政治机关工作需要以队伍政治工作基础理论为底蕴，遵循政治机关工作的特点和规律，铸牢政治机关工作的根基。

(一) 学习队伍政治机关工作是做好队伍政治工作的前提和基础

作为实践形态的队伍政治机关工作，是队伍政治工作基础理论产生的重要源泉。队伍政治工作基础理论的产生、发展和形成，一刻也离不开队伍政治机关工作。因此，要做好队伍政治工作必须了解政治机关的功能作用，熟知政治机关工作的方法，掌握政治机关工作的特点和规律，只有这样，队伍政治工作才能产生应有的效能。同时，作为理论形态的队伍政治机关工作，又是队伍政治工作基础理论学科体系中的重要组成部分。队伍政治机关工作研究，属于队伍政治工作主体研究的范畴，它必须以整个队伍政治工作基础理论为指导，开拓队伍政治机关工作研究的新思路、新途径。而且，队伍政治机关工作研究的新成果，反过来又会促进整个队伍政治工作基础理论的丰富和发展。

(二) 学习队伍政治机关工作是加强和改进新时代政治机关工作的现实需要

进入新时代，世情国情发生了深刻变化，国家应急救援建设面临新的情况和问题，队伍政治机关工作也面临着许多新矛盾新挑战。加强和改进新时代队伍政治机关工作，就要从学习和研究政治机关工作开始。首先，学习队伍政治机关工作能为加强和改进新时代队伍政治机关工作提供理论指导。队伍政治机关工作是一项科学性很强的实践活动，有其自身的特点和规律。如果不从新的实际出发进行理论学习和研究，就不可能产生指导实践的新的正确理论。其次，学习队伍政治机关工作能为加强和改进新时代队伍政治机关工作提供决策依据。队伍政治机关工作是一项政策性非常强的工作，决策的正确与否，不仅直接关系到政治机关工作的效果，而且还会给整个队伍建设带来重大影响。面对层出不穷的新情况新问题，单凭个人的经验和智慧进行决策是不够的，这就需要通过对队伍政治机关工作的研究，来为队伍政治机关工作的决策提供准确的依据和有力的论证。再次，学习队伍政治机关工作能为加强和改进新时代队伍政治机关工作提供科学的方法。队伍政治机关工作千头万绪、千变万化，不能采取一成不变的方法。队伍政治机关工作的方法是解决队伍政治机关工作问题的钥匙，是做好队伍政治机关工作的必要条件。能否找到解决问题的科学方法，关键在于能否真正认识和把握队伍政治机关工作的特点和规律。学习队伍政治机关工作，就是揭示队伍政治机关工作的本质、特点和规律，探寻做好队伍改治机关工作的科学方法的活动。因此，要实现政治机关工作高质量发展，就离不开对队伍政治机关工作的学习研究。

(三) 学习队伍政治机关工作是提高队伍政治机关人才队伍质量的重要保障

作为队任政治机关工作的筹划者、实施者、服务者和指导者，队伍政治机关人才队伍无疑责任重大，使命光荣。但目前队伍政治机关人才队伍整体素质与新时代队伍政治工作高质量发展的要求还有不少的差距，迫切需要政治机关人才队伍的知识化、专业化，而政治机关工作课程的学习和研究是获得这种知识化、专业化的重要途径。一是学习队伍政治机关工作可以深化队伍政治机关工作人员对政治机关工作规律的认识。队伍政治机关工作研究的过程就是以党的科学理论为指导，不断探索队伍政治机关工作规律的过程。通过不断的探索，使队伍政治机关工作人员对政治机关本质的认识逐步由"必然王国"过渡到

"自由王国"。二是学习政治机关工作可以系统掌握队伍政治机关工作的理论逻辑。做好政治机关工作如同做好政治工作一样都有自己的理论遵循、都有自己的工作规律，政治机关工作教材是既往政治机关工作人员实践经验的理论总结，学习和研究政治机关工作，可以把零碎的经验理论化、把零碎的知识系统化，从而使新时代政治机关工作跃上高质量的发展平台，自觉自愿遵循规律指导实践。三是学习政治机关工作可以使政治机关工作理论与实践实现有机统一。学习政治机关工作理论，掌握政治机关工作方法，有助于开阔学习和研究者的思维和视野，有助于在学习和研究中相互交流、相互借鉴，达到互相促进、共同提高的目的。

二、学习队伍政治机关工作的方法

学习队伍政治机关工作最根本的方法就是理论联系实际，具体方法主要有以下几种。

（一）调查研究法

调查研究是党的政治工作的根本方法，同样也是政治机关工作的根本方法。调查与研究是两个相互联系的不同阶段，调查，是要做到掌握"实事"；研究，则是要实现"求是"的目的，即找出带规律性的东西来。学习和研究政治机关工作要采用调查研究的方法，就是要使队伍政治机关工作完成从经验到理论即从感性认识到理性认识的飞跃，从整体上把握队伍政治机关工作的历史、现实和未来。在此基础上，调查研究还要掌握队伍政治机关工作某一内容、某一实例或某一阶段工作的具体特征，以便把普遍的原理、原则贯彻到具体的实践活动中，去检验其正确性和具体的适应性，以便再认识、再提高。显而易见，由于实践是不断发展的，因而调查研究不可能一劳永逸，在学习和研究队伍政治机关工作的过程中需要随着实践的发展不间断地进行。

（二）逻辑研究法

逻辑研究法，就是运用分析和综合、归纳和演绎、抽象和概括的逻辑手段，对队伍政治机关工作进行研究的办法。分析，就是把队伍政治机关工作的研究内容分解为若干个部分，分别对其进行研究；综合，就是把分解开的不同部分组合成一个统一的整体加以研究；归纳，就是把具体的、个别的实践经验上升为具有普遍指导意义的理论的方法；演绎，就是从一般概念、原理走向个别结论的方法；抽象，就是从大量的研究现象中抽取出它的本质特征，而抛开其他非本质的东西的方法；概括，就是从个别的研究现象属性推广到这一类事物的全体的方法。用抽象和概括的方法研究队伍政治机关工作，就是把队伍政治机关工作某一方面的具体经验上升为理论，形成概念或范畴，然后再把这些零散的概念或范畴加以系统化，更深刻、更全面地反映队伍政治机关工作的本质和规律。

（三）比较研究法

比较研究法，是用以确定若干相关事物现象的相同点和差异点，来正确认识与把握队伍政治机关工作本质和规律的一种逻辑方法。比较研究，通常分横向比较与纵向比较两大类型。横向比较主要是队伍政治机关工作同我军政治机关工作以及我国地方各行业政治机关工作的比较；纵向比较主要是转隶前与转隶后队伍政治机关工作的比较。有比较才有鉴别，有鉴别才能使认识接近本质。比较方法也是队伍政治机关工作研究的重要方法之一。这种比较包括队伍政治机关工作内容的比较、方法的比较、作风的比较、手段的比较、目的的比较、地位作用的比较、方针原则的比较，以及经验与教训、成功与失败的比较等。

（四）综合研究法

队伍政治机关工作研究是一种具有高度综合性的应用科学研究。它的知识体系除了其自身的基本内容外，还有大量的社会科学、思维科学、心理科学，甚至自然科学和技术科学的知识也会渗透其间。这种学科知识之间的相互渗透、相互交叉和相互作用的情况，必然带来学科之间研究方法的相互渗透、相互交叉和相互作用。因此，综合研究的方法就成为队伍政治机关工作研究中不可或缺的重要方法。综合研究的方法内容很多，如归纳方法与演绎方法的结合，分析方法与综合方法的结合，静态研究与动态研究的结合，定性研究与定量研究的结合，宏观研究与微观研究的结合，系统方法、信息方法与控制方法的结合等。

（五）经验总结法

经验是在实践基础上形成的理性认识，是对实践过程进行有意识地总结归纳的结晶，是理论形成的重要基石。队伍政治机关工作作为一种社会实践活动，既能对已有理论、方针、政策的正确与否进行实际检验，又能产生一些新思想、新知识和新方法。主动地、不间断地对队伍政治机关工作的实践进行总结，把感性认识上升到理性认识，是队伍政治机关工作研究中最经常、最基本、最重要的研究方法。经验总结通常分为两种类型：一种是对某一项工作的过程进行分析和反思，另一种是对某一阶段工作的过程进行分析和反思。这两种经验总结的类型，都离不开对大量正反两方面事例的调查、分析与研究，在分析研究中得出符合规律性认识的结论。

（六）预测研究法

对队伍政治机关工作的发展趋势作出科学的预测，是队伍政治机关工作研究的一项重要任务。这是因为，历史以现实为归宿，未来以现实为源头。任何事物的发展都不是无源之水，无本之木，总是以一定的现实为基础的。队伍政治机关工作作为一种社会实践活动，其理论要对这种社会实践活动进行科学指导，就必须认清实践的发展轨迹，预测到可能的变化和发展。如果对历史一无所知，对现实一知半解，就不可能对未来作出正确的预测，也就不可能对队伍政治机关工作的实践产生有力的指导。因此，预测研究方法，只有把求实态度与创新精神结合起来，才能使方法产生应有的效益。

思考题

1. 为什么要学习队伍政治机关工作？
2. 简述队伍政治机关工作的内容和要求。
3. 简述队伍政治机关工作的特点和原则。

第二章　组织建设工作

组织建设工作是消防救援队伍政治机关的核心工作，它是指为了实现党对国家综合性消防救援队伍的绝对领导，依靠党在队伍中的组织机构，按照党的纲领、宗旨、原则和制度，所进行的党组织建设和组织群众的工作。做好组织建设工作，对严格规范各级党组织、群团组织，促进队伍按纲抓建质效、充分发挥政治工作强队兴队作用具有重要作用。

第一节　指导基层按纲抓建工作

抓基层建设是各级党委、首长和机关的共同责任。机关组织部门要加强对基层建设的指导、组织与协调工作，强化强基固本思想，树立大抓基层的鲜明导向，始终把工作重心放在基层，坚持扭住党的组织抓基层、扭住执勤训练抓基层、扭住队伍主体抓基层、扭住厉行法治抓基层，确保习近平总书记重要训词精神在基层落地生根，提高队伍建设正规化、专业化、职业化水平。

一、领导机关抓基层工作的主要职责和要求

组织部门要充分发挥党委办事机构的作用，严格按照法定职责权限抓好工作，努力实现从单纯依靠行政命令的做法向依法行政的根本性转变，从单纯靠习惯和经验开展工作的方式向依靠法规和制度开展工作的根本性转变，从突击式、运动式抓工作的方式向按条令条例办事的根本性转变，形成党委依法决策、机关依法指导、队伍依法行动、人员依法履职的良好局面。

（一）加强对抓基层工作的组织领导

坚持党委统一领导，牢牢把握基层建设正确方向。主官主抓、分管专司，机关部门各司其职，增强指导和服务基层的整体合力，形成顺畅高效的抓基层工作格局。一是统一规划部署。总队每半年支队每季度至少组织分析一次基层建设形势，提出目标、任务、措施和要求。二是统一规范秩序。坚持层级领导、按级负责，涉及抓基层的会议、文电、工作组和检查、考评、表彰等，须经本级党委、主官或分管副职领导审批。三是统一协调工作。健全抓基层工作机制，成立抓基层工作领导小组，分工一至两名副职领导具体负责，适时召开工作会议，研究部署抓基层工作，解决矛盾问题，督促抓好落实。四是统一财物投向。财力物力向基层倾斜，投向基层的财物要通盘考虑、合理使用。

(二)认真履行抓基层的职责

国家消防救援局主要是研究解决基层建设的重大问题，制定发展规划、有关规章和政策规定，总结推广重大典型，搞好宏观指导。总队主要是制定基层建设年度计划和措施，解决倾向性问题，搞好重点指导。支队主要是统筹安排基层工作，抓好基层干部特别是主官的选拔和培训，做好帮建党支部、帮带干部、帮抓骨干工作，搞好具体指导。支队领导机关作为抓基层一线的指挥部，必须经常深入基层检查督促、现场办公、上门服务，实行面对面领导。重视加强大队党委班子建设，尊重和支持大队一级行使职权，督导大队靠上去建、融进去抓，充分发挥前沿指挥所作用。

(三)实施对基层建设的科学指导

坚持战略思维、历史思维、辩证思维、创新思维、法治思维、底线思维，树立与时代发展和应急管理相适应的观念理念，强化按党纪严、按纲要建、按大纲训、按法规管的意识，改进指导方式和工作方法，积极转职能、转方式、转作风，增强抓基层质量效益。一是坚持科学统筹。注重全面搞建设、扎实打基础、反复抓落实，实施分类指导，统筹抓好不同类型单位建设，协调推进各项工作落实。二是坚持依法指导。按照法治要求改进指导方式，制定完善和落实基层建设法规制度，提高基层建设法治化水平。三是坚持突出重点。着力加强一线指挥部、一线战斗堡垒、一线指挥员队伍建设，对重点建设单位、新组建单位以及小散远直单位和问题较多的基层单位进行重点帮建，对连续5年以上未进先进基层单位实施精准帮建。四是坚持动中抓建。注重全面建设、标准不降、因地制宜、自主抓建，紧贴任务特点、紧跟任务进程，做好动态分散条件下各项工作，实现动中建、散中管、用中强。五是坚持创新发展。经常深入基层调查研究，积极探索新形势下基层建设的特点规律，认真研究基层建设中的新情况、解决新问题。

(四)不断改进抓基层的作风

坚持"严以修身、严以用权、严以律己，谋事要实、创业要实、做人要实"，全面加强领导机关政治、组织、能力、作风、纪律建设，增强抓基层的说服力、感召力。一是端正工作指导思想。贯彻党的群众路线，坚持基层至上，尊重指战员主体地位和创造精神，推进暖心、帮带、心理"三项工程"，真心实意为基层服务。力戒形式主义、官僚主义、享乐主义和奢靡之风，不好大喜功，不报喜藏忧，不弄虚作假，防止空喊、空转、空耗、空白现象。二是提高指导和服务基层能力。严把机关干部选调关，处、科长主要从担任过基层主官的干部中选拔。搞好领导机关的学习教育和培训，开展"大学习、大调研、大比武"活动，实行机关干部岗位轮换和代职锻炼，严格落实下基层当消防员、蹲站（中队）住班制度。支队机关坚持每半年与基层进行"双向讲评"。三是切实减轻基层负担。不得随意借调基层指战员，不得向基层索要文字材料，不得增加国家消防救援局规定以外的登记本和统计报表（基层需要定期记录和统计的，也可配合使用电子台账），不得搞名目繁多的调研、检查和评比，不得要求基层准备书面汇报，不得层层签订"责任状""承诺书"，着力解决督查检查考核过多过频、过度留痕的问题。改进会风文风，坚持少开会、少发文，开短会、发短文，开管用的会、发管用的文。下基层轻车简从，不搞层层陪同，不搞特殊化。四是严禁侵占基层权益。尊重基层单位的工作安排权、人员使用权和财物支配权，保证基层指战员日常休息、探亲休假等权益，不得插手涉及基层指战员切身利益的敏感问题，不得挪用、截留、克扣、拖欠基层的经费和物资，违者必须依法依纪严肃查处。五是帮助解决实际困难。对基层反映强烈的突出问题，要主动靠上去，想方设法帮助解决。

二、指导基层按纲抓建的主要内容

组织部门对照《国家综合性消防救援队伍基层建设纲要（试行）》规定的基层 9 项经常性主要工作，结合按纲建队计划和当年工作实际，通常围绕"战备训练工作、思想政治工作、日常管理工作和组织建设"等四个方面进行分析，按照以下内容指导基层按纲抓建。

（一）战备训练工作方面

重点分析结合形势任务开展战备教育，培育指战员"两敢"战斗精神，落实基层战备工作制度，组织战备演练，坚持 24 小时驻勤备战，保持人员在位率和装备完好率，管好"两室两库"、落实"三分四定"等情况；聚焦"一主两辅"职能定位，坚持实战实训、按纲施训、依法治训，抓好基础训练，加强实战化训练，突出干部和消防员骨干训练，深入开展群众性练兵活动，做好训练中政治工作和保障工作等情况；组织防火执勤、靠前驻防、跨区协防，完成各项任务情况。

（二）思想政治工作方面

重点分析坚持用党的科学理论建队育人，学习贯彻习近平新时代中国特色社会主义思想，忠实践行习近平总书记重要训词精神；开展主题教育、专题教育和经常性思想教育，组织心理知识教育和行为训练，用好用活网络平台，抓好"四落实"；加强基层文化建设，打造特色职业文化，开展群众性文化体育活动，做到"四有"；做好经常性思想工作，分析掌握指战员现实思想，开展群众性谈心和"三互""三帮一带"活动，做好个别人员排查转化工作等情况。

（三）日常管理工作方面

重点分析贯彻"两严两准"建设标准，落实条令条例和各项规章制度，纠治"三松"现象，保持正规的"四个秩序"；做好安全防事故工作，把握"五在"特点规律，落实安全责任清单，规范手机、网络和新媒体使用管理；密切内外关系，落实"双四一"要求，公正处理涉及指战员切身利益的敏感问题，执行群众纪律和交往规定；建强后勤人员队伍，加强生活设施建设和管理，落实伙食、经费和物资管理制度，做好卫生防病工作；管好用好装备，提高装备操作使用能力等情况。

（四）组织建设方面

重点分析加强党支部标准化、规范化建设，强化政治功能和组织力，贯彻民主集中制原则，落实组织生活制度，依靠组织管思想、管干部、管党员，提高"三个能力"；抓好"三支队伍"建设，加强干部经常性教育、管理和监督，落实消防员管理制度规定，发挥党员队伍先锋模范作用；建强"两个群众组织"，开展"三大民主"，做到组织健全、制度落实、活动经常、作用明显等情况。

三、指导基层按纲抓建应该着力强化的几个方面

基层按纲抓建是个系统工程、长期工程，组织部门指导基层按纲抓建过程中应当着力抓好以下几个方面的工作。

（一）着力强化基层党组织功能

"支部建在连上"创始于三湾改编，定型于古田会议，是我党我军的伟大创举和优良传统。消防救援队伍要继续坚持这一基本原则和制度，为持续改革发展提供根本组织保证。强化基层党组织政治功能和组织力，严肃党内政治生活，严格党员干部教育管理监督，防止和克服"只谈工作不谈思想""只说小事不说大事""只表扬不批评""只务虚不务实"等不良倾向，力求做到干部有问题不出支部、党员有问题不出党小组。

（二）着力推动战斗力标准落实到基层

基层是战斗力生成的源泉，只有把每个基层单位都锻造成应急救援的尖刀铁拳，队伍完成任务才有把握。必须紧紧围绕使命任务加强基层建设，把战斗力标准落到基层，把战斗力建设强到基层，使基层真正做到召之即来、来之能战、战之必胜。评估基层建设形势、评比表彰先进、选拔任用干部，都要用战斗力标准来审视、用转型强能成效来衡量，真正把那些扑下身子抓战斗力、开拓创新抓转型的人用起来。

（三）着力增强教育管理针对性实效性

教育管理是基层建设的一项经常性、基础性工作，也是新情况新问题比较集中的领域。教育管理从根本上说是做人的工作，面对时代大背景、社会大环境，转制后基层建设出现的新变化，加上过渡期内新旧思想观念碰撞、新老矛盾问题交织，这些内外因素叠加在一起，都会对指战员思想、行为、心理产生直接或间接的影响，难就难在如何准确识变、科学应变、主动求变，坚持守正创新，把教育管理抓得更有针对性实效性。

（四）着力把领导机关抓建基层作风搞扎实

基层建设存在的种种问题，表现在下面，根子在上面，都与领导机关工作指导密切相关。各级党委机关要加强对基层建设的组织领导，认真履行抓基层职责，总队重点抓支队，根据基层建设形势特点和阶段性工作安排，搞好针对性指导，跟踪督导重点工作落实，挂钩帮建支队党委班子，总结培树宣扬典型，为基层办实事解难题；支队作为抓基层的"一线指挥部"，必须搞好工作统筹和关闸分流，加强"一队一策"精准帮建，经常深入基层检查督促、现场办公、上门服务，实施面对面指导。

第二节 党务日常管理

党务指政党内部有关组织建设等的事务。党务工作是组织工作的核心内容，也是组织部门业务工作的主要部分。国家综合性消防救援队伍中政治机关的组织部门负责承办本级党委的日常事务、负责机关党组织建设、管理和指导所属单位组织建设以及其他党务业务工作。

一、承办本级党委的日常事务

组织部门作为党委的办事机构，负责承办本级党委的日常事务。具体工作有：

（一）承办上级有关指示精神

作为党委的办事机关，组织部门必须认真贯彻落实党的路线、方针、政策，贯彻执行上级党委的决策和各项指示，对上级党委和政治机关的各种文电、通知、指示等，都必须及时接转，认真承办，并提出相应的贯彻落实意见，供党委决策。

（二）承办呈报本级党委的日常工作

组织部门的日常事务工作，包括党委的建设规划及年度工作要点，一个时期或阶段性的中心工作，半年和年终工作总结，领导骨干培训和工作经验交流文字材料的准备；党委、常委成员的变更、增补，党委重大事项、重要活动的请示等文电的起草呈报。

（三）参与谋划本级党委自身建设

作为党委的办事机构，组织部门还应在加强党委自身建设方面发挥重要作用。诸如党委在不断提高科学判断形势、从思想上政治上掌握队伍的能力，领导队伍现代化建设、严格管理队伍的能力，求真务实、创造性开展工作的能力，全面从严治党、加强自身建设的能力，在推进队伍正规化建设、带领指战员完成灭火救灾、抢险救援、社会救助等各项任务中充分发挥核心领导作用等，组织部门都应积极建言献策，参与党委谋划，辅助党委决策。

（四）承办审批所属党组织的党务工作

指导所属队伍各级党组织建设是组织部门的重要职责之一。如有关所属队伍党组织的设置；各级党组织贯彻党的民主集中制原则，落实组织生活制度，加强领导班子建设等情况；所属党委、支部成员的更替、增补、换届；党课教育及党员发展，维护党的纪律及党员的奖惩等。

二、负责机关党组织建设

机关党组织是指在消防救援队伍各级机关中建立的党的基层组织，这些基层组织包括机关党委、党总支和党支部。党的各级机关党组织在同级党的委员会领导下，讨论决定本机关工作中的重大问题和自身建设问题。

（一）机关党组织机构设置及职责

机关党组织机构包括机关党的委员会和机关处（科）室党支部。

1. 机关党的委员会设置及职责

机关党的委员会属于党的基层组织。它的主要任务是在上级党的机关工作委员会和本单位同级党委领导下，协助本单位负责人完成任务，改进工作，对包括本单位负责人在内的每个党员进行教育、管理、监督，不领导本单位业务工作。

机关党员100人以上的，设立党的委员会。党员不足100人的，因工作需要，经上级党组织批准，也可以设立党的委员会。党的委员会由党员大会或者党员代表大会选举产生，每届任期5年。

机关党的委员会委员名额一般为5~9人，最多不超过11人，委员会设书记1名，副书记1~2名。机关党的委员会的书记，应当由本单位主要负责人担任（一般为政治部主任）。党员人数较多的机关党的委员会，设专职副书记。

机关党的委员会的基本职责包括：

（1）深入学习和贯彻习近平新时代中国特色社会主义思想，坚持和落实中国特色社会主义根本制度、基本制度、重要制度，宣传和执行党的路线、方针、政策，宣传和执行党中央、党的上级组织和本组织的决议，充分发挥党组织战斗堡垒作用和党员先锋模范作用，积极创先争优，团结、组织党内外干部和群众，努力完成本单位所担负的任务。

（2）推进"两学一做"学习教育常态化制度化，组织党员深入学习党的创新理论，学习党的路线、方针、政策和决议，学习党的基本知识和党史、新中国史、改革开放史，学习党章党规党纪和国家法律法规，学习业务知识和经济、政治、文化、社会、生态文明等各方面知识。

（3）对党员进行教育、管理、监督和服务，严格党的组织生活，维护和执行党的纪律，监督党员切实履行义务，保障党员权利不受侵犯。监督党员干部和其他任何工作人员严格遵守国家法律法规，加强党风廉政建设，坚决同各种违纪违法行为作斗争。

（4）密切联系群众，经常了解群众对党员、党的工作的批评和意见，了解群众诉求，维护群众正当权利和利益。

（5）对要求入党的积极分子进行教育、培养和考察，做好发展党员工作。

（6）做好思想政治工作和意识形态工作，推进机关社会主义精神文明建设，培育和践行社会主义核心价值观。

（7）协助党委管理机关基层党组织和群团组织的干部；配合组织人事部门对机关领导干部进行考察、考核和民主评议，对机关干部的选拔任用和奖惩提出意见。

（8）领导机关工会、共青团、妇女组织等群团组织，支持这些组织依照各自的章程独立负责地开展工作。

（9）按照党组织的隶属关系，领导直属单位党的工作。

2. 机关处（科）室党支部的设置及职责

机关正式党员 3 人以上的处（科）室，应当设立党支部。正式党员 7 人以上的党支部，设立支部委员会；正式党员不足 7 人的党支部，设 1 名书记，必要时可以设 1 名副书记。党的支部委员会和不设支部委员会的支部书记、副书记，每届任期一般为 3 年。机关党支部的设立根据实际情况和工作需要确定，可单独或联合设立党支部。

机关处（科）室党支部的基本职责包括：

（1）宣传和贯彻落实党的理论和路线方针政策，宣传和执行党中央、上级党组织及本党支部的决议；讨论决定或者参与决定支部重要事项，充分发挥党员先锋模范作用，团结组织群众，努力完成本处（科）室所担负的任务。

（2）组织党员认真学习马克思列宁主义、毛泽东思想、邓小平理论、"三个代表"重要思想、科学发展观、习近平新时代中国特色社会主义思想，推进"两学一做"学习教育常态化制度化，学习党的路线方针政策和决议，学习党的基本知识，学习科学、文化、法律和业务知识；做好思想政治工作和意识形态工作。

（3）对党员进行教育、管理、监督和服务，突出政治教育，提高党员素质，坚定理想信念，增强党性，严格党的组织生活，开展批评和自我批评，维护和执行党的纪律，监督党员切实履行义务，保障党员的权利不受侵犯；加强和改进流动党员管理；关怀帮扶生活困难党员和老党员；做好党费收缴、使用和管理工作；依规稳妥处置不合格党员。

（4）密切联系群众，向群众宣传党的政策，经常了解群众对党员、党的工作的批评和意见，了解群众诉求，维护群众的正当权利和利益，做好群众的思想政治工作，凝聚广大群众的智慧和力量；领导本部门本单位工会、共青团、妇女组织等群团组织，支持这些组织依照各自的章程独立负责地开展工作。

（5）对要求入党的积极分子进行教育和培养，做好经常性地发展党员工作，把政治标准放在首位，严格程序、严肃纪律，发展政治品质纯洁的党员；发现、培养和推荐党员、群众中间的优秀人才。

（6）监督党员干部和其他任何工作人员严格遵守国家法律法规，不得侵占国家、集体和群众的利益。

（7）实事求是地对党的建设、党的工作提出意见建议，并及时向上级党组织报告重要情况；教育党员、群众自觉抵制不良倾向，坚决同各种违纪违法行为作斗争。

（8）根据规定，向党员和群众通报党的工作情况，公开党内有关事务。

（二）机关党组织的党员组织管理

党组织对党员的组织管理，是指党组织按照党章和党内的有关规定，通过一定的方式和手段，建立健全党的组织，使每一个党员都能正常地参与党的组织生活，认真履行义务，正确行使权利的活动。机关党组织的党员组织管理方式包括贯彻执行民主集中制，严格"三会一课"制度、组织生活会制度、民主评议党员制度、书记抓基层党建述职评议考核制度、主题党日制度以及党费收缴制度等组织生活制度。

1. 民主集中制

民主集中制，即民主基础上的集中和集中指导下的民主相结合的制度，是党的根本组织原则和组织制度，也是党员组织管理工作的根本制度。党章对民主集中制的基本要求从六个方面作出了明确规定，其中最为重要的就是"四个服从"，即党员个人服从党的组织，少数服从多数，下级组织服从上级组织，全党各个组织和全体党员服从党的全国代表大会和中央委员会。这"四个服从"，明确了党内各种矛盾关系及其处理的正确准则。党章规定："党的各级委员会实行集体领导和个人分工负责相结合的制度。凡属重大问题，都要按照集体领导、民主集中、个别酝酿、会议决定的原则，由党的委员会集体讨论，作出决定；委员会成员要根据集体的决定和分工，切实履行自己的职责。"习近平总书记强调，民主集中制是我们党的根本组织原则和领导制度[①]。认真贯彻民主集中制原则，健全机关党的委员会、总支部委员会、支部委员会集体领导与个人分工负责相结合的制度，应严格执行委员会议事规则，议事决策要讲究方法、充分讨论，委员会要分工明确、认真负责，正确处理委员会内部关系，充分发挥书记在集体领导中的关键作用，严格遵守党的纪律和规矩。

2. "三会一课"制度

《中国共产党支部工作条例（试行）》规定："党支部应当组织党员按期参加党员大会、党小组会和上党课，定期召开党支部委员会会议。""三会一课"制度，是我们党在实践中形成的行之有效的党员教育管理的一项重要制度。"三会一课"中的"三会"，指定期召开支部党员大会、支部委员会、党小组会；"三会一课"中的"一课"，指按时上好党课。

3. 组织生活会制度

组织生活会制度，是指党支部定期召开以组织党员学习和开展批评与自我批评为主要内容的党小组会或党支部会的制度。党支部委员会成员除参加所在党支部、党小组的组织生活会外，还要专门召开党支部委员会的民主生活会。支部的民主生活会一般以党员大会的形式召开，组织全体党员参加。

4. 民主评议党员制度

《中国共产党支部工作条例（试行）》规定："党支部一般每年开展1次民主评议党员，组织党员对照合格党员标准、对照入党誓词，联系个人实际进行党性分析。党支部召开党员大会，按照个人自评、党员互评、民主测评的程序，组织党员进行评议。党员人数较多的党支部，个人自评和党员互评可以在党小组范围内进行。党支部委员会会议或者党员大会根据评议情况和党员日常表现情况，提出评定意见。民主评议党员可以结合组织生活会一并进行。"民主评议党员，一般在每年"七一"前或年末进行。

---

① 习近平在中共中央政治局召开学习贯彻习近平新时代中国特色社会主义思想主题教育专题民主生活会上的讲话，2023年12月21日至22日。

5. 书记抓基层党建述职评议考核制度

《中国共产党党和国家机关基层组织工作条例》规定:"机关基层党组织书记每年向上级党组织述职,接受评议考核。"开展党委书记抓基层党建工作述职评议考核,必须坚持以习近平新时代中国特色社会主义思想为指导,把党的政治建设摆在首位,全面从严治党;坚持围绕中心、服务大局,推动基层党建与中心工作深度融合;坚持书记抓、抓书记,强化责任落实;坚持分类指导、务求实效,重在解决问题,坚决防止形式主义。述职评议考核一般安排在当年年底或次年年初进行。将抓基层党建工作情况作为党委书记工作实绩评定的重要内容,同时作为领导干部选拔任用、培养教育和奖励惩戒的重要依据,以及评价所在单位年度党建工作情况的重要依据。党建述职评议考核等级主要分为"好、较好、一般、差"四个等次,对述职评议考核综合评价等次未达到"好"的,其年度考核不得评定为"优秀"等次;对综合评价等次为"一般"和"差"的,要约谈提醒、限期整改,问题严重的要依照有关规定严肃追责问责。

6. 主题党日制度

《中国共产党支部工作条例(试行)》规定:"党支部每月相对固定1天开展主题党日;组织党员集中学习、过组织生活、进行民主议事和志愿服务等。主题党日开展前,党支部应当认真研究确定主题和内容;开展后,应当抓好议定事项的组织落实。"主题党日制度是落实"三会一课"制度、加强党员教育管理、促进党员发挥先锋模范作用的有效载体,是党的组织生活方式的重要创新。

7. 党费收缴制度

党费是党员向党组织交纳的用于党的事业和党的活动的经费。按时交纳党费,是共产党员必须具备的一个起码条件,是党员对党应尽的义务,是党员关心党的事业的具体表现。国家综合性消防救援队伍党员交纳党费的计算基数为职务工资、衔级工资、工作性津贴、生活性补贴、工改保留的和,减去养老保险、职业年金、医疗保险、住房公积金、个人所得税的和。一般来说,党员交纳党费应当每月交纳一次。如有特殊情况不能按月交纳时,经党支部委员会同意、可以预交、补交,但预交、补交的时间一般不得超过6个月。各党支部收缴的党费应当每季度在支部范围内公示,并按季度上交至指定账户统一保管,同时将本季度党费交纳登记表复印件报机关党委备存。机关党委每年至少开展2次督促检查。

(三)机关党组织学习工作生活制度

《中国共产党支部工作条例(试行)》规定:"党支部应当严格执行党的组织生活制度,经常认真严肃地开展批评和自我批评,增强党内政治生活的政治性、时代性、原则性、战斗性。党员领导干部应当带头参加所在党支部或者党小组组织生活。"

1. 机关党的委员会学习制度

坚持机关党委中心组学习,是加强机关党委思想政治建设的重要制度。建立健全党委中心组学习制度,是促进领导干部理论学习,加强领导班子思想政治建设的重要保证;是发挥领导干部带头作用，推动党员理论学习深入发展的有效途径；是提高领导班子领导能力、建设学习型党组织的重要途径。机关党委中心组主要由机关党委成员组成，可根据学习需要适当吸收有关人员参加。机关党委学习一般结合总（支）队党委中心组学习内容开展。党委中心组学习主要采取集中学习研讨和个人自学相结合的方法。

2. 机关党的委员会会议制度

一般分为机关党员大会和机关党的委员会会议。机关党员大会每年至少召开一次，遇有重要情况可随时召开。议事范围包括：①讨论机关党委贯彻执行上级决议、指示的措施；②讨论和决定机关党委建设的重大问题；③讨论和批准机关党委的报告，听取本机关（部门）行政负责人的主要工作情况通报；④选举机关党委委员和出席上级党代表大会、代表会议的代表；⑤作出吸收和处分党员的决定；⑥其他必须由党员大会讨论和决定的事项。机关党的委员会会议根据需要召开，议事范围包括：①机关党的委员会决议的贯彻执行情况，向上级党委的请示报告，向本级党员大会的报告；②机关党委建设的重大问题，加强党员思想教育及加强改进管理状况的措施；③发展党员；④奖励和处分的建议；⑤其他必须由机关党委讨论和决定的事项。

3. 形势分析制度

机关党委会每季度应召开一次形势分析会，形势分析会主要总结分析机关党的建设存在的问题，研究制定改进措施。具体内容为：①分析国际国内形势变化、消防救援队伍政策和机关任务调整变化等时期对党员思想产生的影响情况；②分析机关党委和所属处（科）室党支部建设状况以及创先争优和党风廉政建设情况；③分析机关党委学习工作生活制度落实和所属党支部组织生活开展情况；④分析所属党员思想、作风状况和管理教育情况。形势分析会可围绕上述内容，结合本单位实际明确一至两项重点，不须面面俱到。半年、年度形势分析会，可以结合审议机关党委半年、年度工作总结进行，其中年度的形势分析应对当年党组织建设进行分析，研究谋划下一年度党委工作思路。

4. 报告工作制度

机关党委报告工作每年至少一次。一般结合半年或全年工作总结进行。通常由书记或副书记代表机关党委向党员大会报告履行职责、自身建设情况和其他重要事项。报告工作主要内容为：①加强机关党委思想政治领导和自身建设情况；②党员教育管理和发展党员情况；③机关党委建设的主要经验或教训；④加强基层党组织建设和队伍建设的主要措施。

机关处（科）室党支部的组织生活制度，在机关党委的领导下，按照机关基层党支部的有关规定执行，机关党委成员以普通党员的身份参加所在党支部、党小组的组织生活。

三、管理和指导所属单位组织建设

队伍各级党委是本单位的领导核心，这种核心作用的发挥，主要依赖于党委建设的质量。组织部门应当对所属单位党委建设给予有力的指导和管理。

(一) 指导所属党委正确贯彻民主集中制原则

民主集中制是党的根本组织原则，队伍各级党委及每一位党员领导干部，都必须按照这个根本原则办事。组织部门要从三个方面入手，指导所属单位党委正确贯彻民主集中制原则。

(1) 帮助党委健全集体领导制度。组织部门要指导所属单位党委健全党委会集体决策制度，分清党委会、行政会议的工作职权，健全党委会议事、决策的方法程序，健全首长分工负责制度。

(2) 维护党委成员的民主权利。党章规定，任何党员，不论职务高低，都不能个人决定重大问题，不允许任何领导人实行个人专断和把个人凌驾于组织之上。落实到党委建设上，就是要坚持好集体领导和个人分工负责相结合的制度。凡属重大问题，都要由党委民主讨论，作出决定；任何党员无论职务高低，都不能个人决定重大问题。如遇紧急情况，必须由个人作出决定时，事后要迅速向党委报告。组织部门要经常深入所属党委了解情况，发现问题，及时纠正。

(3) 强化党委内部的监督机制。组织部门指导所属单位党委搞好党内监督，一是加强民主生活会的监督，保证党委成员在思想上、行动上的统一；二是加强双重组织生活的监督，保证党委成员保持纯洁的党性；三是加强党委成员之间的互相监督，提高党内民主生活会的质量；四是加强纪委对党委工作的监督，不断提高党委解决自身问题的能力。

(二) 帮助所属党委搞好领导班子团结

团结是党委的生命线，"班子"不团结，就没有凝聚力。抓班子团结，一靠选准配强，二靠经常建设。组织部门指导所属单位党委加强班子团结，是一种经常性的建设措施。

(1) 调节党内存在的各种矛盾。集体领导是民主集中制的根本要求，也是维护班子团结的主要途径。通过集体领导，使"一班人"统一对党的路线方针政策的认识、对工作目标的认同和对队伍形势的看法，从而保证用人时，不任人唯亲；总结检查时，不争功诿过；有意见分歧时，不激化矛盾；听到不同反映时，不偏听偏信；重要问题决策时，不争你高我低。

(2) 理顺党委内部的工作关系。只有明确行政主官和政治主官对分管工作的指挥权和班子成员集体领导的决策权，才能正确处理好班子成员与集体的关系，书记、副书记之间的关系，书记、副书记与委员间的关系，委员之间的关系，少数与多数的关系等，才能保证"一班人"气顺、劲足、心齐。

(3) 优化党内生活环境。要搞好党委领导班子团结，还必须指导党委成员在民主集中制基础上形成健康的党内生活，善于开展批评与自我批评，通过党内政治生活，化解矛盾分歧，努力形成敢讲真话、不讲面子、不图虚名、不钻"小圈子"的正派作风，使党内的团结建立在坚实的基础之上。

四、参与和筹备党委会

党的会议,是各级党委依据集体领导制度和民主集中制原则的要求,开展工作的主要形式之一。组织部门作为党委在组织工作方面的参谋助手,必须熟悉党的会议特点,掌握会议的筹备、服务和组织技能。机关组织部门负责筹备的党的会议主要是党委会议。

党委会由党委书记、副书记组织召开。组织部门在党委会议中,主要履行服务保障职责,其工作程序和内容如下。

(一) 会前准备工作

(1) 准备会议资料。根据会议主题,通常在会前要准备好三个方面的资料:一是会议所需的政策性文件;二是决策依据材料;三是群众意见材料。

(2) 准备会议文件。根据会议主持人的要求,拟制、打印会议所需文件,供与会者阅读。会议文件要经有关领导审阅,方可打印分发。

(3) 准备会议预案。召开党委会或党委扩大会议,一般都要制定会议预案。会议预案包括会议时间、与会人员、会议程序、食宿安排和经费预算等。会议预案得到有关领导同意后,要及时向与会人员发出召开会议的通知。

(4) 准备会议场地。召开党委会要提前打扫卫生,准备好文件;召开党委扩大会,还应安排会场座次,并协同有关部门做好必要的接待、保卫等工作。

(二) 会中组织工作

(1) 会议记录。会议中组织部门要做好记录,如实记载会议的内容和进程,为党委工作提供备忘依据。记录要详细,不得篡改和简记,必要时要录音,会后对照整理。

(2) 收发文件。根据会议议程,做好有关文件的发送和收交工作。

(3) 会场服务。会场服务可由其他服务人员进行。组织部门主要是做好组织、督促工作。

(三) 会后组织工作

(1) 清理会场。清退会议文件,组织有关人员打扫会场卫生,关闭门窗等。

(2) 资料归档。党委会议结束以后,组织部门要及时整理好会议资料,必要时做好立卷归档工作。

(3) 安排与会人员返回。召开党委扩大会,涉及与会人员返程问题,组织部门要协同有关部门事先做好周密安排,做好返程信息掌握等工作。

(4) 拟制会议文件。会议文件主要是指会议纪要和会议情况报告。在会议中应该着手准备,指定专人负责,及时收集情况,综合讨论意见。

第三节 组织业务工作

组织业务工作是一项政策界限严格、业务性强、要求标准高的工作,是组织工作干部必须具备的基本功之一。组织业务内容很多,涉及广泛,本节着重介绍奖励工作、抚恤工作、婚姻管理工作和其他一些业务工作。

一、奖励工作

奖励工作是消防救援队伍组织工作的一项重要内容。正确实施奖励，可以激励先进、鼓舞斗志，调动广大指战员的积极性和创造性，为消防救援队伍现代化建设不断提供精神动力。各级党组织和组织部门要重视对奖励工作的研究和管理，使其在队伍建设中发挥更大的作用。

（一）奖励工作的指导思想及标准

1. 奖励工作的指导思想

根据应急管理部、人力资源社会保障部发布的《应急管理系统奖励暂行规定》的要求："奖励工作坚持以习近平新时代中国特色社会主义思想为指导，深入贯彻落实习近平总书记关于应急管理重要论述和党中央决策部署，服务应急管理大局，发挥先进典型示范引领作用，全面建设让党和人民信得过靠得住能放心的应急管理队伍。"这是我们消防救援队伍奖励工作的指导思想。根据《应急管理系统奖励暂行规定》的奖励项目，由低至高依次分为：嘉奖、记三等功、记二等功、记一等功、授予称号。

2. 奖励工作的标准

根据《应急管理系统奖励暂行规定》，对具备下列条件之一的，应当给予奖励：①锐意改革创新、勇于探索实践，具有强烈的事业心和责任感，恪尽职守、勤勉尽责，业务精湛，甘于奉献，在加强应急管理基础建设，科学制定和实施应急预案、自然灾害监测预警、风险评估，有效防范生产安全重特大事故、抵御自然灾害等方面取得显著成绩；②勇于攻坚克难，面对突发事件挺身而出，妥善应对处置生产安全事故、自然灾害，科学组织施救，执行应急抢险救援救灾、火灾扑救、重大活动安全保障保卫等任务，闻令而动、不畏艰险、冲锋在前、敢打硬仗，千方百计完成任务，取得突出成绩；③加强安全生产和消防安全监督管理，依法行政，秉公执法，严格落实监管监察职责，坚持原则，较真碰硬，扎根基层，任劳任怨，所负责监管监察区域行业领域取得显著成绩；④有力组织防灾减灾救灾，竭诚服务人民群众，有效组织指导灾情统计核查、损失评估、物资保障、受灾群众安置和灾后重建，工作成效显著；⑤把党的政治建设放在首位，坚持民主集中制，领导班子团结有力，坚决反对形式主义、官僚主义，纪律严明，党的建设和队伍建设成效显著；克己奉公，清正廉洁，无私奉献，模范遵守宪法法律、职业道德和社会公德，受到广泛赞誉；⑥其他方面成绩突出的。

对符合奖励条件的集体和个人，根据其事迹及作用、影响，按以下标准确定奖励等级：①对成绩突出的，给予嘉奖；②对成绩突出，有较大贡献的，记三等功；③对成绩显著，有重要贡献的，记二等功；④对成绩显著，有重大贡献和影响的，记一等功；⑤对成绩卓著，有特殊贡献和重大影响，堪称典范的，授予称号。

（二）实施奖励的一般程序

对集体和个人实施奖励，一般按照下列程序进行：

（1）启动。实施奖励的单位制定奖励工作方案，明确奖励范围、条件、种类、名额、程序和工作要求等，按规定报批。

（2）推荐。对符合奖励条件的，在所在单位民主推荐基础上，按有关规定自下而上、逐级研究提出推荐对象。

（3）审核。实施奖励的单位政治工作部门对推荐对象进行审核，提出奖励审核意见。

（4）审批。实施奖励的单位按照权限研究决定奖励对象，作出奖励决定。

对承担重特大地震、地质、水旱、森林草原火灾等自然灾害和重特大火灾、重特大生产安全事故应急抢险救援救灾，以及重大活动安全保障保卫等其他有关重大任务中成绩特别突出的集体和个人，应当及时给予奖励。必要时，可以简化程序，由实施奖励的单位政治工作部门提出建议，直接实施奖励。

对受组织委派，离开原单位承担临时任务、学习培训或者借调、挂职的人员，时间一年以上、符合奖励条件的，可以由临时所在单位实施奖励或者申报奖励；时间不足一年、符合奖励条件的，由临时所在单位向原单位介绍情况，由原单位实施奖励或者申报奖励。

二、抚恤工作

消防救援队伍的抚恤工作，是依据国务院颁布的《烈士褒扬条例》和《工伤保险条例》，对因作战或公务致伤、致残人员和牺牲、病故人员的家属给予物质上的帮助和精神上的安抚工作。它是组织业务工作的一项重要内容。搞好抚恤工作，对于弘扬正气，激励群众，加强队伍建设，有着十分重要的作用。

（一）抚恤对象及其认定

消防救援队伍抚恤对象包括队伍在职人员、伤残人员、烈士家属、因公牺牲人员家属、病故人员家属、在职人员家属等。抚恤对象的认定主要涉及烈士、因公牺牲以及在职人员伤残的具体范围的确定。

1. 烈士的认定及批准机关

根据《烈士褒扬条例》，消防救援人员符合下列情形之一的，评定为烈士：①在依法查处违法犯罪行为、执行国家安全工作任务、执行反恐怖任务和处置突发事件中牺牲的；②抢险救灾或者其他为了抢救、保护国家财产、集体财产、公民生命财产牺牲的；③在执行外交任务或者国家派遣的对外援助、维持国际和平任务中牺牲的；④在执行武器装备科研试验任务中牺牲的；⑤其他牺牲情节特别突出，堪为楷模的。

申报烈士的，由死者生前所在工作单位提供有关死者牺牲情节的材料，由收到材料的总队政治部门调查核实后提出评定烈士的报告，报经国家消防救援局审核后，报应急管理部政治部审批。

2. 因公牺牲人员的认定及批准机关。

消防救援人员因公牺牲的认定，根据国务院颁发的《工伤保险条例》规定："职工有下列情形之一的，应当认定为工伤：①在工作时间和工作场所内，因工作原因受到事故伤害的；②工作时间前后在工作场所内，从事与工作有关的预备性或者收尾性工作受到事故伤害的；③在工作时间和工作场所内，因履行工作职责受到暴力等意外伤害的；④患职业病的；⑤因工外出期间，由于工作原因受到伤害或者发生事故下落不明的；⑥在上下班途中，受到非本人主要责任的交通事故或者城市轨道交通、客运轮渡、火车事故伤害的；⑦法律、行政法规规定应当认定为工伤的其他情形。""职工有下列情形之一的，视同工伤：①在工作时间和工作岗位，突发疾病死亡或者在 48 小时之内经抢救无效死亡的；②在抢险救灾等维护国家利益、公共利益活动中受到伤害的；③职工原在队伍服役，因战、因公负伤致残，已取得革命伤残军人证，到用人单位后旧伤复发的。职工有前款第①项、第②项情形的，按照本条例的有关规定享受工伤保险待遇；职工有前款第③项情形的，按照本条例的有关规定享受除一次性伤残补助金以外的工伤保险待遇。"

因公牺牲人员，由被申请者所在工作单位提供有关证明材料，由总队政治部门调查核实后提出申报报告，报经国家消防救援局审核后，报应急管理部政治部审批。

3. 伤残人员的认定

消防救援人员发生工伤，经治疗伤情相对稳定后存在残疾、影响劳动能力的，参照国务院颁发的《工伤保险条例》中有关劳动能力鉴定的规定。劳动功能障碍分为十个伤残等级，最重的为一级，最轻的为十级。生活自理障碍分为三个等级：生活完全不能自理、生活大部分不能自理和生活部分不能自理。劳动能力鉴定标准由国务院社会保险行政部门会同国务院卫生行政部门等部门制定。

享受国家抚恤和补助的烈士遗属、因公牺牲和病故消防救援人员遗属，以及退出国家综合性消防救援队伍的残疾消防救援人员，参照退役军人事务部、财政部、国家卫生健康委、国家医保局四部门联合修订印发的《优抚对象医疗保障办法》有关规定享受医疗保障优待；其中，享受国家定期抚恤补助的，参照《优抚对象住房优待办法》有关规定享受住房优待。

（二）抚恤工作的主要任务

消防救援队伍抚恤工作的主要任务包括对烈士的管理、烈属的优抚、病故人员的善后处理和伤、病、残人员的抚恤等。

1. 烈士的管理

支队级以上单位政治部要及时查清烈士的情况，进行登记、统计，并逐级上报；妥善安葬、安放烈士遗体和骨灰，在烈士墓前设立永久性标志，写明烈士姓名、单位名称、职务、籍贯和牺牲的年月日，对烈士的骨灰，要商请地方政府安放在烈士公墓；处理烈士遗物时，凡属烈士个人用品，应妥善交其家属，有特殊纪念意义的物品，在征得烈士家属同意后，由政治部妥为保管；做好烈士的评功和追认党员、团员工作；开好追悼会等。

2. 烈属的优抚

当消防救援人员牺牲后评定为烈士的,支队级以上单位政治部应派专人会同地方有关部门,对烈属进行慰问,给烈属挂光荣牌,并把烈士证明书和一次性抚恤金送到烈属家中。了解烈属的生活状况,听取他们的意见和要求,协助地方政府及时解决他们的实际困难,妥善安排他们的家庭生活,并由烈士生前所在单位财务部门按现行规定确定今后的生活补助费和享受其他优待。

3. 病故人员的善后处理

消防救援人员病故后,由支队级以上单位政治部通知其家属,并按照相关规定对其家属进行抚恤。对病故人员妥为安葬,并在墓前竖立标志,以资纪念和识别。对病故人员遗产的处理,属于个人的遗产,应交其家属处理,对有纪念意义的,在征得家属同意后,由政治部妥为保管。对病故人员家属的来信来访,必须热情接待,认真处理,负责和协同政府帮助解决他们所提出的问题。

4. 伤、病、残人员的抚恤

对伤、病、残人员,政治部要及时协同有关部门予以妥善安置。对家庭困难的,要积极和地方政府取得联系,尽可能给予照顾;对患病需住院治疗的,要积极帮助联系,尽可能满足治疗要求;对需评残的,要协助整理好各项证明材料,为其评残提供方便。

(三) 审批烈士的程序

(1) 调查核实事迹。当本单位和所属队伍发生为保卫国家和人民群众生命财产安全而壮烈牺牲的英雄行为时,或者收到下级关于报请审批烈士的请示后,组织部门要及时通过各种途径深入现场或有关单位,调查了解其主要事迹和详细情节,必要时,要取得人证、物证,为审批烈士提供事实依据。

(2) 本级机关研究。根据调查了解的英雄事迹和牺牲情节,政治部按照有关政策规定,提出报批烈士的依据和建议,提请总队党委会议研究。

(3) 上报审批。总队党委会议研究决定同意上报后,组织部门要根据总队党委的决定,起草请示,报请国家消防救援局审核后,报应急管理部政治部审批。请示的内容,一般包括牺牲者的基本情况、主要事迹、壮烈情节和呈报理由等。

(4) 办理有关手续。当应急管理部政治部批准其成为烈士后,组织部门应及时将上级的批复报告本级党委,并按规定办理抚恤事宜。一是填写革命烈士通知书;二是领取烈士证明书和一次性抚恤金及证件;三是做好抚恤工作的同时,做好抚恤对象的思想工作;四是发放烈士一次性抚恤金,发放的顺序是:有父母无配偶的,发给父母;有配偶无父母的,发给配偶;既有父母,又有配偶的,各发半数;无父母和配偶的,发给子女;无父母、配偶、子女的,发给未满18周岁以下的弟妹;无上述亲属的,不发。

(5) 资料归档。抚恤工作结束后,及时将有关材料按内容或按年度、单位分类归档。

三、婚姻管理工作

婚姻管理工作是组织部门一项经常性的业务工作，主要是依据《中华人民共和国民法典》"婚姻家庭编"和消防救援队伍关于婚姻管理工作的有关规定对所属人员的婚姻状况实施管理。

（一）受理所属人员的婚姻申请

消防救援人员恋爱，应严格执行有关规定，恋爱双方认为时机成熟，并提出结婚要求后，消防救援人员一方应向组织提出结婚申请，填写结婚申请报告表，报政治部审查批准。

（二）进行政治审查

消防救援人员所在单位政治部及时对其恋爱对象进行政治审查，消防救援人员选择的配偶必须是历史清楚、思想进步、政治可靠、作风正派、没有严重传染病的中华人民共和国公民。双方建立恋爱关系后，要主动向组织报告，由政治部对其恋爱对象作必要的政治审查。必要时可以派人进行调查。

（三）审批及向地方开具婚姻状况证明

男女双方填写结婚申请报告表，交所在党组织上报政治部批准。审批过程中，要对双方结婚年龄、身体状况、另一方的政治条件以及社会关系、婚姻情况等进行审查，符合结婚条件的，需要由支队级以上政治部填写婚姻状况证明，并到地方婚姻登记机关办理结婚手续。凡离婚、复婚申请再婚者，还须持离婚证件。

（四）审批离婚工作

消防救援人员提出离婚，应持严肃慎重态度，严格执行消防救援队伍的纪律。其程序是：

（1）个人写出申请。消防救援人员要求离婚，应向所在单位党支部写出离婚申请。内容包括：配偶的工作单位、姓名、出生年月、结婚时间、所生子女以及离婚理由，并由男、女双方签字。

（2）党支部做调解工作。党支部收到个人离婚申请后，应指定专人做调解工作。调解中，根据双方提出的情况进行调查，分析原因，做耐心细致的思想工作，缓和矛盾，调解无效后，按规定研究并签署意见。

（3）审批。男女双方填写离婚报告表，党支部签署意见后，连同个人离婚申请报支队政治部审批。审批后，以政治部名义出具离婚证明材料，到地方婚姻登记机关办理离婚手续，或到地方法院提出离婚诉讼。

第四节　指导基层群团组织工作

加强对基层群团组织建设的领导，充分发挥广大团员、青年群众、职工、妇女在完成队伍各项任务中的突击作用，是各级党委、政治机关的重要职责，也是组织部门工作的重要内容。做好新时代群团组织工作，对于提高队伍整体建设水平，增强队伍凝聚力和战斗力，具有重要现实意义。

一、指导共青团建设

基层共青团，是指支队级单位以下的共青团团委、团总支和团支部。各级组织部门要充分认识到基层共青团建设在队伍建设中的地位和作用，加强对基层共青团建设的指导和帮助。

（一）指导共青团建设的内容

（1）抓好基层共青团组织建设。第一，要健全组织。健全共青团组织，要抓住两个关键环节：一是换届选举。团委、团总支、团支部每两年都要进行一次换届选举。每次换届选举，各级组织部门都要严密组织和检查。二是稳定骨干队伍。因人员变动使团组织成员出现空缺时，应及时补选；需要调整干部、骨干时，要注意保留一定数量的上届委员，以保持工作的连续性；对工作不称职的委员，要及时帮助教育和提高。第二，要强化领导核心。一是抓好集体领导。集体负责，会议决定，切实坚持好集体领导的有关规章制度。二是抓好书记队伍。各级政治机关要加强对团的书记队伍的培养教育，使他们真正成为队伍青年工作的"领头雁"。第三，要严格组织生活制度。指导基层共青团认真坚持团的组织生活制度、汇报制度、教育制度和奖惩制度等，保持良好的作风和纪律。

（2）充分发挥共青团的作用。各级组织部门要紧紧围绕队伍建设目标，指导基层共青团充分发挥好四个作用：一是思想政治工作中的助手作用；二是完成各项任务中的突出作用；三是联系青年指战员的桥梁作用；四是文体活动中的骨干作用。

（3）做好青年群众工作。指导共青团做好青年群众工作，要抓住两个重点：一是教育广大团员以自己的模范作用影响和教育青年群众；二是通过共青团开展多种活动，把青年群众团结在自己的周围，帮助他们成长进步。

（二）指导基层共青团建设的一般方法

（1）按级对口指导法。按级对口指导法就是各级党委、组织部门及基层党组织按照自己的工作职责，指导本级共青团建设。这种指导方法的具体要求是：基层党组织要积极关心和支持团总支（团支部）的工作，每月听取一次共青团工作情况汇报，及时布置任务、提出要求，鼓励开展各种有益的活动；支队级组织部门要配合团委，经常讨论和检查基层共青团工作，制订规划和措施，总结工作，交流经验；支队级党委应该将基层共青团建设纳入队伍建设的议事日程之中，每年专门研究1~2次共青团建设问题。在布置、检查、总结基层工作时，应该包括共青团工作的内容。

（2）放权锻炼指导法。放权，就是尊重共青团的自主权。各级组织部门要正确处理政策上原则领导与业务上具体指导的关系，防止大包大揽。凡应由共青团管理、决定和办理的事情，都应该放手让他们去做。在团内选举、推荐优秀团员入党、团的工作安排、团内事务处理等方面，可提出指导性意见，但不干涉决策；对共青团开展工作中遇到的困难，积极帮助解决；共青团工作出现挫折时，要帮助查找原因，总结经验教训。

（3）研讨指导法。研讨指导法，是各级组织部门指导基层共青团建设的重要方法。其内涵就是研究新形势下青年指战员思想变化的规律，定期分析共青团建设的形势，探讨加强和改进青年工作的途径和方法。各级组织部门要结合队伍反映上来的青年工作的新情况、新问题，通过专题攻关、典型解剖、函授作业等形式，引导基层共青团组织认清青年指战员思想的主流，增强培养教育的针对性，坚持在继承的基础上改革创新，努力探索青年工作的新路子。

二、指导消防指战员委员会建设

消防指战员委员会在党支部领导下和站（中队）首长指导下，组织开展好各项活动。队伍基层站（中队）设立的消防指战员委员会是党支部开展政治工作的助手，各级组织部门要高度重视其工作，加强对指战员委员会的指导，充分发挥其在中队（站）建设中的作用，从而加强队伍内部民主建设，促进队伍的团结稳定。

（一）抓好消防指战员委员会的组织建设

（1）选准配强消防指战员委员会主任。组织部门要引导党支部注意挑选那些关心基层建设、有较强组织活动能力、在群众中威信高、担任党支部委员的年轻干部或消防长担任消防指战员委员会主任，以更好地发挥消防指战员委员会的"桥梁"作用。

（2）及时改选消防指战员委员会。每年老消防员退出、新消防员补入以后，组织部门要指导基层改选消防指战员委员会组织。改选工作一般与党支部、团支部改选同步进行。通过改选，使消防指战员委员会始终保持有 5~7 名委员和健全的民主组织。

（3）明确工作职责。一是指导基层党委支部对新当选的消防指战员委员会成员进行职责学习，提出具体要求，使消防指战员委员会各成员真正履行职责；二是对消防指战员委员会成员兼职情况进行检查，尤其要防止与团支部委员会成员交叉。

（二）指导消防指战员委员会开展各项工作

（1）帮助党支部加强对消防指战员委员会的领导。一要指导党支部按《国家综合性消防救援队伍基层建设纲要》规定把消防指战员委员会工作列入党支部议事日程之中，定期讨论、指导，明确内容、方向，解决遇到的困难。二要帮助党支部掌握正确的领导方法。重点加强思想上、组织上的领导，不在具体业务上包办干预，鼓励消防指战员委员会成员积极地、创造性地开展工作，搞好消防指战员委员会骨干的培训。三要指导党支部善于用党内民主带动消防指战员委员会民主建设。党支部要注意听取消防指战员委员会的意见，主动接受消防指战员委员会的监督，充分发挥消防指战员委员会的作用。摆正领导关系，使消防指战员委员会成为党支部的得力助手。

（2）检查督促消防指战员委员会行使职权。消防指战员委员会在基层建设中的建议、监督、反映、推荐、评议等权利是否得到保障，是检验消防指战员委员会作用发挥得好坏的客观标尺。因此，组织部门要对消防指战员委员会进行经常或定期检查，既要看组织是否健全，还要看活动是否经常；既要看党支部是否尊重了这些权利，还要看消防指战员委员会是否行使了这些权利；既要看基层指战员的民主现实状况，还要看干部对敢于批评或反映问题的指战员有无打击报复行为。发现问题，要及时处理。

（3）总结推广消防指战员委员会建设经验。一要经常指导。组织部门要经常深入基层，熟悉了解所属基层单位消防指战员委员会建设情况，及时分析所属单位消防指战员委员会发展形势，有针对性地进行分类指导和整顿。二要适时总结讲评。根据消防指战员委员会的发展实际，适时召开消防指战员委员会主任会议，交流各单位情况，介绍经验做法，听取意见要求，总结讲评工作。三要及时宣扬典型。采取自下而上推荐、单位之间互评、领导机关与群众相结合考评等方法，及时评选先进典型个人或单位，实事求是地总结经验，及时向队伍推广宣扬。

三、机关工会工作

机关党委领导机关工会工作，要支持其依照章程独立负责地开展工作。要切实加强和改进对工会工作的领导，坚持"党建带动工建、工建服务党建"。要不断巩固围绕中心、服务大局的思想基础，把握面临的机遇和挑战，团结动员广大会员为实现目标任务作出新贡献。

（一）机关工会委员会的设置及职责

机关工会委员会委员名额，按会员人数确定：25人以下者，设主席或组织员1人；200人以下者，设委员3~7人；201~1000人者，设委员7~15人。机关工会委员会委员由主席、副主席、组织委员、宣传委员、文体委员、经审（财务）委员、青年委员、女工委员等组成。工会设工会小组，小组长由工会小组推荐产生。工会委员会委员任期3~5年。

机关工会委员会的主要职责包括：

（1）按期召开会员代表大会和职工代表大会，并组织贯彻执行代表大会的决议，发动职工积极参与单位民主管理。

（2）传达上级有关指示和文件，组织工会干部学习党和国家有关方针、政策及工会的有关业务指示，不断提高工会干部的思想政策水平和工作水平。

（3）根据上级工作的要求和单位实际情况，制定和实施工会工作计划，搞好年度总结，组织指导工会小组开展工作。

（4）抓好职业道德、劳动纪律教育，加强会员本身的思想建设。

（5）协同团委抓好青年职工的思想教育。女工委员会做好女职工工作和家属工作。

（6）发挥工会组织作为党联系群众的纽带作用，经常听取和反映群众的意见要求，做好上情下达和下情上报工作。

（7）组织开展评选先进、表扬先进的工作。

（8）积极组织开展各种文体活动，办好职工活动室。

（9）关心群众生活，积极做好职工的集体福利工作。

(10) 做好工会会员的建档、转调和非会员申请入会等组织工作，做好来信来访和工会文书档案工作。

(11) 采取多种形式搞好宣传及报道工作。

(12) 根据工会财务管理制度，做好工会经费的使用管理和财产设备的使用保管工作。

（二）机关工会委员会的选举程序及注意事项

(1) 候选人的提出。基层工会委员会的委员和主席、副主席候选人，均应按照干部"四化"标准，从热心工会工作、受到群众信赖的人员中选定。基层工会委员会委员候选人的产生，均以工会小组为单位提名，由上届委员会提出建议名单，报经同级党委和上级工会审查同意后，提交会员大会或会员代表大会通过并报经同级党委和上级工会审查同意后提出；也可以由同级党委与上级工会协商提出建议名单，经工会小组酝酿讨论后，由上届委员会根据多数工会小组的意见提出。女职工人数 10 人以上的，成立女职工委员会，不足 10 人的设女职工委员。女职工委员会主任由工会女主席或副主席担任，无女主席或副主席的，由符合条件的工会女职工委员担任。

(2) 选举的实施。工会选举按照以下程序进行：①会议开始，宣布出席会议人数，介绍出席会议的有关领导；②由工会筹备组组长向大会报告工会选举筹备工作情况；③通过大会工会选举办法；④通过候选人名单；⑤通过监票人、计票人名单；⑥大会选举；⑦公布当选委员名单（期间分别召开工会委员会和经费审查委员会第一次会议，分别选举产生首届工会委员会主席、副主席和经费审查委员会主任）；⑧当选工会主席讲话；上级领导讲话。

(3) 选举中的注意事项。

召开会员大会进行选举时，由上届委员会主持；不设委员会的基层工会进行选举时，由上届工会主席或组织委员主持。

召开会员代表大会进行选举时，由大会主席团主持。大会主席团成员由上届工会委员会集中各代表团（组）的意见，提出建议名单，提交代表大会预备会议表决通过。召开基层工会委员会第一次全体会议选举常务委员会委员、主席、副主席时，由上届委员会或大会主席团推荐一名新当选的工会委员会委员主持。

参加选举的人数为应到会人数的 2/3 以上，方可进行选举。选举可以直接采用候选人数多于应选人数的差额选举办法进行正式选举，也可以先采用差额选举办法预选产生候选人名单，然后进行正式选举。委员会委员和常务委员会委员的差额率分别为 5% 和 10%。

选举前，选举单位工会组织或大会主席团应将候选人的名单、简历及有关情况向选举人介绍。选举设监票人，负责对选举全过程进行监督。会员大会或会员代表大会选举的监票人由全体会员或各代表团（组）从不是候选人的会员或会员代表中推选，经会员大会或会员代表大会表决通过。委员会选举的监票人，从非常务委员、主席、副主席候选人的委员中推选，经全体委员会议表决通过。

选举一律采用无记名投票方式。选票上候选人的名单以姓氏笔画为序排列。

选举人可以投赞成票或者不赞成票，也可以投弃权票。投不赞成票者可以另选他人。

会员或会员代表在选举期间，如不能离开工作岗位的，可以在选举单位设立的流动票箱投票。

选举收回的选票，等于或少于投票人数，选举有效；多于投票人数，选举无效，应重新选举。

每一选票所选人数等于或少于规定应选人数的为有效票，多于规定应选人数的为废票。

候选人获得应参加选举人的过半数选票时，始得当选。

获得过半数选票的候选人名额超过应选名额时，以得票多的当选。如遇票数相等不能确定当选人时，应就票数相等的候选人重新投票，得票多的当选。

当选人少于应选名额时，对不足的名额另行选举。如果接近应选名额，也可以由大会征得多数会员或会员代表的同意减少名额。

大会执行主席根据选举条例规定，宣布选举结果及选举是否有效。

选出的基层工会委员会委员、主席、副主席，按照《中国工会章程》的规定和干部管理权限，报支队党委和上级工会审批。

（三）机关工会经费审查委员会

（1）机关工会经费审查委员会的组成。凡设立一级工会财务管理的工会基层组织，必须在选举工会基层委员会的同时，选举产生经费审查委员会。机关经费审查委员会委员名额一般为3~7人。经费审查委员会设主任委员1人，必要时也可设副主任委员1人。

（2）机关工会经费审查委员会的产生。经费审查委员会主任、副主任的候选人，由基层工会和同级党组织协商提出，其委员由基层工会提出。经费审查委员会由会员大会或会员代表大会选举产生。主任委员、副主任委员由经费审查委员会推选产生。经费审查委员会及其主任委员、副主任委员的选举结果，与基层工会委员会选举结果同时报上级工会审批。基层工会经费审查委员会的任期与基层工会委员会相同。在任期内，如有成员出缺，由同级会员大会或会员代表大会补选。其主要负责人的任免，要征得上一级工会委员会的同意，履行民主程序。

（3）机关工会经费审查委员会的主要职责。经费审查委员会对基层工会及所属单位、事业经费收支和财产管理的下列事项进行审查监督：工会经费收入、上交和支出预算的制定、执行和决算；与工会经费收支有关的经济、技术活动及其效益；工会经费专项基金的提取、使用；工会财产的安全、完整；工会内部控制制度的建立、健全、有效；国家财经法规、条例和工会财务制度、纪律的执行情况；国家和上级工会规定的其他审查事项。

（4）机关工会经费审查委员会有下列审查权：要求基层工会及所属单位、事业单位按时报送有关的计划、预算、决算、会计报表和文件资料，听取他们的汇报；检查凭证、账表、决算、资金和财产，查阅有关的文件和资料；对审查中发现的问题，向被审查单位和有关人员调查并取得证明材料；对正在进行的严重违反财经法纪、严重损失浪费行为，提请同级工会委员会或上级工会及时制止，并对已造成的损失作出处理决定。遇有阻挠、破坏审查工作时，有权采取封存账册、印鉴和资财等临时措施，并提出追究有关人员责任的意见。

此外，工会还应该建立健全各项管理制度，如工会委员会议事制度、工会会员大会制度、工会劳动争议调解制度、经费管理制度等。

四、机关妇女工作委员会管理工作

机关党委领导机关妇联工作，要支持其依照章程独立负责地开展工作。要切实加强和改进党对妇联工作的领导，坚持党建带妇建。机关妇联要紧紧围绕科学发展这个主题和加快转变经济发展方式这条主线，以"三八红旗手"、红旗集体等先进典型激励广大妇女焕发创造热情，立足本职建新功、争创一流作贡献，在平凡的岗位上创造不平凡的业绩。

（一）机关妇女工作委员会的组成

机关和事业单位、社会组织建立妇女委员会或妇女工作委员会。妇女委员会由本单位妇女大会或妇女代表大会选举产生，每届任期3~5年。妇女委员会全体会议推选主任一人、副主任若干人，负责日常工作。妇女工作委员会委员由妇女代表协商产生。

（二）机关妇女工作委员会的成立及选举

（1）向上级妇女组织写出本部门或单位建立基层妇女组织的请示。请示的内容主要包括建立妇女组织的依据和理由、妇女委员会组成和委员设置方案等。

（2）做好选举准备工作。主要是对女职工进行选举教育；酝酿、确定妇女组织委员会候选人预备人选并报上级妇女组织批准；研究制定选举办法；制作选票等。

（3）召开女职工（或女职工代表）大会，进行选举。具体步骤为：宣布开会，统计到会人数，通过选举办法，介绍候选人情况，推选选举工作人员，分发、填写选票，投票，计票，宣布选举结果，宣布大会结束。

（4）召开妇女委员会第一次会议。选举主任、副主任，并对委员进行分工。

（5）报请上级妇女组织审批。请示的内容主要包括召开选举大会的简要情况、进行选举的情况和选举结果等；第一次委员会会议选举主任、副主任以及委员分工情况。

（6）上级妇女组织批准后，及时向所属妇女组织和全体女职工公布。

（三）机关妇女工作委员会的职责

（1）向本单位妇女宣传贯彻党的路线、方针、政策，教育妇女坚持四项基本原则，培养她们自尊、自信、自立、自强的"四自"精神。

（2）教育妇女正确处理婚姻家庭问题。开展"五好文明家庭""巾帼建功"等活动，大力提倡尊老爱幼、团结互助、遵纪守法、勤俭持家和邻里团结的文明新风。

（3）代表和维护妇女的合法权益，关心妇女群众的工作、学习和生活，反映她们的意见、建议和要求，配合有关部门解决妇女在劳动保护、卫生保健、子女教育、社会保障以及儿童优生等发展方面的实际问题。切实维护女职工在政治、经济、文化、社会和家庭等方面的合法权益和特殊利益，向一切歧视、虐待、侮辱、迫害女性的行为作斗争。

（4）掌握本单位妇女、儿童的基本情况。

（5）代表妇女参加民主管理和民主监督，向上级党委反映妇女群众意见、建议和要求。

（6）加强妇女组织的自身建设，协助各级组织选拔优秀女性人才，开展促进妇女问题和妇女理论的研究。

（7）安排国际"三八"妇女节的庆祝活动，如召开妇女代表座谈会、表彰先进妇女个人（集体）、举办文艺庆祝晚会等。

（四）妇女代表大会的职权

（1）讨论、决定本单位的妇女工作任务。

（2）听取、审议和批准同级妇女联合会执行委员会的工作报告。

（3）选举同级妇女联合会的执行委员会。

（五）妇委会主任工作职责

（1）认真宣传、贯彻上级妇联组织的各项会议精神和制度。

（2）认真搞好女职工的思想政治工作，制定适合女职工的工作、教育计划，组织开展有利于提高女职工综合素质的学习和培训。

（3）贯彻女职工的有关政策和条例，维护女职工的合法权益和特殊权益，组织女职工积极参加和开展各项文体活动，增强女职工的身心健康。

五、指导基层开展"双争活动"

国家综合性消防救援队伍开展争创先进基层单位（冠以编制名称）和争当优秀基层指战员（区分干部、消防员、学员）活动，双争评比结合年度（学年）总结进行。先进基层单位的基本条件是：用"基层建设标准"衡量，成绩突出，进步明显，基础扎实，全面过硬。优秀消防员的基本条件是：政治思想强，业务技术精，作风纪律严，完成任务好。优秀基层干部的基本条件是：对党忠诚、善谋业务、敢于担当、实绩突出、清正廉洁。

贯彻落实《国家综合性消防救援队伍基层建设纲要（试行）》，帮助指导基层开展争先创优活动，是机关各部门的共同任务，也是组织部门的一项经常性的业务工作。组织部门要在党委的统一领导下，积极主动地做好机关各部门抓基层的协调工作，具体帮助指导基层开展争先创优活动。

（一）坚持按级负责

总队级组织部门主要是根据上级关于基层建设的政策、制度和规定及一个时期基层建设的重点，结合所属队伍的实际抓好落实，加强对支队级机关的帮助，结合搞好对队伍的重点指导，解决好队伍带倾向性的问题。支队级政治部要根据上级工作部署，分清轻重缓急，统筹安排基层工作；抓好对基层主官的培训，不断提高他们抓基层建设的能力；要尊重和支持大队的职权，充分发挥他们的作用；经常深入基层，坚持现场指导，主动上门服务，保证各项工作落实。

（二）形成共管合力

开展双争活动，要着眼建设，注重经常，科学组织，务求实效。坚持争在平时、比在平时，全员参与、全程纳入，贯穿于各项工作，做到每月自评、季度讲评、半年初评、年终总评。坚持横向比建设水平，纵向看进步幅度，不搞平衡照顾和人为保先进。坚持分类型评比，分层次竞争，激发不同基础的单位和指战员的参与热情。机关各处（科）室要切实端正指导思想，牢固树立为基层服务的观念，在党委的统一领导下，形成合力，齐抓共管，组织部门重点做好协调工作。通常建立各处（科）抓基层联席会议制度，联席会议由单位主官主持，由机关处（科）室和主管业务部门参加，一般应在半年、年终或布置重要工作时召开。主要分析争先创优活动的形势，通报情况，调解矛盾，协调工作，研究解决齐抓共管的措施和办法；要坚持组成联合工作组下基层制度，领导机关要尽量减少文电、会议，把主要精力集中到下基层调查研究掌握真实情况，研究解决倾向性问题上。派出的工作组能合并的要协商合并，避免在同一时间、同一单位出现两个以上工作组。工作组要深入基层，坚持与指战员实行"五同"。对基层提出的指示要求，要跟踪抓落实，坚决纠正形式主义和弄虚作假的恶习；要对解决重点难点问题实行现场办公制度，机关各处（科）室要根据基层需要和反映的问题，不定期地深入队伍、现场办公，帮助解决队伍建设中遇到的重点难点问题。

（三）实事求是奖惩

帮助和指导基层开展争先创优活动，还要重点把握好三个问题：一是要正确看待基层发生的问题。一般来说，几十人的基层单位，整个年度大小问题不出是不可能的。出现了问题，要具体问题具体分析，弄清是一般性问题还是严重问题，是偶然性问题还是必然性问题。不能简单地以事故定乾坤。二是要正确处理综合考评与单项考评的关系。综合考评与单项考评是整体与个体、全局与局部的关系。在评定先进单位和优秀基层指战员的同时，从调动指战员积极性出发，还应评出业务训练、行政管理等先进单位及优秀站（中队）长、指导员、班长等个人典型。三是要强化奖励机制。各项奖励工作要与争先创优活动紧密结合起来，实施奖励要做到科学、公正、及时。全面建设好的大队、站（中队），先进的数量可以适当增加。

📖 **思考题**

1. 机关指导基层按纲抓建的主要内容有哪些？
2. 组织部门应该如何指导所属党委正确贯彻民主集中制原则？
3. 组织部门指导共青团建设的主要内容有哪些？

第三章 思想政治工作

思想政治工作是做人的工作，它是以人为对象，帮助人们确定正确的立场、观点、方法，提高人们认识世界和改造世界的能力，动员人们自觉地为实现当前和长远的目标而努力奋斗的工作。对于消防救援队伍来说，思想政治工作是为实现"对党忠诚、赴汤蹈火、纪律严明、竭诚为民"的政治目标，有目的地对广大消防指战员进行世界观人生观价值观的改造，使其自觉遵循训词精神并以此指导其行动的工作。政治机关是思想政治工作的主要承载机构，在消防救援队伍各项事务中，利用其职能优势在队伍建设发展中发挥了很大的作用。政治机关做好思想政治工作，关系队伍建设发展、关系指战员的全面发展、关系消防救援事业的蓬勃发展。

第一节 开展理论研究

着眼新的历史使命，积极改进内容方式，不断推动理论研究，为提升队伍战斗力提供可靠的思想保证、强大的精神动力和有力的人才支持，是政治机关开展思想政治工作理论研究的主旨。当前，政治机关开展思想政治工作理论研究主要是进行体系建设研究、实效性研究及评价指标研究。

一、思想政治工作体系建设研究

思想政治工作体系建设研究是政治机关开展理论研究的首要任务。通过体系建设研究，以期建构起相对完善的思想政治工作体系。构建目标明确、内容完善、标准健全、运行科学、保障有力、成效显著的思想政治工作体系，是健全消防救援队伍治理机制，提升依法治队能力的迫切需要；是落实新时代党对思想政治工作的新要求，推动消防救援队伍思想政治工作创新发展的迫切需要；是构建高水平消防救援队伍人才培养体系，落实立德树人根本任务的迫切需要。

从系统论角度出发，把握好整体与部分、主导与支撑、多元与一体三对关系，结合实际加快构建完善的思想政治工作体系，为培养全面发展的消防指战员提供坚强保障。

（一）把握整体与部分的关系，以全面整合增强育人力度

思想政治工作涉及思想道德、文化知识、专业知识与实践等各育人环节，涉及多个学科体系、多个领域人才培养体系，涉及社会、队伍、家庭等多方育人主体，涉及专职队伍、党政干部等多支育人队伍，贯穿指战员工作生活的方方面面等全领域，是一项复杂的

系统工程。因此加强和改进队伍思想政治工作，要着力解决既往存在的"脱节""孤岛"等现象，从全局和整体高度来把握队伍思想政治工作涉及的不同要素，深刻理解其内在联系，充分发掘各个分散要素的育人力量，聚散为整，将分散的力量整合为整体的集中力量，发挥社会主义集中力量办大事的制度优势，将思想政治工作作为队伍中心工作，全面统筹队伍建设发展各领域、各环节、人才培养各方面的育人资源和育人力量，以构建一体化的工作体系为重点，完善全员、全程、全方位育人体制机制，形成全员参与、全程贯穿、全域协同的育人格局，增强育人力度。

（二）把握主导与支撑的关系，以价值铸造提升育人高度

思想政治工作育人为本，德育为先。理论武装体系关系着"为谁培养人"这个根本问题，在思想政治教育中起着"铸魂"作用，是主导力量。通过理论武装体系的构建和运行，队伍要加强理想信念教育、消防救援精神教育、身边典型教育等，帮助新时代消防指战员践行"人民至上、生命至上"，自觉肩负起实现中华民族伟大复兴的历史使命。日常教育体系、管理服务体系、安全发展体系重在"壮筋骨"，是支撑作用。队伍要通过这三个体系构建，着重以实践育人、文化育人为切入点，推动思想政治工作体系全面融入消防救援事业发展的全过程，从而使知识教育、价值塑造和能力培养有机结合。主导体系与支撑体系相辅相成，推动形成价值引领与知识传授并重、情怀铸造与能力养成并重的生动实践。

（三）把握多元与一体的关系，以聚力协同增强育人效度

构建思想政治工作体系，要因势利导发挥好多元主体的积极性，着力构建全员育人格局，以聚力协同增强育人效度。一要发挥党委"育德"主体作用。队伍各级党委要加强党对思想政治工作的全面领导，发挥党委在育人中把方向、管大局、保落实的领导核心作用，以"第一责任人""党政同责""一岗双责"为总抓手，建立和完善队伍思想政治工作领导统筹机制和责任机制，推动育人责任向各领域、各环节延伸，为一体化体系构建提供坚强政治保障和组织保障。二要发挥管理教育人员"培德"主体作用。坚持"传道者先明道"，全面加强对教育者本身的思想政治教育。政治教员要着重关注消防救援品德、作风建设等方面，以过硬的理论功底引领指战员，以高尚的情操感召指战员；管理骨干要着重加强消防救援职业道德和工作作风建设，提高服务效能和效率，以良好作风、优质服务潜移默化影响指战员。三要发挥指战员"立德"主体作用。坚持把价值引领和情怀铸就贯穿知识学习、能力提升全过程，以"对党忠诚、赴汤蹈火、纪律严明、竭诚为民"为主线，厚植消防救援情怀，在改造客观世界的同时努力改造主观世界，做党和人民的忠诚卫士。

二、思想政治工作实效性研究

全球化带来的世界范围文化交流交融交锋、互联网等新兴媒体的流行，深刻改变了社会的舆论生态，思想文化多元多变多样，既拓展了思想政治工作更大的空间，又增加了思想政治工作的难度。提高新时代消防救援队伍思想政治工作实效性，必须紧紧围绕习近平

总书记重要训词精神，增强消防救援队伍思想政治工作的亲和力、吸引力、渗透力。

（一）以提升素质为根本，加强消防救援队伍思想政治工作队伍建设

（1）强化消防救援队伍思想政治工作的思想观念。思想观念是行为的先导。政治机关要指导和引领队伍思想政治工作，首要的就是要树立与新时代相适应的新思想、新观念。一是摒弃思想政治工作是"政工干部的事，与其他领导无关"的错误观念，强化齐抓共管的"大政工"理念。思想政治工作绝不是少数人的专利，或依靠少数专职工作队伍就能成功。政治机关从业务工作出发，强调人人是教育窗口、人人是教育形象、人人是教育环境。思想政治工作必须依靠齐抓共管合力才能成功。二是摒弃"思想政治工作是练虚功、耍嘴皮，做了也不会见效"的错误观念，强化"事关大局""重中之重"的思想。思想政治工作是消防救援工作的"生命线"，也是消防救援队伍建设的重要环节。政治机关建章立制，部署实施。三是摒弃"思想政治工作是费力不讨好，得罪人的工作"的错误观念，强化"一岗双责"、从严治队的思想。政治机关率先表率，引领示范。

（2）明确消防救援队伍思想政治工作的职责任务。明确各级单位机关思想政治工作职责台账，比如，基层队站思想政治工作职责台账应包括：组织指战员认真学习科学理论，增强对科学理论的政治认同和情感认同；结合实际组织开展多种形式的集中教育和主题教育；定期调查分析指战员思想状况，及时采取有效方式教育引导；以先进典型事迹报告会、座谈会等形式激励教育指战员；充分发挥基层党组织的战斗堡垒作用、团组织的桥梁纽带作用和党团员的模范带头作用等。

（3）拓展消防救援队伍思想政治工作队伍的素质。消防救援队伍思想政治工作是一门科学，要求思想政治工作者具有较强的履职能力，包括深厚的人文素养、理论知识与政策水平，心理健康辅导的理论与方法，较强的语言表达能力，同时还要精通消防救援业务。思想政治工作者要加强自身的政治思想修养；要树立正确的世界观、人生观、价值观；要做社会主义道德模范，始终把思想政治工作的出发点和落脚点放到为指战员服务上。另外，通过培训不断提高基层思想政治工作者的实际工作能力。

（二）以改革创新为关键，提高消防救援队伍思想政治工作的吸引力

（1）创新内容，与时俱进增强消防救援队伍思想政治工作说服力。创新内容，就是政治机关在谋划队伍思想政治工作的实践中，要紧跟时代步伐，立足指战员思想实际确定内容。只有这样，思想政治工作才能与时代共进、与指战员同行，才能让指战员净化思想、触及灵魂。从唯物史观出发，政治机关应从观念、知识、实践三个方面进行探索来创新思想政治工作的内容，做到始终追踪、紧贴全面深化改革、信息网络化、社会多元化等这一当今中国最大的实际，把握社会发展的脉搏、趋势，同时关注消防救援事业。

（2）创新方法，求真务实增强消防救援队伍思想政治工作影响力。创新方法，就是政治机关在谋划队伍思想政治工作的实践中，要贴近时代、贴近现实，立足指战员的思想实际和感受选用方法。方法得当，吸引力就强、生命力就盛。坚持唯物辩证法，政治机关围绕如何"入眼""入神""入心"进行探索从而创新思想政治工作方法，把单纯的灌输与思想交流互动相结合、把思想政治工作与实际工作相结合、把解决思想问题与解决实际问题相结合，实现方法与内容相辅相成、相得益彰，增强队伍思想政治工作的影响力。

（3）创新形式，美轮美奂增强消防救援队伍思想政治工作感召力。创新形式，就是政治机关在谋划队伍思想政治工作的实践中，通过对现有的实践形式、运用思路和思维习惯的突破，优化资源配置，推动思想政治工作更好地发挥功能。好的思想政治工作形式，可以实现良性的双向互动。立足于唯物辩证法，政治机关围绕"组织领导"向"依法引导"转变、由"偏重灌输"向"注重渗透"转变、由"单向性"向"多向性"转变、由"重点覆盖"向"全面覆盖"创新思想政治工作的新路子，改善全体指战员的思想政治水平，提高思想政治工作的开展效果。

（三）以完善制度为重点，推进消防救援队伍思想政治工作的规范化

（1）完善思想政治工作例会及其政治学习制度，进一步健全并严格落实各级党委理论学习中心组学习制度、党支部理论学习制度。坚持政治理论学习与思想政治工作例会制度相结合。强化消防救援队伍政治理论学习制度必须探索和改革思想政治理论学习教育的基本形式、方法、手段和机制，处理好化整为零与积少成多、集中与分散、强制灌输与启发自觉、机关与基层、服务与指导、落实与反馈的关系，根本改变对上级布置的工作不动脑子照搬照套，不抓落实拖沓应付的作风。

（2）推进谈心谈话以及思想状况分析报告制度。根据日常谈心交流掌握的情况，对指战员思想状况进行分析。分析报告要对存在的思想问题的原因从客观和主观两方面进行认真分析，如社会环境变化的影响、思想政治工作地位削弱、机制不全、政治理论学习不够等，并从思想认识、队伍素质、制度建设、人力保障、文化氛围、考评考核等方面提出解决问题的对策措施。思想状况分析报告是基于谈心谈话。谈心谈话以及思想状况分析报告制度为做好基层思想政治工作奠定了坚实的基础。

（3）落实家访慰问和休假体检及心理健康服务制度。消防救援队伍思想政治工作制度建设要把以人为本，切实在政治上关心指战员、人格上尊重指战员、精神上鼓励指战员、工作上爱护指战员、生活上体贴指战员放在更重要的位置上。要进一步完善家访慰问制度、指战员休假和体检制度、指战员心理健康服务制度、队站文化生活制度等。消防救援工作具有点多、线长、面广、有权、分散的特点，必须坚持从严治队与从优待队相结合，坚持严管与厚爱统一，增强基层思想政治工作实效性。

三、思想政治工作评价指标研究

对于消防救援队伍来说，思想政治工作是其他工作的基础和保障。而思想政治工作合格与否的标准就是思想政治工作评价指标体系，该体系同时也是消防救援事业高质量发展的根本性要求。研究建构思想政治工作评价指标体系，从而发挥评价对消防救援队伍思想政治工作的导向作用，对于推动消防救援队伍思想政治工作长效机制的形成、达成工作实效具有重要的现实意义。

(一) 思想政治工作评价指标体系指导原则的建立

思想政治工作评价的核心要求是遵循工作的基本规律和根本任务，将党和国家、应急管理和消防救援事业的各项方针政策转化为消防救援队伍思想政治工作的理论坐标和实践路径，形成从宏观体系到具体评价的综合指标体系，必须坚持以下基本原则：

(1) 联系性原则。为了使思想政治评价工作具有科学性合理性，就需要使思想政治工作管理和思想政治工作评价得到紧密联系。

(2) 程序化原则。要保障思想政治评价工作实现程序化，具有规范性、可操作性。

(3) 创新性原则。要做到积极解放思想、实事求是，投入新的创新因素。

(4) 整体化原则。要使思想政治工作评价指标体系在整体上得到统筹，达到系统化的指导标准。

(二) 思想政治工作评价指标体系评价指标的建立

依据消防救援队伍思想政治工作的目标和内涵，评价要素构成应涵盖工作机制、工作实施、工作成效、工作特色等维度，对此指标体系如下：

(1) 政治方面的评价指标。作为思想政治工作评价指标体系的根本指标以及最重要的一项指标，政治指标由政治制度和政治组织两方面构成。评价指标要符合消防救援队伍的政策方针以及规章制度，使各种思想政治工作得到落实。设置组织领导、工作保障、队伍建设、育人环境4个指标，具体从目标定位、领导体制、工作规划、运行机制、制度建设、政策导向、物理空间、经费投入、专职队伍数量结构与素质能力等方面建立观察点，聚焦思想政治工作目标，强化基础、突出重点、建立规范、落实责任等，着力提升队伍思想政治工作实效性。

(2) 绩效方面的评价指标。在思想政治工作的评价指标中，绩效方面的因素是需要重点考虑的。需从社会贡献、风险测控以及基础管理方面着手，对绩效进行深入分析，测评出消防救援队伍思想政治工作的质量与内在价值，为日后的工作积累相关经验。设置理论和实践创新成效、指战员获得的荣誉、指战员的满意度、消防员考学等4个指标。

(3) 量化方面的评价指标。对于消防救援队伍思想政治工作，要对其进行量化管理，建立完善科学合理的量化评价指标和系统，在此基础上对相关数据做好量化统计、分类。如此，评价指标才更具可操作性和权威性。设置理论育人、实践育人、管理育人、文化育人、心理育人、环境育人、主题教育、网络教育、考学指导9个指标，围绕育人导向，突出特色优势，深化价值引领，聚焦重点任务，加强分类指导、具体细化思想政治工作各环节、各领域的明确分工职责和标准，形成责任清单。

(4) 创新方面的评价指标。在完善消防救援队伍思想政治工作评价指标中，创新是一项重要的评价指标。依据时代的要求将创新发展作为思想政治工作的评价标准，通过一系列的方式、措施进行创新，可使思想政治工作评价指标体系得到更好的完善和提升。

(三) 思想政治工作评价指标体系评价方法的建立

(1) 自我评价方法。对于消防救援队伍思想政治工作来说，自我评价即实践主体的自我评价，指的是指战员的自我评价。在思想政治工作评价中，自我评价方式可对实际情况作出直接的反映，防止评价工作中遗漏情况的发生，对思想政治工作评价指标体系具有参考借鉴价值。

（2）上级评价方法。上级组织的评价由间接上级评价和直接上级评价两方面构成。直接上级相对来说最了解被考评者的实际工作表现（成绩、能力、适应性），也最有可能反映真实情况。间接上级（即上级的上级）对直接上级作出的考评评语，不应当擅自修改。这并不排除间接上级对考评结果的调整修正作用。

（3）第三方评价方法。相对而言，第三方的评价方法具有很强的客观性，是社会主体对消防救援队伍思想政治工作的绩效、质量、效果等进行客观、公正、系统的评估和监测。社会主体是指战员进行实践的基础，也就决定了第三方与自我这两者间有着紧密的联系，而这也使得评价结果更具合理性、客观性及科学性。

第二节 指导基层思想政治教育

思想政治教育是铸魂工程，是消防救援队伍建设的中心环节。思想政治教育工作的开展，对有效提升消防救援队伍的整体素养和提升消防救援工作成果具有重要意义。

一、党委议教制度的落实

党委议教制度是党委把握思想政治教育方向，统揽思想政治教育全过程的重要载体。政治机关做好落实党委议教制度的相关工作是其重要的职责。

（一）做好议教前的准备工作

1. 组织开展思想调查分析

部署协调相关部门开展思想调查分析。党委议教前，政治机关要以书面通知、会议部署等形式，协调机关党委和各业务部门及所属队伍，对本机关、本部门、本系统、本单位的教育形势和指战员思想情况、心理健康状况进行深入分析，找准教育工作中存在的突出问题，提出解决问题的对策措施。与此同时，政治机关要通过问卷调查、召开座谈会等形式进行专题调研，或利用教育准备会、政治工作例会等时机，结合相关部门的分析结果，对队伍的教育形势和指战员的思想情况、心理健康状况进行综合分析，并形成书面综合分析报告。

2. 准备议教有关文件材料

主要包括年度思想政治教育实施意见（方案）、重大主题（专题）教育实施意见（方案）和年度党委中心组学习计划；思想政治教育检查督导和阶段性考核评价情况报告；涉及思想政治教育检查督导和阶段性考核评价情况报告；政治机关对整体临时性教育内容的意见；政治机关对解决教育中遇到的矛盾和问题的意见等。

（二）督促落实议教决议

政治机关要跟踪党委议教决议的落实情况并及时向党委汇报，提出意见建议。在召开教育准备会、政治工作例会和组织开展教育督导考核时，政治机关要紧紧围绕党委安排部署的教育任务，加大对教育工作的督促指导力度。党委每次集中议教时，政治机关要报告上次党委议教决议落实的情况。

（三）党委议教有关规定

1. 党委议教的时间

总队党委每半年、支队党委每月议教一次，既可专题议教，也可结合其他议题一并进行。

2. 党委议教的时机

国内外形势发生重大变化，党和国家出台或调整重大政策，国家综合性消防救援队伍作出重大决策部署时；部署开展重大主题（专题）教育时；队伍执行重大消防救援任务和其他重大任务时；新消防员下队、消防员考学、消防员离队和干部调整等特殊时期；推出重大先进典型时，以及队伍中出现倾向性思想问题和不良行为、发生重大事故（案件）等时机。

3. 党委议教的内容

包括学习领会上级指示要求、分析研究队伍的教育形势和指战员思想情况、心理健康状况及其工作措施；统筹本级机关各业务部门和地方党委、政府及相关职能部门安排的教育内容；审定本单位年度思想政治教育重大主题（专题）教育意见（方案）以及年度党委中心组学习计划、涉及思想政治教育工作的制度规定；听取教育检查督导和阶段性考核评价情况汇报；研究加强政治教员队伍建设的措施；解决教育中遇到的矛盾和问题；总结分析本级党委履行管思想、抓教育职责的情况。

4. 党委议教的程序

议教前，机关党委、各业务部门和所属队伍要对本机关、本部门、本系统、本单位的教育形势和指战员思想情况、心理健康状况进行深入分析，找准教育工作中存在的突出问题，提出解决问题的对策措施；政治机关对队伍的教育形势和指战员思想情况、心理健康状况进行综合分析，并形成书面报告提前向本级党委报告；本级党委要主动掌握队伍指战员思想情况和心理健康状况，充分做好议教准备。议教时，书记、副书记应注重引导，把相关问题议透；党委委员应结合分管工作逐个发言，分析教育形势，充分发表意见、建议；党委议教应当及时形成决议、做好记录和形成会议纪要，并及时报告上级和通报下级。议教后，书记、副书记和政治机关应及时跟踪督促检查党委议教决议的贯彻落实；党委委员应结合分管工作认真贯彻落实党委议教决议，把思想政治教育作为部署任务、检查指导、工作调研的重要内容；要把党委议教制度落实情况纳入考核、讲评党委班子及其成员的重要内容；党委班子及其成员述职，应报告党委议教制度落实情况。

二、思想政治教育的计划管理

政治机关计划管理思想政治教育,一般按照开展思想调查分析、归口整合教育内容、制订思想政治教育计划、组织教育试点、组织召开教育准备会、组织干部理论轮训等步骤进行。

(一)开展思想调查分析

1. 思想调查分析的重点内容

调查指战员普遍性思想反映,明确教育中要解决的主要问题;调查指战员对搞好教育的要求和建议;调查形势变化、政策调整、社会治安、社会风气等外部因素对指战员思想的影响;调查环境条件变化、任务转换、骨干调整、干部作风、管理方法、奖励处分、物质文化生活、消防干部与消防员关系、入党入团、消防员考学等内部因素对指战员思想的影响;调查亲属矛盾、经济情况、身体状况、天灾人祸、婚姻恋爱等家庭和个人因素对指战员思想的影响。遇有国内外发生重大事件、消防救援队伍发生重大情况和执行重大任务时,应当及时了解掌握和汇报指战员思想情况。

2. 思想调查分析的形式和方法

思想调查分析可以采取直接或间接、口头或书面、全面或局部的调查方法,采用座谈讨论、问卷调查、网络调查等形式进行。

3. 问卷调查的设计与操作

问卷调查是思想调查分析的一种重要形式和载体,它对于真实掌握指战员的"活思想"具有重要意义。

1)问卷种类

根据问题回答的方式,问卷可设计为开放式、半封闭半开放式、封闭式三种。如:

(1)开放式问卷样式。

您想象中的队站生活是什么样的?

(回答):_____

(2)半封闭半开放式问卷样式。

以下所列的政治教育内容中,您觉得哪些对您更有吸引力?(请选出三项并排列顺序)

A. 国家综合性消防救援队伍的光辉业绩

B. 伟大的祖国

C. 活着为了啥,应该怎样活

D. 人民至上,生命至上

E. 与时代同频共振

F. 其他(若选此项,请写明内容)_____

(3)封闭式问卷样式。

在您看来,队伍中应该以哪种关系为主?(限选一项,并在其后对应的"□"内画√)

A. 志同道合的同志关系□
B. 同甘共苦的兄弟关系□
C. 合作共事的同事关系□
D. 互相竞争的对手关系□

2）问卷的基本结构

一般由指导语、填表说明、调查内容、问卷编码四个部分构成。指导语位于调查问卷的第一部分，其目的在于明确调查者的身份、调查的宗旨、调查的内容及其意义。运用时要言简意赅，谦逊诚恳，同时还要作出匿名保证，以消除调查对象的顾虑，争取支持与配合。填表说明，对所提问题的概念作出规范化解释；指导调查对象正确填写相关信息和问题；解释计算机使用的代码表格；对访问、自填或邮寄方式等部分进行进一步的说明。调查内容主要包括基本情况（旨在反映调查对象的年龄、性别、文化程度、政治面貌、民族、岗位、职务、婚姻状况等个人信息）、事实问题（旨在调查和了解与调查对象有关的事实，这部分是根据调查课题和调查假设等专门设计的内容）、态度和意见（旨在反映调查对象对客观事实了解的程度、主观认识及其感受）。编排问题时，要注意以下五点：一是把容易回答的问题放在最前面，二是把同类问题安排在一起，三是在问题编排时要注意时间顺序，四是把较为敏感的问题放在后面，五是把开放式问题放在最后。问卷编码，把文字答案转换成数字或字母，便于计算机对问卷资料进行统计整理和定量分析。

3）问卷的修订与发放

对于问卷初稿，一般要经过试填和修改的过程。在小范围内试填，一方面可以了解被调查者是否能够完全理解问卷上的问题，另一方面还可以检验答案的设计是否合理准确，是否还存在容易引起误解或信息遗漏的情况，同时还可以掌握完成问卷的时间（填写时间一般以不超过30分钟为宜），征求试填者对问卷的看法、意见和建议，根据试填情况对问卷进行修订。问卷的发放有问卷星、调查员发放、集体填答等形式。其中，集体填答法是指把被调查者组织在一起，由调查者发放问卷，集体当场填答的方法。运用这种方法时由于调查者是当场解答剖析，同时又是统一收回，所以集体填答法对问题回答的有效率、真实性和回收率都是最高的。

4）问卷的回收与分析

对回收的调查问卷，要认真进行汇总、梳理和分析，并撰写问卷调查报告。对客观题目进行统计时，主要任务是计算出所占比例；对主观题目进行综合分析时，主要任务是从中提炼出与调查目的相关的信息和结论；在此基础上，综合主客观调查情况，得出调查结论，提出具体的工作措施。

（二）归口整合教育内容

1. 组织同级其他机关申报教育课题

政治机关主管本单位的思想政治教育工作。机关结合业务工作安排的教育，需要在规定的时间内实施，同时应向政治机关申报教育课题，填写《消防救援队伍思想政治教育课题申报书》。

2. 政治机关统一部署下达教育任务

政治机关要对其他机关申报的教育课题进行汇总，依据上级指示要求和消防救援队伍实际，综合分析各方面情况，对教育时间安排、内容设置、组织形式等，提出具体建议，经党委会或者行政办公会研究确定后，由政治机关统一下达。对于上级机关及相关职能部门部署的、需要在教育时间内安排的临时性教育内容，对口业务部门应当与政治机关沟通协商，由政治机关根据工作实际需要，报党委审批后，适时对思想政治教育内容和时间进行调控。

(三) 制订思想政治教育计划

1. 制订教育计划的准备工作

学习领会上级的指示要求、《国家综合性消防救援队伍思想政治教育大纲》等文件规定；掌握消防救援队伍任务情况、指战员思想情况和心理健康状况，弄清重点难点，增强计划的针对性；了解思想政治教育的有关信息，包括消防救援队伍内外的教育经验、最新理论成果等，为做好计划奠定基础。

2. 教育计划的类型

教育计划有三种：全面计划、专题计划和临时计划。总队全面计划主要包括年度思想政治教育实施意见、重大主题教育实施意见、理论学习意见、党委中心组学习意见；支队全面计划主要包括年度思想政治教育实施方案、季度思想政治教育计划、重大主题教育实施方案、理论学习方案、党委中心组学习方案。专题计划是根据本级党委的指示和消防救援队伍出现的倾向性问题制定的教育计划，指向性较强，专门解决消防救援队伍出现的某一倾向性问题。临时计划是根据上级指示和其他部门要求，为解决某个普遍性问题而安排的教育，具有机动性。

3. 教育计划的结构

教育计划通常有文字式、表格式和文字表格式三种形式，主要由题目、指导思想、计划内容、组织领导和注意事项等构成。题目，即教育的主题，一般实施意见类多用文字式，计划类多用表格式或文字表格式。指导思想，主要包括开展教育的基本依据和教育的重点。计划内容包括时间安排、组织实施者、方法步骤、参考资料、讨论思考题。时间安排，一般不具体规定某一天，但上级明文规定的在某一阶段进行的集中教育除外。组织实施者，一般为政治机关、基层单位。步骤一般是指按时间的先后顺序安排先干什么、后干什么，如动员学习—专题教育—对照检查—制定措施—考核验收；方法是指教育应采取的具体方法，如自学、讨论、集中听课、观看影像资料、参观访问等。思想政治教育计划一般由政治首长审批（其中重要的教育计划，由党委研究确定），由本级党委或政治机关下达。

4. 教育时间与补课规定

支队以上党委中心组理论学习每年不少于 24 天，通常每月组织 1 次，也可按季度集中组织，专门教育时间根据实际需要确定；消防队站年度思想政治教育时间不少于42天，大队思想政治教育通常与中队一同开展，也可参照机关干部教育时间执行；新消防员入职培训的思想政治教育时间按照训练教育比例8∶2执行；院校学员思想政治教育时间，主要在思想政治理论课和党（团）日安排；总队以上单位部署安排思想政治教育，应当给所属单位留出自行安排教育的时间。支队自行安排的教育时间，原则上不少于年度思想政治教育时间的50%；大队、消防站（中队）自行安排教育的时间，每月不少于1天。

因执行一般任务等原因未落实教育时间的，应当于任务完成后的一周内进行补课。执行重大任务时间较长的，或因休假、培训学习、出差等原因未能按时参加教育的，应结合其他教育活动保证指战员掌握基本教育内容。

5. **制订教育计划的注意事项**

制订教育计划应注意以下三点：一是目的性。实施某一特定教育时，决策者必须明确教育活动所要达到的预期目的。二是可行性。主要指能符合上级指示要求和消防救援队伍的实际情况，能实实在在地解决问题，保证教育计划顺利执行和落到实处。三是保持"弹性"。为了调动基层单位的积极性、创造性，政治机关在制订教育计划时，除了对教育目的、内容和总体要求作出严格规定外，对教育的时间安排、方法选择，不宜统得过死，应给基层留有一定余地，保证基层有较大的自主权。

（四）组织教育试点

1. **试点准备**

试点准备包括力量准备、学习准备、调查准备、选点准备、方案准备、教案准备。力量准备，即组成试点工作组，把教育所需要的具备各种特长的人才组合在一起，要有会写的、会讲的、会组织管理的、会解决问题的，形成搞好教育的最佳阵容。学习准备，组织工作组成员学习上级指示，明确试点意义、目的、教育要求和教育对象，吃透上情，统一思想。调查准备，即掌握下情，要求工作组人员深入基层调查研究，摸清队伍思想基础、普遍性的问题、教育对象对教育的态度和意见、要求，增强教育试点的针对性。选点准备，试点单位要少而精，选择条件适中、组织有力、具有典型意义的单位作为试点，以保证试点顺利进行，试点经验具有说服力及普遍指导意义。方案准备，即作出计划，包括精心设计试点内容与方法，合理安排试点时间，提出试点工作具体要求。教案准备，即撰写出理论性强、说服力强的授课提纲。

2. **试点实施**

试点实施包括以下七个步骤。一是召开联席会议。会议由工作组全体成员和试点单位相关人员参加，在学习上级有关指示精神、统一思想的基础上，介绍试点计划，研究确定试点工作的日程安排。二是搞好思想发动。在教育开始阶段要召开试点单位全体指战员大会，进行思想动员，讲清教育意义、方法、步骤和要求，充分调动指战员参与教育的积极性。三是培训教育骨干。根据教育实际需要，有计划地培训教育骨干，使他们在民主讨论和思想互助中起到引导示范作用，并能及时反馈信息，保证试点工作安排贴近实际。四是进行授课听课。在授课过程中，工作组成员要组织集体听课，并认真进行评课，不断丰富教育内容，纠正不足，找出讲好道理、解决思想问题的方法。五是组织研究讨论。工作组成员在基层组织讨论时要积极参加，引导指战员畅所欲言，认真听取指战员意见，以检验教育效果，共同探讨改进教育的方法。六是搞好配合活动。工作组成员要在试点单位的配合下，寻求丰富多彩、指战员喜闻乐见的最佳方式，营造人人在活动中、人人在教育中的良好教育氛围。七是组织考核验收。要采取灵活多样的形式搞好考核，对解决问题的程度和路子进行深入检查，以积累经验，并对教育计划、方案等进行修正和补充。

3. 总结推广经验

包括经验总结、经验推广两个方面。一是经验总结。经验总结材料的结构一般包括开头、正文、结尾三部分。开头部分，主要介绍教育试点的概况，包括开展教育的背景（在什么形势下、根据什么指示精神）、时间（由何时至何时）、地点（具体的试点单位）、条件（教育力量、对象、手段等）和效果（取得的成绩）。这一部分要简明扼要、反映全貌。正文部分，主要是经验总结，其内容要素包括针对什么问题、进行什么教育、采取什么方法、达到什么效果（各要素的先后顺序可适当调整）。结尾部分，主要指出存在的问题、教训及努力方向。写问题时要把主观的、客观的、遗留的分别写清楚，同时针对存在的问题分析原因，提出切实可行的改进措施。总结经验时，要做到实事求是，即立足于点写出真实经验，着眼于面写出有指导价值的经验；要围绕解决问题来进行，使经验真实、可靠。二是经验推广，主要采取下发文件、组织召开试点经验推广会、请试点单位领导巡回介绍、组织消防救援队伍到试点单位参观、下发资料等形式推广经验。指导其他单位学习试点经验时，不能照搬照抄，要把经验与教训结合起来学习，与本单位的实际情况结合起来学习，在创造性、结合性上下功夫，不搞"一刀切"。

（五）组织召开教育准备会

1. 教育准备会的时间和形式

支队政治机关应当每季度组织召开一次教育准备会，遇有上级部署的重要教育或根据消防救援队伍实际临时安排的重要教育时，应及时组织召开，也可与政治工作例会合并召开；总队政治机关在部署重要教育任务时，应当组织召开专题教育准备会或结合政治工作例会召开教育准备会。教育准备会既可在机关召开，也可在基层单位召开；或者先布置教育方案，在备课试讲基础上召开；既可确定一个议题，也可结合政治工作例会研究多个问题。

2. 教育准备会的任务

学习领会上级指示精神，有针对性地安排部署教育；研究确定教育实施方法，解决教育中可能遇到的问题；以会代训，提高政治干部的组织教育能力。

3. 教育准备会的程序

教育准备会由政治部主任或政治委员负责主持，参加人为本单位政治干部、机关党委专职副书记。如办公室、指挥中心、作战训练处等机关有需要研究并在规定教育时间内安排的教育，应邀请办公室、指挥中心、作战训练处等机关人员参加。政治机关要提前做好准备工作，如上级有关文件指示、指战员思想调查情况、教育实施方案、主要参考资料、试点单位或先进单位经验等。如果会议要搞示范教学，应提前选好讲课人员，帮助他们备好课，把好试讲关。教育准备会的程序如下：

（1）汇报、总结前阶段教育情况。由基层队伍政治干部汇报教育时间、内容、人员落实情况、教育解决的主要问题和收获、体会、存在的问题及解决办法等。政治委员或政治部主任对前阶段教育情况进行讲评。

（2）分析队伍思想形势。组织与会人员分析研究形势任务发展变化对指战员思想的影响，明确教育中需要解决的普遍性、倾向性问题，统一对消防救援队伍思想形势的认识。

（3）研究部署下阶段教育任务。包括传达学习上级有关指示精神和本级党委的要求，明确教育的内容设置、时间、方法、步骤，介绍试点单位或先进单位经验，以及教育中要注意的问题等。

（4）示范教学、评教评学。在备课示教的基础上，由指定人员授课，组织大家讨论评议。备课示教由政治机关组织进行，可采用现场或视频形式，通常情况下，全体政治教员参加，也可根据实际需要，组织部分政治教员参加。备课示教程序如下：

①准备阶段。备课示教前，政治机关根据上级教育部署要求下发通知，明确备课示教课题；各单位按照通知要求，编写教案、制作课件。

②实施阶段。主要包括试讲示教、集体把关、讲评部署三项内容。试讲示教，主要是抽取部分教员进行检验式试讲。试讲示教时，政治教员应配合课件演示，汇报授课思路、授课方法，组织必要的配合活动，提出前期准备工作中遇到的重点难点问题。集体把关，主要是对政治教员授课的思路共同把关定向，对授课内容及采取的方法手段进行深入讨论，对教案课件的设计制作进行会审，对前期准备中遇到的难点问题进行会诊，通过集体研究、讨论交流，拿出解决问题的方法和思路。讲评部署，主要是对备课示教中好的方面和存在的共性问题进行客观的评价分析，并对其他备课示教课题的修改完善提出明确要求。

③落实阶段。备课示教后，政治教员要进一步修改完善教案和课件，上报政治机关审核，并通过场景模拟、个人试讲等方式，做到对课件教案了然于心，对方法手段运用自如，按照计划认真组织好教育活动。

（六）组织干部理论轮训

1. 轮训对象和时间

总队负责支队级以下领导干部理论轮训，每两年轮训一遍，时间累计不少于7天；对支队级单位领导班子成员轮训要形成长效机制，做到常态化、制度化。支队负责本单位大队级（含）以下干部理论轮训，每两年轮训一遍。大队级干部轮训可结合本单位实际，与晋职培训、业务培训等一并进行。未担任领导职务的支队级以上干部、大队级干部和九级以上专业技术干部的理论轮训，可与本单位支队级以上领导干部同步进行。

2. 轮训内容

学习马克思列宁主义、毛泽东思想、邓小平理论、"三个代表"重要思想、科学发展观和习近平新时代中国特色社会主义思想；学习党的基本理论、基本路线、基本纲领和基本经验；学习党和国家的重大方针、政策和决策部署；学习领会党中央、国务院和应急管理部关于消防救援队伍建设的决策指示；学习"对党忠诚、纪律严明、赴汤蹈火、竭诚为民""四句话方针"的基本内涵和实践要求；学习消防救援队伍的理论创新成果；学习经济、政治、历史、法律、科学、文化、社会、生态等领域的新理论和领导艺术、现代管理知识等。

3. 轮训的方式方法

轮训的主要方式方法有举办专题讲座、开展实践教学、搞好研讨交流及运用现代传媒。举办专题讲座，可邀请队伍和地方领导干部、专家学者，进行专题辅导讲座。组织宣讲活动，在党的重大理论创新、重要方针政策出台时或其他重大理论学习活动中，总队应组织宣讲团，及时到队伍巡回宣讲。开展实践教学，组织参观见学、实地考察、座谈走访等活动，学习党和消防救援队伍的优良传统，学习人民群众的实践成果。搞好研讨交流，组织参训人员开展专题研讨和学习成果交流。运用现代传媒，运用信息网络系统，组织开展线上教学、网上辅导和研讨。总队政治机关应适时制作并下发理论学习资料和课件。

三、思想政治教育的评估

教育是有目的、有计划、有组织的教育活动，是一个动态发展的过程。为了保证思想政治教育目的、计划的顺利实现，必须及时掌握思想政治教育的反馈信息，对思想政治教育过程实施有效的调控。思想政治教育评估既是思想政治教育过程的一个基本环节，又是思想政治教育信息反馈的基本方式之一。

（一）督导考核

1. 督导考核的主要内容

总队对支队督导考核的主要内容，包括党委履行管思想、抓教育职责情况，落实党委议教制度情况，教育经费保障情况；党委中心组学习制度落实情况，党委书记、党委成员对教育重视情况；政治委员和政治部主任抓教育情况；行使教育"四种权利"情况；对教育进行经常性督导和阶段性考评情况；政治教员队伍建设情况；落实机关干部学习教育规定情况。

支队对大队督导考核的主要内容，包括大队党委（党支部）落实支队教育计划情况；政治教导员抓教育情况；落实每周半天教育时间情况、大队人员参加学习教育情况和自主教育开展情况；检查督促所属队站开展教育情况；教育作用发挥情况（完成任务和社会评价方面内容）。

支队对队站督导考核的主要内容，包括党支部落实支队、大队教育计划情况；组织开展自主教育情况；政治指导员"四会"情况；教学设施、教育资料准备情况；指战员掌握、理解教育主要内容情况和对教育评价情况；教育对圆满完成任务、提高指战员综合素质、鼓舞队伍士气、纯正队伍风气、维护队伍安全稳定等作用发挥情况。

2. 督导考核的形式方法

督导考核采取经常性检查督导与阶段性考评相结合的方式，其中以经常性检查督导为主。经常性检查督导主要通过理论考试、现场提问、模拟授课、随机抽查、视频督察、调阅资料、推门听课、网上讲评等方式，加强对所属消防救援队伍的检查督导，结果纳入阶段性考核评价之中，作为考核评价单位思想政治教育效果的基本依据。总队政治机关每季度至少督察一次，每半年对支队开展思想政治教育情况进行一次考评、讲评、通报，每年结合年终考评进行一次综合评定。支队政治机关每月至少四个教育日到基层"推门听课"，面对面地跟踪检查指导基层教育落实情况；每季度对大队、队站开展思想政治教育情况进行一次考评、讲评、通报。

3. 督导考核的注意事项

既要督导考核教育时间、人员、内容、制度落实情况，又要督导考核指战员对学习教育内容理解掌握情况；既要督导考核党委抓教育、机关指导教育情况，又要督导考核政治干部组织实施教育情况、教育对加强队伍全面建设和提高指战员综合素质的作用发挥情况；既要督导考核指战员世界观方法论、事业心责任感等情况，又要督导考核队伍精神面貌、风气建设、安全稳定和完成任务等情况。要坚持把经常性检查督导与阶段性考核结合起来，把定量分析与定性分析结合起来，防止片面性。要客观评估思想政治教育的成效，多采取理论考试、现场提问、模拟授课、随机抽查等方式方法进行督导考核，不能片面地以查笔记、教案、记录、天数、次数、字数来评定教育效果，防止重过程轻效果、为考核而考核。

（二）组织开展教育评比表彰

1. 评比表彰的类别、对象和条件

评比表彰的类别有思想政治教育先进单位、政治教育先进个人、优秀"四会"政治教员。思想政治教育先进单位，评比表彰对象为支队级单位，基本条件是：党委领导和统筹教育有力，机关指导教育规范，消防救援队伍教育秩序正规，教育时间、人员、内容和制度落实好，完成任务好，队伍士气高、风气正，安全稳定，指战员满意度高。思想政治教育先进个人，评比表彰的对象是总队、支队级单位政治机关干部，基本条件是：热爱思想政治教育工作，具有较强的思想政治教育业务素质，在抓好本单位思想政治教育工作中成绩突出，在推进本单位思想政治教育改进创新中作用明显。优秀"四会"政治教员，评比对象的基本条件是：热爱和钻研思想政治教育，有抓好思想政治教育的责任感，具备所需要的政治理论素养、现代科学文化知识、授课艺术和心理疏导能力，会搞思想调查，能计划安排好教育，会运用现代化教学手段备课讲课、会做思想工作、会进行心理疏导。

2. 评比表彰的权限

国家消防救援局每两年组织评比表彰思想政治教育先进单位和先进个人，国家消防救援局视情组织开展优秀"四会"政治教员评比表彰,总队政治机关每两年组织评比表彰优秀"四会"政治教员,支队政治机关可每年组织开展一次优秀"四会"政治教员评比表彰。各级不得随意增加表彰项目,不得层层开展思想政治教育先进单位和先进个人的评比表彰。

3. 评比表彰的程序

组织评比思想政治教育先进单位和先进个人,由总队级单位政治机关考评推荐,国家消防救援局政治部审核、党委审批;优秀"四会"政治教员一般通过比武竞赛的方式并结合其开展日常教育的效果和单位总体教育效果进行评比。

四、思想政治教育的保障

各级政治机关应当加强思想政治教育保障资源建设,指导基层用好教育基本设施、教育教材资料、教育信息化、教育经费等保障资源,实现教育有场所、学习有资料、教学有设备、活动有经费。

(一)建强思想政治教育保障资源

1. 强化教育基本设施建设

坚持把教育基本设施建设纳入队伍建设整体规划,与战备、训练、营房设施建设等一并筹划安排。

2. 强化教育教材资料建设

消防救援队伍思想政治教育的基本教材由国家消防救援局政治部统一组织编印。总队政治机关主要负责编印教育辅助教材;支队政治机关根据需要组织编写思想政治教育辅导教材和教案,组织制作多媒体课件,努力形成系统、规范的思想政治教育教材体系。

3. 强化教育信息化建设

加强思想政治教育工作信息化建设,完善广播、电视、网络教学设施,建好用好政治工作网和队伍局域网。

4. 强化教育经费的保障

各级党委和政治机关、财务部门要结合思想政治教育工作的规划建设情况,按照实事求是的原则,在用好政治工作单位标准经费的同时,根据教育计划或重大教育活动的需要,认真做好年度教育经费预算,并严格执行预算经费。总队主要用于组织编印教材、制作音像资料和多媒体课件、培训政治教员、组织重大教育活动上;支队重点要把专项经费投向购置备课资料、维护更新教学设备、组织开展教育活动、补助基层单位开展教育活动上。

(二)指导基层用好教育保障资源

1. 用好教育基本设施资源

指导基层加强学习室、阅览室、电子图书室、俱乐部、文化活动中心、荣誉室、队站史馆、文化长廊等设施的建设与使用管理,使基层充分利用这些场所组织开展经常性的读书读报活动、歌咏活动、演唱活动、影视活动和群众性体育竞赛、健身活动，充分发挥其教育功能。

2. 用好教育教材资料资源

指导基层用好总队政治机关为队伍配发的学习教育读物、音像资料和多媒体教育材料等。用好支队政治机关为基层队伍配发的思想政治教育书籍、报纸、杂志、音像资料等学习资料，实现教育教材资料的最大效益。

3. 用好教育信息化资源

指导基层严格落实网络管理使用的相关规章制度，采取电源集中管理、安装网络过滤器、严格上网审批等方法，强化互联网的管理使用，防止泄密、涉黄、涉赌等违法违纪事件的发生，营造安全、健康的网络运用环境。

第三节 思想政治工作教员队伍建设

思想政治工作教员（简称政治教员）是消防救援队伍思想政治教育的具体组织者和实施者，担负着组织实施思想政治教育的重要责任。建设一支政治思想、能力素质、作风形象全面过硬的政治教员队伍，是推动思想政治教育科学发展的组织基础和人才保证。政治机关是人才培养的主要力量，在人才培养上负有重要的历史责任。

一、教员队伍建立

建立一支高素质的政治教员队伍是消防救援人才培养的第一要素。

（一）教员队伍的构成

结合消防救援队伍实际，着眼建设过硬教员队伍的需要，建立由政治干部、院校政治理论教员、部分管理业务干部和消防员骨干四类人员构成的队伍教员队伍"师资库"。同时，根据教育需要从社会聘请政治、经济、社会、法律、管理、科技、文化、心理等方面的专家学者，建立外聘教员队伍"专家库"。聘请地方专家学者为兼职教员，一般按照沟通联系、商洽职责任务、签订聘用协议、举行聘用仪式、发放聘书、入库管理的程序进行。外聘的地方兼职教员的主要职责任务是：针对重大理论问题、重要形势政策教育、专业知识等，定期举办辅导讲座或报告会；必要时可深入消防救援队伍调研，了解消防救援队伍建设实际和指战员思想实际，增强备课授课的针对性；每半年参加一次聘用教员工作例会，研究提升教育质量的方法措施，并与队伍政治教员开展交流，传授先进的教学理念、方法和经验，提高队伍的授课水平。

（二）教员队伍的优化

着眼持续发展搞好选拔配备、不断优化整体结构。一要切实选好苗子。每年应结合干部队伍考核、干部队伍建设形势分析，对指挥员以下干部的培养方向、发展潜力进行综合分析和排队，并采取理论考核、模拟考试等办法，择优确定政治教员苗子，建立后备档案,从源头上把好入口关。二要严格用人标准。坚持按"四句话方针"的标准对政治教员的任职资格作出具体规范。拟任政治主官必须是中共正式党员、必须经过院校预提培训、必须具备拟任职岗位所需的基本能力素质、必须具有"四会"基本功,切实公平、公正、公开地选拔任用政治干部,切实把群众公义、素质全面、作风过硬、热爱政治工作的优秀干部放在政治教员岗位上。三要注意科学搭配。政治教员队伍必须注重梯次搭配、强弱搭配,按政治教员任职年限、能力素质配备政治干部,严格控制调动、转岗,在干部提职、岗位补贴等方面向基层倾斜,在软、硬环境上为保持干部科学搭配创造条件。

(三) 教员队伍的稳定

针对工作特点严格教育管理,保持消防救援队伍相对稳定。一要强化事业心责任感。要把强化敬业奉献精神作为政治教员队伍思想政治教育的经常性内容,引导他们正确对待工作甘苦、个人得失、家庭困难,自觉把政治教员岗位作为成长进步、建功立业的基本平台。对自身要求严、群众威信高的政治教员,应采取通报表扬、巡讲活动等形式,大力宣扬他们的事迹。二要认真考核讲评。结合参加党支部民主生活会、年终工作总结会等时机,采取个人述职、群众评议、组织讲评等方法,每年对政治教员进行考核评估,保留骨干人才,确保政治教员队伍的稳定性。

二、教员队伍培养

政治教员是组织开展政治教育的主体力量。这支队伍建设的水平如何不仅直接决定着政治教育质量的高低,也影响着从思想上、政治上牢牢掌握队伍能否有效落实。因此,加强政治教员队伍的培养是重中之重。

(一) 培养方式

总队政治机关每两年对支队级单位政治主官、政治部主任、大队政治教导员、队站政治指导员进行一次轮训。支队政治机关应加强对政治教导员、政治指导员的经常性培训和面对面帮带。总队、支队政治机关通过召开政治工作例会和教育准备会、组织学习培训、开展岗位练兵、比武竞赛等形式,加强对政治教员的经常性培养。

(二) 培养重点

要把提高组织施教能力作为培养、培训政治教员的主要内容,把岗位学习、实践锻炼作为提高政治教员组织施教能力的基本途径,注重一个阶段围绕一个重点,组织政治教员开展岗位练兵,有计划、较系统地搞好经常性学习培训。结合召开教育准备会,积极开展备课示教活动,集体研究组织施教中遇到的难题。采取以老带新、以上带下等方式,搞好传帮带。组织政治干部集训、新任职政治干部培训时,要把提高组织施教能力作为重要内容。

(三) 培养载体

要以组织开展争做优秀"四会"政治教员活动为载体,调动支队、大队、队站政治干部以及热心教育工作的其他基层干部和机关干部的积极性。

（1）会搞思想调查和计划安排教育。就是善于摸清指战员现实思想、找准教育要解决的主要问题，把上级统一要求与本单位实际结合起来，科学设计教育的内容、形式和方法，妥善解决遇到的矛盾和问题，保证教育贴近实际、有序进行、落到实处。

（2）会运用现代化教学手段备课讲课。就是不仅要精心编写教案，做到讲课内容思想观点正确、联系实际紧密，讲究授课艺术，还要善于运用信息网络等查找资料，会制作多媒体课件，增强授课吸引力和感染力。

（3）会做思想工作。就是及时发现指战员在日常工作和生活中出现的现实思想问题，善于根据不同对象、不同问题，采取谈心谈话、一事一议等灵活有效的方法，有针对性地做好思想引导工作，保持指战员思想稳定。

（4）会进行心理教育疏导。就是了解心理学基本知识，掌握分析心理现象、解决常见心理问题的一般方法，能及时了解和准确把握指战员的心理状况，会讲授心理学常识，会根据指战员不同的个性特征和行为差异做好心理调节工作，维护指战员心理健康。

三、教员队伍使用

政治教员队伍的巩固和发展是保证消防救援队伍内部稳定的一个重要保障。政治机关应当根据本单位教育需要，统筹使用教育力量；注重发挥优秀政治教员的作用，组织优秀政治教员巡回授课、网上授课、电视授课，增强教育效果。

（一）统筹使用

基层政治教员队伍成员既是一名普通指战员，直接参与消防救援队伍各项建设，在不同岗位履行职责使命；又要在指战员中开展工作，做的是关系民族、国家、消防救援队伍，甚至整个职业发展的伟大事业，肩负着建立职业道德规范，提升职业荣誉感的重大责任。如此一来，更需要政治机关进行统筹力量使用，使政治教员在各自岗位上把政治教育功能发挥到极致。

（二）组织授课

针对不同教育内容确定授课人员，采取分工备课、集中授课的方式，保证授课人员有足够的时间和精力进行充分准备，提高备课授课的质量。要注重发挥各方面教育力量的整体优势，坚持重大教育领导讲、专门教育专家讲、经常教育基层讲，避免授课任务过多集中于基层政治干部身上。要注重发挥本单位优秀政治教员的作用，根据教育需要组织优秀政治教员巡回授课、网上授课、视频授课，增强教育效果。要适时安排地方专家学者等兼职教员，举办专题讲座或报告会，对重大理论问题、专业知识进行学习辅导，提升教育质量。

四、优秀"四会"政治教员的评比

政治机关要切实站在从思想上政治上建设和掌握队伍的高度，紧密结合队伍实际，深入开展争做优秀"四会"政治教员活动，积极为政治教员成长进步创造条件，努力把政治教员队伍建得更加坚强、把思想政治教育搞得更加扎实，为实现"做党和人民忠诚卫士"提供坚强思想保证和强大精神动力。

（一）优秀"四会"政治教员评比原则

（1）注重综合考评。实行基本理论测试与授课技能考评相结合，评选考核成绩与平时施教实绩相结合，基层组织推荐与机关考核评定相结合。

（2）坚持公开公正。公开评选的数量、标准、程序和办法，择优推荐，公平竞争，不搞平衡照顾。

（3）定量定性结合。既对本单位教育时间、人员和内容落实情况进行量化评定，又对指战员精神面貌和单位全面建设成效进行定性评估；通过比武竞赛，按照"四会"教员要求对考评内容细化量化，逐项考核，综合评定。

（4）着眼激发活力。评选结果与个人成长进步挂钩，充分调动广大政治教员热爱和钻研思想政治教育的积极性和主动性。

（二）优秀"四会"政治教员评比标准

（1）理论素养扎实。热爱思想政治工作，刻苦钻研思想政治教育，理论水平较高，专业知识扎实。

（2）工作经验丰富。熟练掌握政治教员"四会"技能，组教施教能力强，完成授课任务好，单位思想政治教育时间、人员、内容、制度落实好。

（3）比武成绩优异。在以授课业务比赛为主要内容的比武竞赛活动中成绩突出，排名靠前。

（4）表率作用明显。单位圆满完成年度各项教育任务，当年有一项以上工作和思想政治教育经验受到上级表彰或推广。

（5）指战员评价较高。基层指战员对政治教员授课接受程度高，在指战员的满意度测评中满意率超过90%。

（三）优秀"四会"政治教员评比程序

（1）下发通知。下发评比通知，明确评比时间、评比内容、评比数量等相关要求。

（2）比武竞赛。根据实际设定并组织开展比武竞赛活动。

（3）逐级推荐。各基层单位根据比武竞赛成绩、工作实绩及日常表现逐级推荐。

（4）综合评定。总队根据各基层单位上报的推荐情况综合评定。包括考核、公示、表彰等。

党委和政治机关要把开展争做优秀"四会"政治教员活动，作为推动消防救援队伍思想政治建设的基础性工作来抓，纳入年度政治工作计划，纳入干部培训规划，周密计划安排，认真抓好落实。政治委员和政治部（处）主任要认真履行职责，带头参加活动，加强组织指导。组织教育部门要及时检查督促，提供服务保障，认真做好活动中的各项工作。要注重发现和培养在队伍教育实践中作出突出成绩的先进典型，发挥他们的示范和带动作用。

第四节 组织指导基层经常性思想工作

经常性思想工作,是针对指战员现实思想问题,随时随地进行的教育疏导工作,是思想政治教育的补充和延伸。政治机关要加强对基层经常性思想工作的业务指导,按照贵在经常、着眼于帮、大家来做、注重身教的基本要求,积极发挥宏观指导、面对面指导的作用。

一、组织指导经常性思想工作的主要职责

政治机关负有统筹组织指导经常性思想工作的职责,要把掌握消防救援队伍思想动态、研究经常性思想工作课题、及时部署教育计划作为重要内容,把提高经常性思想工作能力作为政治教员培训、帮带、评比的重要内容,形成经常性思想工作与集中系统的政治教育互相联系、互为补充的抓教态势。

（一）总队政治机关职责

总队政治机关主要是根据上级指示和本单位实际,加强对队伍经常性思想工作的组织领导,督促指导支队政治机关和基层队伍做好思想调查分析、思想工作骨干培训、发现和培养典型等。

（二）支队政治机关职责

支队政治机关主要是选准配强基层政治干部队伍,对经常性思想工作进行面对面指导;研究制定经常性思想工作制度和规定,制订经常性思想工作计划和措施;经常分析和掌握队伍的思想动态,弄清各类人员思想变化特点;组织开展思想工作骨干队伍培训;贯彻疏导方针,坚持跟踪问效,帮助基层解决疑难问题。

二、组织指导经常性思想工作的基本内容和基本环节

组织指导经常性思想工作是政治机关的职能。坚强有力的指导,将不断推动经常性思想工作换挡升级、提质增效,为各项中心任务提供坚强思想保证。

（一）组织指导经常性思想工作的基本内容

组织指导经常性思想工作的基本内容主要包括:坚持经常性思想工作的基本方针和原则;健全经常性思想工作的组织机制;落实经常性思想工作的基本制度;帮助和指导基层掌握经常性思想工作的基本知识、基本环节和程序及开展时机、方法和艺术,提高开展经常性思想工作的能力,把握指战员的思想特点和规律,做好个别人员的思想转化工作等。

（二）组织指导经常性思想工作的基本环节

（1）分析研究,制订工作计划。重视研究新形势下指战员思想出现的新情况、新问题,深入基层调查了解指战员思想情况,准确把握指战员的思想脉搏和思想动向。适时召开思想形势分析会,对消防救援队伍中带有倾向性的问题,研究解决的具体办法,制订工

作计划，提出指导性意见。

总队每半年、支队每季度结合队伍形势分析会和政治工作例会，对消防救援队伍思想情况进行一次分析，指导基层队伍每月召开一次思想形势分析会。

（2）教育培训，提高骨干素质。严格条件，选准配强思想工作骨干队伍，通过集中培训、以会代训、现场观摩、难题会诊、典型解剖、经验交流、评教评学等形式，加强教育培训，不断提高思想骨干组织开展经常性思想工作的能力。

（3）培养典型，总结推广经验。要善于用典型推动面上的工作，重视典型的培育，发现并及时宣扬表彰开展经常性思想工作的先进单位和个人，树立经常性思想工作各方面的典型，扎扎实实做好典型经验的推广工作，使典型经验在面上开花结果，从而提高经常性思想工作的整体水平。

（4）深入基层，实行面对面指导。要牢固树立为基层服务的思想，经常深入一线，面对面、实打实地帮助指导基层摸索经常性思想工作规律，健全工作制度，掌握工作程序，帮助解决一些基层无力解决的难题。

三、组织指导经常性思想工作的主要方法

经常性思想工作是思想政治工作的重要组成部分，是解决消防救援队伍内部矛盾，化解指战员思想问题，调动各方面积极因素，推动以消防救援为龙头的各项工作落实的重要保证。科学的方法使经常性思想工作切实经常并且有效，是政治机关必须思考和实践的一个课题。

（一）抓住根本，加强宏观指导

要着眼于提高指战员的思想觉悟，紧紧抓住"人生观"这个总开关，从理想、道德、纪律等主要方面，把已经存在和可能出现的各种倾向性的现实思想问题串起来，有重点、分阶段地拟定具有全局意义的指导性计划。这种计划应包括：实施的时间、需要解决的重点问题、工作方法、开展的活动、要达到的目的等。这种指导性计划，主要是为基层党组织和基层干部骨干提供一个时期经常性思想工作的基本思路，具有相对的稳定性，一般在年初或一个大的阶段作出部署。

（二）注重经常，搞好连续指导

要坚持定期分析指战员思想情况，随时掌握指战员的思想动态。对存在的问题和将要出现的问题作出符合实际的判断及符合逻辑的预测，为实施经常性指导提供可靠依据。要把自己对消防救援队伍思想情况的分析结论和研究的对策，及时告诉基层干部，给他们以启发和指点，引导他们把工作做到点子上。要定期不定期地督促基层开展经常性思想工作，检查工作的落实情况。

（三）突出重点，实施重点指导

要针对国内外形势发生重大变化，党和国家、消防救援队伍重大政策调整出台，应急管理部作出重大决策部署，消防救援队伍开展重大主题（专题）教育、参加重大灭火救

援、执行重大活动消防安全保卫任务、处置重大突发事件和发生重大事故（案件）、新消防员下队、消防员离队、消防员考学和干部调整等特殊敏感时期，对经常性思想工作实施重点指导。要通过研究制定有关制度、规定，编写有关教育材料，派人到基层蹲点，指导基层单位加强值班、骨干队伍分工包干，总结推广有重要指导意义的经验等方式，指导基层队伍解决在重点时期暴露的问题。

（四）点面结合，搞好具体指导

一是针对具体问题，运用典型指导。要总结和推广具体管用的经验，真正交给基层解决具体问题的"钥匙"。二是针对具体单位，依靠蹲点指导。对于那些经常性思想工作比较薄弱、指战员中思想问题较多的大队、队站，应进行重点帮助，帮助分析工作薄弱的原因，研究措施，拿出办法。三是针对共性难题，组织培训指导。针对经常性思想工作的难点、热点问题，培训基层干部骨干，或采取以会代训的办法组织研讨，培养提高他们开展经常性思想工作的能力。

（五）确定标准，实施目标指导

要用具体的标准去检验和评估基层经常性思想工作，引导基层干部骨干从实际效果出发，把各个环节的经常性思想工作做深、做细、做实。

（六）完善制度，依据法规指导

要完善思想形势分析、基层干部谈心、经常性思想教育和经常性思想工作考评等制度。要指导基层建立相应的经常性思想工作检查监督机制，如思想汇报、支部分析思想情况、指战员谈心互助、骨干学习交流等制度，推动基层经常性思想工作经常化、规范化、制度化，保证经常性思想工作的落实。

（七）齐抓共管，坚持合力指导

政治机关各部门要在经常性思想工作上齐抓共管。组织教育部门不仅要把基层党员队伍的思想教育工作抓起来，而且要指导基层党组织在经常性思想工作中充分发挥作用，还要把包括党员、干部在内的经常性思想教育统管起来，全面掌握情况，实施全方位的指导；干部部门不仅要抓"人头"，更要抓思想，切实掌握干部的思想动态，积极做好基层干部的思想工作。

四、组织开展仪式教育活动

仪式教育具有鲜明的文化性和潜在的教育性，在消防救援队伍思想政治教育中发挥着无可替代的重要作用。入队离队、晋升授衔、升国旗、入党宣誓等仪式教育活动能够以其真切的仪式感和独特的感染性使指战员找到精神上的依托，触发内心的认同感和使命感。

（一）入队离队仪式

1. 新消防员入队宣誓暨授衔仪式

新消防员入队后，必须进行入队宣誓。宣誓时间不得迟于入队后90日，宣誓仪式由新训领导机构组织实施。宣誓词如下：

我宣誓：我志愿加入国家消防救援队伍，对党忠诚，纪律严明，赴汤蹈火，竭诚为民，坚决做到服从命令、听从指挥，恪尽职守、苦练本领，不畏艰险、不怕牺牲，为维护人民生命财产安全、维护社会稳定贡献自己的一切。

举行入队宣誓仪式前，新训组织机构应当组织宣誓人学习和熟悉誓词内容，对其进行消防救援队伍性质、宗旨、任务、职责、使命等教育。宣誓必须庄重严肃、着装整齐，宣誓地点通常选择在具有教育意义的场所。宣誓结束后，宣誓人应当在宣誓名册上签名，宣誓名册由新训组织机构首长签名后由总队队务部门存档。

地方大学生入队宣誓仪式与授予消防救援衔仪式一并进行，参照新消防员宣誓授衔仪式组织实施，由支队级以下单位集中组织。

2. 消防员离队告别仪式

举行消防员离队告别仪式前，支队政治机关应当组织形势政策、优良传统等方面内容的学习教育，开展学先进活动，激励离队消防员站好最后一班岗、搞好传帮带、始终保持消防员荣誉，安全离队。

消防员离队告别仪式可视情况单独组织离队消防员向消防车或训练塔敬礼告别。

（二）晋升授衔仪式

晋升（授予）消防救援衔仪式，一般应当在接到晋升（授予）消防救援衔命令15日以内举行。晋升（授予）一级指挥长以上消防救援衔仪式，由总队级单位组织实施。晋升（授予）一级指挥长（含）以下消防救援衔仪式，由支队级单位根据总队授权组织实施。干部因任职、晋职同时晋升（授予）消防救援衔的，仪式可以结合宣布任职、晋职命令一并举行。

仪式场所布置应当庄重、简朴，悬挂"晋升（授予）消防救援衔仪式"横标。被晋升（授予）消防救援衔的干部，应当统一着礼服。仪式前，应当由上级机关或本单位领导与被晋升（授予）消防救援衔的干部谈话，勉励其珍惜荣誉，增强事业心、责任感。仪式后，一般组织集体合影。

消防员晋升消防救援衔应当举行晋衔仪式，一般由支队级单位统一安排，大队或队站参照干部晋升（授予）消防救援衔仪式组织实施。

（三）升国旗仪式

各级机关和大队、队站通常每月举行1次升国旗仪式，重大节日和本队伍纪念日应当隆重举行升国旗仪式。

每月1次的日常升国旗仪式应统一着常服，重大节日和本队伍纪念日升国旗仪式干部应着礼服。结合升国旗仪式，可组织指战员学习党和国家领导人的重要讲话，学习了解党和消防救援队伍的优良传统及本队伍的发展历程，激发指战员爱党爱国爱队伍的使命感和责任感。

（四）入党宣誓仪式

指战员被上级党（团）组织批准为预备党员（共青团员）后7日内，应当及时举行入党（团）宣誓仪式。

入党宣誓誓词为：我志愿加入中国共产党，拥护党的纲领，遵守党的章程，履行党员义务，执行党的决定，严守党的纪律，保守党的秘密，对党忠诚，积极工作，为共产主义奋斗终身，随时准备为党和人民牺牲一切，永不叛党。宣誓人：×××。

入团宣誓誓词为：我志愿加入中国共产主义青年团，坚决拥护中国共产党的领导，遵守团的章程，执行团的决议，履行团员义务，严守团的纪律，勤奋学习，积极工作，吃苦在前，享受在后，为共产主义事业而奋斗。宣誓人：×××。

入党（团）宣誓仪式一般由基层党（团）组织组织举行。七一、五四或执行重大任务时，宣誓仪式也可由支队或临时党（团）组织统一组织，并视情扩大参加人员范围。

入党（团）宣誓场所布置应当庄严、朴素、整洁，正中悬挂党旗（团旗）和"入党（团）宣誓仪式"横标。举行入党（团）宣誓仪式前，支部书记和介绍人应当分别与新加入党（团）组织的指战员谈话，就严格遵守组织纪律、自觉践行先进性要求提出希望。

（五）立功授予荣誉称号及颁奖仪式

在单位、个人立功或被授予荣誉称号15天内，应当举行立功、授予荣誉称号仪式；相关比武竞赛活动结束后应及时举行颁奖仪式。仪式活动通常按照奖励权限，由批准机关在受奖单位或个人所在单位组织实施，也可以直接由受奖单位或受奖者所在单位组织实施。日常颁奖仪式一般由本单位组织实施。

仪式活动场所布置应当庄重、简朴，授予荣誉称号时，正中悬挂"国务院、应急管理部、地方党委、政府授予××（单位名称或个人姓名加同志）××荣誉称号命名大会"横标。结合立功、授予荣誉称号及日常颁奖仪式，应当采取多种形式宣扬受奖单位和个人的先进事迹，营造学英模事迹、走英模道路、创英模业绩的浓厚氛围。

（六）誓师动员仪式

消防救援队伍遂行重大灭火救援、重大消防安全保卫任务前，应当视情况统一组织誓师动员仪式。举行誓师动员仪式前，应当准确了解掌握指战员思想，领导动员应当简短有力、富有鼓动性和感染力，起到激励斗志、鼓舞士气的作用。

（七）纪念仪式

纪念仪式通常在清明节、英烈牺牲日等特殊日期举行，可以支队为单位统一组织，也可由大队、队站自行组织。

第五节 组织指导心理服务工作

心理服务工作是根据消防指战员心理活动发展规律，通过心理知识教育、心理测试评估、心理问题识别、心理疏导、心理危机干预与心理训练等方式方法使指战员掌握心理学的基本知识，保持良好的心理状态，提升心理素质，不断提高消防救援队伍战斗力的实践活动。总队、支队政治机关要紧密结合消防救援队伍执勤战备、抢险救援、学习训练以及日常生活特点，着眼于指战员良好心理素质的培养与形成，把握不同时期、不同任务、不同环境中指战员心理变化，有针对性地做好心理服务工作，确保广大指战员始终保持过硬的心理素质和良好的精神状态，为圆满完成各项工作任务提供心理支持。

一、心理服务工作的基本原则和职责任务

这是政治机关指导队伍心理服务工作的着眼点和着力点。开展心理服务工作职责明确、任务规范，为完成任务提供了心理支撑和精神动力。

（一）心理服务工作的基本原则

（1）坚持心理服务工作与思想工作相结合。既要帮助指战员提高心理素质，又要培养指战员积极向上的人生态度。

（2）坚持整体教育与个别疏导相结合。既要开展面向全体指战员的心理健康教育，又要做好个别人的心理疏导、咨询和治疗工作。

（3）坚持心理教育与心理训练相结合。既要通过课堂教学普及心理健康知识，又要组织指战员参加心理行为训练和健康向上的文体活动。

（4）坚持解决心理问题与解决实际问题相结合。既要通过教育疏导解决指战员心理问题，又要通过帮助指战员解决现实问题促进心理健康。

（5）坚持发挥骨干作用与发挥专业人员作用相结合。既要依靠消防救援队伍内部心理工作骨干解决一般性心理问题，又要依托心理工作专业人员解决重大疑难心理问题。

（6）坚持消防救援队伍主导与家庭、社会共育相结合。既要充分发挥消防救援队伍在心理工作中的主阵地作用，又要充分发挥家庭与社会的共育共帮共教作用。

（二）总队心理服务工作职责

总队负责对消防救援队伍心理工作进行组织领导，制订心理工作规划、计划，指导支队级单位开展心理工作，推广经验做法；成立心理工作专家指导组，对队伍心理工作提供咨询和技术指导；政治机关牵头并组织各部门阶段性地开展专题心理辅导，具体工作如下：

（1）负责心理健康教育、疏导，会同卫生部门组织培训基层队伍心理骨干，定期选送相关人员参加心理咨询业务培训。

（2）负责地方高等院校心理专业人员的招收和培养。

（3）负责对犯罪心理工作的研究，指导消防救援队伍做好预防事故案件工作。

（4）对消防救援队伍心理行为训练作出指导。

（5）加强对有严重心理问题人员的管理。

（6）设立心理健康服务中心，建立健全心理测量评估系统，搞好心理测量、心理咨询、心理卫生服务和心理危机干预等工作，做好指战员心理健康档案的建立、管理工作，及时将测评结果通报人事和队伍管理部门。

（三）支队心理服务工作职责

（1）聘请心理医生充当心理工作顾问，定期邀请其到消防救援队伍讲课，组织实施巡回咨询、坐诊、巡诊等，帮助队伍普及心理科学知识，疏导指战员的心理困扰，诊疗指战员心理疾患，提高指战员心理素质。

（2）设立心理健康服务中心，抓好专业人员的选拔、培养和使用，逐步配齐专业人员。

（3）组织基层心理工作骨干参加心理职业技能培训，并取得有关培训证书。

支队有关部门职责参照总队相关部门职责执行。

二、指导心理训练设施和心理服务中心建设

总队、支队结合消防救援队伍实际，参考相关标准，抓好心理训练设施、心理服务中心等建设，结合消防技能训练开发心理训练的小器材、小装备。

（一）心理训练场所设施建设

心理训练设施及其主要功能见表3-1。

表3-1 心理训练设施及其主要功能

类别	设施名称	主 要 功 能
高空训练设施	心理行为综合训练器械	主要包含高空绳网、空中抓杠、合力制胜、依存共渡、攀岩、丛林绳桥、攀峰越险、勇攀高峰、挑战极限等科目的训练设施，通过训练，可以不断增强指战员的自信心、心理承受能力及意志力，增强指战员之间的团结协作能力、克服恐惧畏难心理
地面训练设施	信任背摔台	通过训练，使参训人员掌握背摔的方法和技巧，锻炼队员的胆量，养育良好的心理素质，增强指战员的自信心、责任感和集体协作精神，使参训者体验信任是合作的基础，学会在工作、生活中养成换位思考的习惯，增强战友间的信任
地面训练设施	合力冲击台	通过训练可增强参训人员团结协作的能力，树立团队意识
地面训练设施	飞行转轮	通过训练可增强参训人员的心理承受、身体平衡及定力能力
模拟训练设施	烟气室	该室具有浓烟、高温、有毒气体和火场声音等特点。培养参训人员在复杂环境条件下进行火情侦察、救人与自救等心理素质
模拟训练设施	燃烧室	该室具有浓烟、高温、障碍和噪声等特点。培养参训人员在浓烟高温复杂环境条件下强攻火点、单兵作战、班组进攻中相互配合进行灭火战斗的心理素质

（二）心理服务中心设置和设施建设

总队、支队建立心理服务中心。心理服务中心由支队以上政治机关明确专人负责管理。

心理服务中心内部的设置要求内部光线应柔和适宜，过强的直射光线或过弱的光线都会影响工作效果。一是色调应冷暖搭配。室内用冷（如绿色、蓝色）、暖（黄色、红色）色搭配，容易形成良好的会谈氛围。室温应高低适中，若控制在20℃左右，咨询效果最

好。二是布置应整洁温馨。室内应干净、简洁、格调高雅、温馨，不能华丽、过分装饰，但也不能破旧、随便。三是室内应安静宜人，物品摆放要整齐有序，桌、椅等常搬动设施应加橡皮软垫，有条件的可铺设地毯以减少杂音。具体可设置个体咨询室、团体心理活动室和音乐放松室。

1. 个体心理咨询室的室内设置

个体心理咨询室为独立空间，有助于开展个体心理面谈疏导服务。心理咨询室的面积应在10~15平方米，不宜太大。基本设置如下：

（1）一张茶几，一般为质地透明、圆形或椭圆形，上面放有纸巾盒、水杯、毛巾等，供来访指战员和咨询人员使用，在茶几适当处放有绿植盆栽。

（2）两张舒适的软沙发或椅子，放在茶几两边，角度90°~150°，沙发或椅子的摆放尽量不要设在背对房门的位置，以免来访指战员因不知背后会有什么事情发生而产生不安全感。如有可能，来访指战员的座位应放在靠墙位置，与咨询人员的位置呈直角，这样可以减少咨询人员对来访指战员的视线压迫。

（3）台式和笔记本电脑各一台，台式电脑方便对指战员进行网络心理咨询，笔记本电脑用来安装消防救援队伍指战员心理测评系统，便于进行集体测试以及对个人电子心理档案进行管理，台式电脑配打印机一台，电脑桌和椅子各一张，便于进行心理测试或其他心理工作。

（4）一个小书架、不出声的计时器和一部电话，时钟最好放（挂）在来访指战员的背后、便于咨询人员看见的地方，电话可用于电话咨询，也可用于预约咨询时的联系。

（5）1~2个带锁的档案柜，用于存放来访指战员的有关资料，如会谈记录、心理测验、来往信件、调查材料、个案档案、诊断资料等。

（6）一台空调，便于调节室温。

（7）一幅风景画。

（8）悬挂各种心理工作制度或心理挂图、咨询人员资格证书以及咨询注意事项等。

2. 团体心理活动室的室内设置

组织指战员以小组或小集体的方式组织同类问题的体验者，开展有针对性主题的团体心理疏导活动、团体心理讲座、心理交流沙龙等，促进团体体验者的互动交流与思考，帮助个体获得成长提升。基本设置如下：

（1）房间采光通透、面积宽敞。

（2）选择比较安静、轻松舒适的环境。

（3）团体心理辅导箱1套（4个包），团体心理素质拓展箱1套，心理团体活动桌椅（彩色）4套，表框心理挂图4幅。

（4）投影仪+幕布1套，讲台1个。

（5）绿植盆栽2盆（中）。

（6）饮水机1台。

3. 音乐放松室的室内设置

结合心理音乐疏导，心理催眠疏导理论，利用音乐对情绪和心理的影响，设计适应指战员不同的音乐欣赏习惯和放松场景，利用语言和特定的音乐背景引导指战员产生一个放松平静的情境想象，达到放松。运用生物反馈技术，系统可以根据体验者生理指标情况，引导指战员进行有针对性的心理训练，使其学会有效的放松方式，从而缓解紧张、焦虑、忧郁等不良心理状态，达到改善情绪、激发感情、振奋精神的效果。基本设置如下：

（1）环境安静、布局简洁，保证训练时尽量减少外界干扰。

（2）房间光源可调控，保证在训练时无强光影响。

（3）背景色彩建议：如浅黄色、淡蓝色。

（4）专业设备：身心反馈音乐放松减压舱1套，体感音乐催眠床1套，智能VR音乐反馈系统1套。

（5）表框心理挂图4幅。

（6）绿植盆栽2盆（中）。

三、心理服务工作专兼职队伍的建立与培养使用

总队、支队要建立心理工作专、兼职队伍。有计划地从地方院校招收心理专业人员；聘请地方心理专家、顾问充实总队、支队两级心理工作服务队伍；组织心理工作骨干和符合条件人员，参加职业技能培训，提升心理骨干的心理服务水平。

（一）心理工作骨干的选拔和培养

1. 心理工作骨干选拔的条件

消防救援队伍基层心理工作骨干主要包括大队、队站干部、班长和卫生人员。担任心理工作骨干应具备健全的人格、良好的心理素质、沟通能力和工作热情，具有一定的心理学知识。

2. 心理工作骨干的培养

一般来说，通常采取以下三种形式：

（1）队伍培训。在消防救援队伍开展的各类人员培训活动中，酌情增加心理健康知识讲座等内容，增强各类培训班骨干的心理工作意识、普及心理学常识及心理健康知识，并从中发现人才。

（2）专门培训。对符合本条件的指战员可以送地方专门培训机构进行学习，提升心理专业服务能力。

（3）提供实践机会。在各级开展的心理工作专项活动中，可吸纳培养对象或骨干参与，为培养对象提供向专业的心理工作者面对面学习的机会，也可视情选送培养对象到具备相应资质的学校、团体等心理服务中心学习。

（二）心理工作专家的聘请和使用

因目前国家已取消统一的心理咨询师培训及认证工作，因此总队、支队除加强培养本

队伍心理工作骨干外还要充分利用驻地高校心理专业和专业医疗机构等地方资源，不断充实消防救援队伍心理服务专家队伍。聘用方法可根据具体情况而定，总队原则上要求聘任3~5名心理工作专家，以一年为期，需要时可续聘。支队以下单位根据工作需要聘用。

1. 心理工作专家聘用的条件

聘用的心理工作专家必须政治可靠，具有较高的专业理论水平和实际应用能力，工作经验丰富，在专业领域中有一定的造诣，社会形象良好，有志于开展消防救援队伍心理工作研究，能遵守队伍有关规定。

2. 外聘心理工作专家的工作职责

（1）发挥心理专业技术特长，开展心理咨询、诊疗服务。

（2）针对不同时期不同阶段指战员心理特征，开展调查研究，制订心理工作方案。

（3）开展队伍心理咨询师专业培训，定期开展督导和个案讨论。

（4）了解队伍心理工作开展情况，承担心理工作课题研究，定期向队伍反馈工作情况和建议。

（5）加强消防救援队伍心理骨干与社会心理专业力量的学习、沟通，确保队伍心理工作协调发展。

（6）遵守职业操守，严格保密原则，对涉及队伍的保密内容严禁向外泄露。

四、组织指导心理服务工作的主要内容

这是政治机关组织指导消防救援队伍心理服务工作的主要载体，必须经常督导检查，认真落实。

（一）组织指导开展日常心理工作

日常心理工作包括消防救援队伍日常心理健康教育、心理测量、心理评估、心理疏导、心理训练、心理咨询、心理问题人员的处置、重大任务和事件期间的心理工作、心理档案的建立与管理。

（二）组织指导新消防员集训期间的心理工作

新消防员集训期间的心理工作包括新训骨干的心理培训、新消防员心理健康教育、新消防员心理训练、新消防员心理复查、新消防员心理咨询，以及对有心理问题新消防员的处理。

（三）组织指导转岗及退出消防救援队伍期间的心理工作

指战员转岗及退出队伍期间的心理工作主要是针对此期间指战员的心理特点，采取必要的应对措施，改善指战员的心理认知，合理对待转、退工作，确保队伍高度稳定。

（四）组织指导执行重大任务期间的心理工作

执行重大任务期间的心理工作主要是针对指战员执行重大任务时，由于时间长、任务重、压力大，面临的现场环境恶劣、恐怖，容易产生各种各样的心理问题而开展的心理工作。主要包括指战员执行重大任务前、执行重大任务中、执行重大任务后的心理工作。

（五）组织指导人员选拔中的心理工作

人员选拔中的心理工作主要是指在院校招生、地方大学生入队、干部公选、驾驶员选拔、飞行员选拔等工作中的心理工作。

（六）组织指导消防救援队伍、院校心理工作

消防救援队伍、院校心理工作主要包括消防学员心理健康维护、地方大学生入队培训期间的心理健康维护、院校学员第一任职的心理工作能力培养等。

思考题

1. 加强政治机关的思想政治建设应当从哪些主要方面入手？
2. 组织指导基层经常性思想工作的基本环节有哪些？
3. 如何组织和指导基层开展心理服务工作？

第四章　干部管理工作

干部管理工作是通过干部选拔、使用、培养、考核、奖惩等一系列具体举措，以加强干部队伍建设、规范干部行为、提高干部工作水平为根本目的的工作。抓好干部管理工作是政治机关的重要职责，对于培塑一支综合素质全面、任职经历丰富、年龄梯次合理、胜任职责需要的复合型干部队伍具有重要意义。

第一节　领导干部考核

领导干部考核必须以习近平新时代中国特色社会主义思想为指导，坚持把政治标准放在首位，认真贯彻党中央决策部署和应急管理部党委工作安排。领导干部考核是干部考核工作中尤为重要的一项，是全面衡量领导干部和领导班子德、能、勤、绩、廉的有效方法和途径。政治机关要严格按照程序规定落实考核制度并形成考核档案，为领导干部选拔任用提供重要依据。

一、考核内容

领导干部考核必须贯彻党的路线方针政策和应急管理部党委指示精神，区分不同类型、不同层级合理设置，包括领导班子考核和领导干部考核。

（一）领导班子考核内容

（1）政治思想建设。全面考核领导班子坚决维护习近平总书记党中央的核心、全党的核心地位，坚决维护党中央权威和集中统一领导，坚持和加强党的全面领导，执行党的理论和路线方针政策，增强"四个意识"，做到"四个服从"，遵守政治纪律和政治规矩的情况；坚持用习近平新时代中国特色社会主义思想武装头脑，深入学习贯彻落实习近平总书记重要训词精神和关于应急管理的重要论述，坚定理想信念，坚定"四个自信"，不忘初心、牢记使命的情况；坚持民主集中制，执行新形势下党内政治生活的若干准则，落实党委统一的集体领导下的首长分工负责制，发现和解决自身问题，营造风清气正政治生态的情况；践行新时代党的组织路线，贯彻新时期好干部标准，树立正确选人用人导向的情况。

（2）领导能力。全面考核领导班子适应新时代新体制新要求，善于从思想上政治上建设和掌控队伍，确保党对国家综合性消防救援队伍绝对领导，保持队伍坚定正确政治方向的能力；善于观大势、谋全局、抓大事、促改革，坚持民主团结、科学决策，提高改革创新、科学发展的能力；全面推动队伍转型升级，时刻保持应急备战状态，防范化解重大安全风险，应对处置各类灾害事故的能力；深化消防执法改革，坚持依法行政，服务经济社会发展大局的能力；坚决贯彻落实"两严两准"指示要求，坚持按照纪律队伍建设标准加强队伍正规化建设，有效维护队伍安全稳定的能力。

（3）工作实绩。全面考核领导班子贯彻落实党中央决策部署和应急管理部党委工作安排，全面履行职能、服务大局和中心工作的情况，以及抓党建、带队建、促发展的实际成效。重点了解贯彻落实习近平总书记重要训词和关于安全生产、防灾减灾救灾、应急救援等重要论述精神，把党中央、国务院重大战略决策和部党委部署要求贯彻落实到具体工作中的情况；围绕防火灭火、应急救援中心工作，依法履职尽责，带领队伍完成各项工作目标任务等情况；对标应急救援主力军和国家队职能定位，健全完善应急管理机制，提升综合应急救援能力，有效保护人民群众生命财产安全和维护社会稳定等情况；落实新时代党的建设总要求，坚持政治建队、从严治队，全面提升队伍党建工作和正规化建设水平，加强队伍风气建设以及预防事故案件等情况；坚持抓基层、打基础，回应基层关切，解决基层难题，推动基层基础建设发展等情况。

（4）党风廉政建设。全面考核领导班子履行管党治党政治责任，深入推进党风廉政建设和反腐败工作，持之以恒正风肃纪等情况；紧盯党风廉政方面的突出问题，集中剖析整改以及长效机制健全落实等情况；坚持有案必查、有腐必惩，查处违纪违法案件等情况。

（5）作风建设。全面考核领导班子践行以人民为中心的发展思想，贯彻党的群众路线，竭诚为民、服务群众情况；结合"放管服"改革，创新监管方式，深化简政放权，推行消防执法事项全部向社会公开，提高人民群众幸福感和满意度的情况；落实中央八项规定及其实施细则精神和部党委关于加强作风建设的有关规定，坚决反对"四风"，集中整治形式主义、官僚主义的情况；实事求是，真抓实干，察实情、出实招、办实事、求实效的情况。

（二）领导干部考核内容

（1）德。全面考核领导干部政治品质和道德品行，重点了解坚定理想信念、对党忠诚、尊崇党章、遵守政治纪律和政治规矩，在思想上政治上行动上同以习近平同志为核心的党中央保持高度一致等情况；坚守忠诚老实、公道正派、实事求是、清正廉洁等价值观，遵守社会公德、职业道德、家庭美德和个人品德等情况。

（2）能。全面考核领导干部履职尽责特别是防范化解重大安全风险、应对处置各类灾害事故过程中的政治能力、专业素养和组织指挥能力，以及敢于坚持原则、大胆管理，敢于斗争、善于斗争，从严管理队伍的能力等情况。

（3）勤。全面考核领导干部的精神状态和工作作风，重点了解发扬革命精神、斗争精神，坚持"三严三实"（严以修身、严以用权、严以律己、谋事要实、创业要实、做人要实），勤勉敬业、恪尽职守，艰苦奋斗、甘于奉献，特别是加强应急值守、保持应急状态，以及大项重点任务紧抓快办、一抓到底，面对矛盾难题敢于担当、勇于攻坚等情况。

（4）绩。全面考核领导干部坚持正确政绩观，履职尽责、完成日常工作、承担急难险重任务、处理复杂问题、应对重大考验的情况和抓党建、带队建，抓班子、带队伍的实际成效。考核党委书记的工作实绩，首先看抓党建工作的成效，考核领导班子其他成员的工作实绩应当加大抓党建工作的权重。

（5）廉。全面考核领导干部落实党风廉政建设"一岗双责"政治责任，遵守廉洁自律准则，带头落实中央八项规定及其实施细则精神和部党委关于作风建设的有关规定，反对"四风"和特权思想、特权现象，秉公用权，树立良好家风，严格要求亲属和身边工作人员等情况。

二、考核类别

领导干部考核包括平时考核、年度考核和专项考核。

（一）平时考核

平时考核是对领导班子运行情况和领导干部日常表现所进行的经常性考核，一般结合日常管理适时安排。领导班子的平时考核，应重点了解政治思想建设、执行民主集中制、贯彻党的群众路线、科学决策、完成重点任务、反对"四风"及落实从严管党治党、从严建队治队等方面的情况。领导干部的平时考核，应重点了解政治态度、担当精神、工作思路、工作进展、廉洁自律以及落实"一岗双责"等情况。

1. 主要途径

领导班子和领导干部的平时考核可以根据实际情况形成考核结果，考核结果可以采用考核报告、评语、等次或者鉴定等形式确定。一般包括以下内容：

（1）列席领导班子民主生活会、理论学习中心组学习、重要工作会议，参加重要工作活动等。

（2）与干部本人或者知情人开展谈心谈话，到所在单位听取指战员意见。

（3）开展调研走访、专题调查、现场观摩等。

（4）结合党内集中学习教育、纪检监督、巡视巡察、工作督查、干部培训等进行深入了解。

（5）其他适当方法。

2. 运用方法

党委及其政治机关应当结合平时考核情况，加强对领导班子建设形势的分析研判，及时发现解决存在的问题，健全落实经常性教育管理措施和长效机制。主要方法有：

（1）建立并实行提醒谈话、诫勉谈话制度。发现领导班子团结状况不好，领导干部有违纪苗头、对工作不负责任，或者交往不慎、群众反映较大等问题时，应当指定专人及时谈话，进行提醒、告诫、批评和帮助。经谈话，对存在问题没有明显改进的，视情作出组织处理。

（2）建立并实行专项教育制度。对考核中发现的倾向性、普遍性问题，应当适时组织开展专项教育，确定主题和内容，贯彻整风精神，推动问题解决。教育一般专门安排时间进行，也可以结合领导班子专题民主生活会或者党委中心组学习安排。

（3）建立并实行党内监督制度。主官发现班子成员存在问题的，应当及时批评指正；班子成员发现主官存在问题的，有责任及时进行提醒和帮助，问题严重的应当向上级党委、纪委报告。班子成员发生重大违纪违法问题，主官没有尽到教育管理责任，同级班子成员事前知情不报的，应当追究责任。

（二）年度考核

年度考核是以年度为周期对领导班子和领导干部进行的综合性考核，一般在每年年末或者次年年初组织开展。根据工作需要，党委每年可以选定部分领导班子和领导干部进行重点考核。一般按照下列步骤进行：

（1）总结述职。召开会议，领导班子总结报告全年工作，领导干部进行个人述职。领导班子总结报告内容主要包括贯彻落实党中央决策部署和部党委工作安排，加强自身建设、履行职责使命、发挥职能作用以及取得的工作成效等方面情况。同时，报告本单位干部选拔任用工作有关情况；领导干部述职内容主要包括个人思想、学习、工作、廉洁、作风等方面情况，并就个人婚姻、配偶以及子女从业等情况作出说明。

（2）民主测评。根据对领导班子和领导干部考核的内容要求设计测评表，由参加民主测评的人员填写评价意见；参加总结述职和民主测评的人员范围为本单位领导成员、内设机构主要领导成员、下级单位主要领导成员和其他需要参加的人员。

（3）个别谈话。个别谈话的主要内容包括：对领导班子和领导干部总体评价等次的意见，对领导班子和领导干部主要成绩、特点以及存在问题、不足的看法，了解领导班子和领导干部党风廉政情况，以及其他需要了解的情况。参加个别谈话的人员范围参照民主测评人员范围确定，可以适当调整。

（4）了解核实。根据需要采取查阅资料、采集有关数据和信息、实地检查等方式，对领导班子和领导干部实际工作成效及其他有关情况进行核实。

（5）听取意见。应当听取省（区、市）政府分管领导、应急管理厅（局）有关领导对单位领导班子和主要领导的意见，以及加强领导班子建设的意见建议。

（6）综合评价。结合考核和平时掌握情况，由上级领导班子成员对下级领导班子和主要领导成员作出评价。考核组成员依据各种考核信息，分别对领导班子和领导干部作出评价。

（7）形成考核结果。汇总分析述职测评、个别谈话、了解核实、综合评价等情况，形成考核结果并及时反馈。领导班子的年度考核结果一般分为优秀、良好、一般、较差4个等次；领导干部的年度考核结果分为优秀、称职、基本称职、不称职4个等次。

（三）专项考核

专项考核是对领导班子和领导干部在完成重要专项工作、承担重大任务、应对和处置重大灾害事故中的工作态度、担当精神、作用发挥、实际成效等情况所进行的针对性考核。一般按照下列步骤进行：

（1）制定方案。明确考核对象、考核内容指标、程序步骤和工作要求等。

（2）听取考核对象的总结汇报，总结汇报必须紧贴工作实际、坚持实事求是，不得夸大渲染、不得随意篡改，汇报要有具体事例数据，体现对工作的全面深入思考。

（3）了解核实。采取查阅资料、实地调研、舆情分析、个别谈话、民主测评等方式，核实印证有关情况，必要时可以向纪检、审计等部门了解情况。

（4）形成考核结果。对领导班子和领导干部作出评价。

三、结果确定

考核结果确定应当注重综合分析研判，坚持定性与定量相结合，全面、历史、辩证地分析个人贡献与集体作用、主观努力与客观条件、发展速度与质量效益、显绩与潜绩等情况，防止简单以业务工作排名或者以民主测评得票得分确定考核结果。

（一）比例构成

领导班子年度考核优秀等次比例一般不超过参加考核领导班子总人数的30%，领导干部年度考核优秀等次比例一般不超过参加考核领导干部总人数的25%；领导班子为优秀等次的，其班子成员评为优秀等次的比例可以适当上调，最高不超过30%；领导班子为一般等次的，其班子成员评为优秀等次的比例不得超过20%，单位主官一般不得确定为优秀等次；领导班子为较差等次的，其领导成员评为优秀等次的比例不得超过15%，单位主官一般不得确定为称职及以上等次。

（二）情况判定

有下列情形之一，领导班子和领导干部年度考核结果不得确定为优秀等次：

（1）贯彻落实党中央决策部署和部党委工作安排成效不明显的。

（2）干事创业精气神不够，拈轻怕重、患得患失，不敢直面矛盾、不愿动真碰硬，不担当不作为的。

（3）工作实绩不突出的。

（4）组织领导能力较弱，年度工作目标任务完成不好的。

（5）落实"两严两准"不力，管理监督不到位，本单位或者分管领域在较短时间内连续出现事故案件或者违纪违法问题的。

（6）抓作风建设不力，本单位或者分管领域"四风"特别是形式主义、官僚主义问题比较突出的。

（7）履行管党治党责任不力，违反廉洁自律规定的。

（8）其他原因不宜确定为优秀等次的。

有下列情形之一，领导班子年度考核结果应当确定为较差等次，领导干部年度考核结果应当确定为不称职等次：

（1）违反政治纪律和政治规矩，政治上出现问题的。

(2) 不执行民主集中制，领导班子运行状况不好，不能正常发挥职能作用，领导干部闹无原则纠纷，造成严重影响的。

第二节 机关干部考核

机关干部考核工作应坚持党管干部原则，坚持把政治标准放在首位，坚持严管和厚爱结合、激励和约束并重，坚持客观公正、精准科学，坚持注重实绩、奖惩分明，坚持分级分类、简便易行。

一、考核内容

考核内容应区分不同类别、层级和职位干部特点，依据岗位职责和工作任务，分别有所侧重；机关内设机构领导干部侧重考核了解带领所属部门或者处（科、室）履行职责、完成任务中的工作思路、工作投入和工作成效，以及加强自身建设和完成重大任务等情况；管理指挥职级干部侧重考核了解在履行职责、完成任务中的专业素养、工作作风、工作成效和发挥作用等情况；专业技术干部侧重考核了解履行专业技术职责、提高专业技术水平、攻克专业技术难题，以及运用技术成果服务中心工作成效等情况。考核内容主要包括：

（1）德。全面考核干部思想政治素质和个人道德品行，重点了解深入学习贯彻习近平新时代中国特色社会主义思想、遵守政治纪律和政治规矩、践行党的群众路线、贯彻执行上级命令指示等情况；坚守忠诚老实、公道正派、实事求是、清正廉洁等价值观，遵守社会公德、职业道德、家庭美德和个人品德等情况。

（2）能。全面考核干部履行职责的业务素质和能力，重点了解履行岗位职责、完成中心工作和服务指导基层中的统筹谋划、组织协调、检查指导、改革创新和辅助决策能力。

（3）勤。全面考核干部的精神状态和工作作风，重点了解干部的事业心和责任感、工作标准和工作热情等情况，以及坚持求真务实、端正指导思想、帮助基层解决实际困难等情况。

（4）绩。全面考核干部履行岗位职责情况，重点了解完成业务工作的数量、质量、效率和成效，以及参与完成重大任务和在业务部门建设中发挥作用等情况。

（5）廉。全面考核干部法纪意识和遵守廉政规定情况，重点了解遵守法律法规、条令规章制度情况，遵守廉洁自律准则、落实中央八项规定及其实施细则精神和部党委关于作风建设的有关规定、反对"四风"，以及坚持原则、秉公办事等情况。

二、考核类别

机关干部考核区分平时考核、年度考核和专项考核。

（一）平时考核

平时考核是对干部日常工作和一贯表现所进行的了解、核实和评价。干部在承担急难险重任务、处理复杂问题、应对重大考验时，表现突出、有显著成绩和贡献的，当期平时考核结果可以直接确定为好等次，并及时给予奖励；干部在重大关头、关键时刻不服从组织安排，或者推诿扯皮、敷衍塞责造成不良后果的，当期平时考核结果可以直接确定为较差等次。一般按照下列步骤进行：

（1）个人小结。干部对照岗位职责或者考核指标，如实对本人工作表现情况进行简要小结，以书面或者口头汇报形式报主管领导。

（2）审核评鉴。主管领导对干部的个人小结进行审核，提出考核结果等次建议，由单位主要领导审定，也可以由领导班子或者政治机关审定。审核评鉴应当结合日常了解、群众评价以及服务对象意见等情况，吸收运用绩效管理等成果，根据需要听取纪检监察部门意见，注重看干部担当作为表现情况，综合研判，实事求是确定考核结果，防止简单依据个人小结对干部作出评价。

（3）结果反馈。有关领导或者政治机关采取适当方式，及时向干部本人反馈考核结果，肯定成绩、指出不足，提出改进要求，听取本人意见。干部平时考核结果分为好、较好、一般和较差4个等次。好等次干部人数原则上掌握在本机关参加平时考核的干部总人数的40%以内，较好、一般和较差等次干部人数结合实际确定，不作比例限制。

（二）年度考核

年度考核是以年度为周期对干部进行的综合性考核，可在每年年末或者次年年初组织开展。一般按照下列步骤进行：

（1）个人述职。考核对象按照职位职责和考核内容，报告个人年度思想、学习、工作、廉洁、作风等方面情况，并就个人婚姻、配偶以及共同生活子女从业等情况作出说明；个人述职采取会议或者书面的方式进行，机关内设机构正职领导干部一般采取会议方式进行述职；述职材料应当提前向参加会议的人员公布。

（2）民主测评。在个人述职的基础上，组织参加测评人员依据考核标准，以无记名填写民主测评表的方式对考核对象作出评价，侧重了解其群众认可度。参加测评的人员范围，按照知情度、关联度、代表性原则，结合实际确定，一般由下列人员参加：①国家消防救援局：考核总队级副职、二级专员和专业技术七级以上干部，参加民主测评人员范围为本单位领导班子成员、内设机构领导干部以及二级督导员、专业技术九级以上干部；考核其他干部，参加民主测评人员范围为本部门或者处（室）全体干部；②总队机关：考核支队级副职、二级督导员和专业技术九级以上干部，参加民主测评人员范围为本单位领导班子成员、内设机构领导干部以及一级助理员、专业技术十级以上干部；考核其他干部，参加民主测评人员范围为本部门或者处（室）全体干部；③支队机关：统一组织考核的，参加民主测评人员范围为所在机关全体干部；分部门或者处（科、室）组织考核的，参加民主测评人员范围为所在部门或者处（科、室）全体干部；编制员额较少的单位，可以视情扩大参加测评的人员范围。无特殊情况，不得缩小参加人员范围。

（3）个别谈话。个别谈话的主要内容包括：对考核对象总体评价等次的意见，主要成绩、特点以及存在问题、不足，了解干部党风廉政情况，以及其他需要了解的情况。参加个别谈话的人员范围参照民主测评人员范围确定，可以适当调整。

（4）了解核实。根据需要采取查阅业务档案资料和平时考核档案，以及采集有关数据等方式，核实考核对象履行岗位职责情况；考核专业技术干部，应当对照原件对论文、著作、科研成果等进行审核鉴定。

（5）综合评定。对个人述职、民主测评、个别谈话等获得的情况信息进行分析比较，并与平时考核、专项考核了解掌握的情况相互补充印证，经考核组集体研究，提出考核结果意见。干部的年度考核结果分为优秀、称职、基本称职、不称职4个等次。考核组形成的考核结果，经政治机关汇总审核并征求本级纪委意见后，报单位党委研究审定并及时反馈。

（三）专项考核

专项考核是对干部在完成重要专项工作、承担重大任务、应对和处置重大灾害事故中的工作态度、专业素养、作用发挥、实际成效等情况所进行的针对性考核；根据平时掌握情况，对综合素质较好、有培养发展潜力的优秀干部，或者问题反映较多的干部，可以进行专项考核。一般按照下列步骤进行：

（1）制定方案。明确考核对象、考核内容指标、程序步骤和工作要求等。

（2）听取考核对象的总结汇报。总结汇报内容应紧贴完成各类工作、任务实际，既要总结成绩，也要查摆不足。

（3）了解核实。采取查阅资料、实地调研、舆情分析、个别谈话、民主测评等方式，核实印证有关情况，必要时可以向纪检、审计等部门了解情况。

（4）形成考核结果。对考核对象作出评价。

专项考核结果可以采用考核报告、评语、等次或者鉴定等形式确定。

三、结果确定

平时考核、年度考核、专项考核应当相互补充印证，注重吸收运用巡视巡察、审计、绩效管理、工作督查、相关业务考核、个人有关事项报告查核等成果，增强考核结果的真实性、准确性；考核结果应当全面准确反映考核对象情况，考核评语应当明确具体肯定成绩和优点，指出问题和不足。年度考核优秀等次人数，一般掌握在本机关参加年度考核的干部总人数的15%以内，最多不超过20%。

（一）有下列情形之一的，年度考核结果不得确定为优秀等次

（1）思想政治素质一般的。

（2）业务素质和履职能力较弱，或者难以适应岗位需要的。

（3）工作责任心不强，或者工作作风存在明显问题的。

（4）工作任务完成不好，或者因工作失职渎职造成不良后果的。
（5）自身要求不严，违反廉洁自律规定的。
（6）其他原因不宜确定为优秀等次的。

（二）有下列情形之一的，参加年度考核，但不确定等次

（1）本考核年度内病、事假累计超过半年的干部。
（2）涉嫌违纪违法被立案调查尚未结案。
（3）法律、法规规定的其他情形。
（4）涉嫌违纪违法被立案调查结案后，不给予处分或者给予警告处分的，按规定补定等次。

（三）受处分干部的年度考核，按下列规定办理

（1）受警告处分当年，参加年度考核，不得确定为优秀等次。
（2）受记过、记大过、降级、撤职处分期间，参加年度考核，只写评语，不定等次。在解除处分当年及以后，其年度考核不受原处分影响。

第三节 领导干部选拔任用

加强领导干部选拔任用是建设符合新时期好干部标准、忠诚干净担当的高素质专业化干部队伍的客观要求，是落实全面从严治党、从严管理干部的要求的重要举措。加强领导干部选拔任用是干部管理工作的重要环节，是确保队伍良性运转、向上向好发展的重要保证。政治机关应严格按照原则及程序做好领导干部选拔任用工作，确保选拔任用结果真实有效，为推动队伍建设发展打下坚实基础。

一、基本原则

国家综合性消防救援队伍选拔任用领导干部，坚持下列原则：

（1）坚持选用有本事、能干事、对党和人民忠诚原则，打破地域、部门、行业、身份限制，唯贤是举、选贤任能，让优秀干部为消防救援事业服务。
（2）坚持选人用人重德重才，突出政治标准原则，考察政治定力、政治担当、政治能力、政治自律，匡正选人用人风气。
（3）坚持注重实绩、群众公认原则，确保选拔出来的干部让组织放心、群众认可、干部服气。
（4）坚持民主、公开、竞争、择优原则，落实干部群众对干部选拔任用的知情权、参与权、选择权、监督权，增强干部工作的透明度，激发干部人事制度活力。
（5）坚持民主集中制原则，坚持集体领导制度，实行集体领导和个人分工负责相结合。
（6）坚持依法办事原则，依照宪法和法律规定，通过各种途径和形式办理各项事务。

二、资格条件

（一）领导干部应当具备下列基本条件

（1）自觉坚持以马克思列宁主义、毛泽东思想、邓小平理论、"三个代表"重要思想、科学发展观、习近平新时代中国特色社会主义思想为指导，努力用马克思主义立场、观点、方法分析和解决实际问题，牢固树立政治意识、大局意识、核心意识、看齐意识，严格遵守党的政治纪律和政治规矩，坚决维护习近平总书记核心地位，维护党中央权威和集中统一领导。

（2）具有共产主义远大理想和中国特色社会主义坚定信念，坚决执行党的基本路线和各项方针政策，忠实践行习近平总书记重要训词精神和"对党忠诚、纪律严明、赴汤蹈火、竭诚为民"的"四句话方针"，立志建设中国特色应急管理事业，献身消防救援职业，树立正确政绩观，作出经得起实践、人民、历史检验的实绩。

（3）坚持解放思想，实事求是，与时俱进，求真务实，认真调查研究，能够把党的方针政策同本单位本部门实际相结合，卓有成效开展工作，讲实话，办实事，求实效。

（4）有强烈的革命事业心和政治责任感，有实践经验，有胜任本职工作的领导指挥能力、理论素养和专业知识。

（5）正确行使人民赋予的权力，坚持原则，敢抓敢管，敢于担当，依法办事，清正廉洁，勤政为民，密切联系群众，坚持党的群众路线，主动接受党和群众批评和监督，加强道德修养，讲党性、重品行、作表率，带头践行社会主义核心价值观，自觉做到严以修身、严以用权、严以律己，谋事要实、创业要实、做人要实，反对形式主义、官僚主义、享乐主义和奢靡之风。

（6）严肃党内政治生活，坚持和维护党的民主集中制，有民主作风，有全局观念，敢于开展批评和自我批评，善于团结同志，包括团结同自己有不同意见的同志。

（二）提拔担任领导职务的，应当具备下列基本资格

（1）由本级副职提任正职的，应当在副职岗位任职两年以上；由下级正职提任上级副职的，应当在下级正职岗位任职三年以上。

（2）一般应当具有大学专科以上文化程度，其中提任总队级以上领导职务的应当具有大学本科以上文化程度。

（3）应当经过相应培训并合格，培训时间应当达到干部教育培训的有关规定要求。确因特殊情况在提任前未达到培训要求的，应当在提任后一年内完成培训。

（4）具有正常履行岗位职责的身体条件。

（5）提任支队级领导职务的，应当工作五年以上且具有两年以上基层工作经历。

（6）提任总队级副职、支队级单位正职领导职务的，一般应当分别具有一年以上支队、大队级单位正职领导岗位任职经历。国家消防救援局机关提任总队级副职的，应当具有一年以上支队级领导岗位任职或者挂职经历。

（7）提任业务岗位正职领导应当熟悉消防救援业务；提任政工岗位正职领导应当熟悉政工业务；提任总队、支队级单位作战指挥、监督执法部门正职领导的，优先考虑具有相应专业技术职务（资格）的干部；提任院校分管教学工作的副院（校）长的，必须具备相应的高级专业技术职务（资格）。

（8）提任中队（站）级正职以上领导职务的干部，应当为中国共产党正式党员。其中，提任政治委员的必须有五年以上党龄，提任政治教导员的必须有三年以上党龄。

三、任用程序

领导干部选拔任用，应当在全面考察、广泛听取意见的基础上，由政治机关提出意见，党委集体讨论决定，一般按照动议、酝酿人选、审核核查、形成方案、组织考察、会议研究、任前公示、下达命令、宣布命令的程序办理。

（一）动议

由有任免权的单位党委或者政治机关，根据岗位空缺情况和领导班子配备需要，提出启动干部调整配备的建议，包括岗位空缺情况、人选范围条件、调整配备原则等内容，向党委主要负责人报告后，按规定程序组织实施选拔工作。

（二）酝酿人选

按照德才兼备、以德为先，以事择人、按岗选人的原则，由党委或者政治机关在综合分析领导班子结构、岗位素质要求，充分听取有关方面意见的基础上，择优提出初步人选。

（三）审核核查

对列入初步人选范围的干部，由有任免权的单位政治机关会同纪检、审计、巡视等部门，组织对相关情况进行核查。审核核查的内容主要包括：对干部档案进行审核；对个人有关事项报告情况组织核查；就党风廉政建设情况征求本级纪检、巡视部门意见；对负有经济责任的征求审计部门意见，尚未审计的及时组织审计。凡纪检、巡视部门认定廉洁自律方面存在问题影响使用的，或者审计结果评定为"不称职"等次的，均不列入考察使用人选范围。

（四）形成方案

有任免权的单位政治机关综合各方面意见情况，研究形成调整配备方案，报党委主要负责人审批后组织实施考察。

（五）组织考察

考察工作由有任免权的单位政治机关牵头组织实施。考察拟任人选必须根据干部选拔任用条件和不同领导职务的职责要求，全面考察其德、能、勤、绩、廉、体，突出政治标准，强化对政治忠诚、政治定力、政治担当、政治能力、政治自律的考察，注重考察工作实绩，加强作风考察，强化廉政情况考察。考察工作一般按照下列程序进行：

（1）发布预告。根据考察对象不同情况，考察前通过适当方式在一定范围内发布考察预告，主要包括空缺岗位、任职条件、人选范围、考察办法等，并公布受理举报电话。

（2）民主推荐。民主推荐包括会议推荐和个别谈话推荐，推荐结果作为选拔任用的重要参考。民主推荐可以先进行个别谈话推荐，根据谈话情况确定推荐人选范围，再进行会议推荐；也可以直接采取会议推荐、个别谈话推荐的方法进行。会议推荐由本单位领导成员、内设机构主要领导成员、下级单位主要领导成员和其他需要参加的人员参加。参加个别谈话推荐的人员参照上列范围确定，可以适当调整。

（3）深入考察了解。在个别谈话了解考察对象德才表现等情况的同时，采取民主测评、同考察对象面谈等方法，广泛深入地了解情况，根据需要还可进行民意调查、专项调查或者延伸考察。

（4）反馈交换意见。根据考察情况，向考察对象呈报单位或者所在单位党委主要领导成员反馈并交换意见。其中，考察拟提任总队级单位正、副职干部，向所在应急管理厅（局）主要领导、政治（人事）部门主要领导反馈情况并听取意见，同时就党风廉政情况听取应急管理厅（局）纪检监察部门意见；考察拟提任支队级单位正、副职干部，听取所在地市应急管理部门主要领导意见。

（5）形成考察结论。考察工作结束后，考察组认真分析考察情况，全面客观地对考察对象作出评价，提出使用意见建议，并形成书面考察材料，向派出考察组的政治机关汇报，经政治机关研究提出任用建议方案，向党委主要负责人报告。

（六）会议研究

干部职务任免，应当在党委委员中充分酝酿，经党委委员多数同意后，提交党委会按相关规定集体讨论决定，涉及提拔任职、晋升相应消防救援衔的，一并提交党委研究讨论。党委对干部任职事项形成决定后，属于本级审批的，即组织任前公示或者下达命令；属于上级审批的，报上级党委审批。对拟破格提拔的人选在讨论决定前，必须报经上级政治机关同意。

干部任免前按规定需要征求意见、呈报备案的，政治机关按照有关要求及时办理。其中，总队级正、副职领导任免，由应急管理部政治部事先征求所在省（自治区、直辖市）党委组织部门意见。消防救援总队拟提任支队级正职领导的，应当事先报所在应急管理厅（局）同意。

（七）任前公示

提拔任职、晋升消防救援衔的，在党委讨论决定后，应当在一定范围内进行公示。公示期不少于五个工作日。公示结果不影响任职、晋衔的，办理任职、晋衔手续。

（八）下达命令

干部职务任免以命令的形式、由有任免权的单位正职领导署名下达，涉及提拔任职、晋升相应消防救援衔的一并下达晋衔命令。其中，应急管理部命令，领导署名用签名章；其他单位命令，领导署名用印章。干部职务任免、消防救援衔晋升命令时间，以有任免权的单位党委会议决定时间为准。干部首次任职、授衔命令下达，按照有关规定办理。

(九) 宣布命令

干部职务任免、消防救援衔晋升命令应当及时公布或者转发。对决定任用的干部,由党委指定专人同本人谈话。宣布命令一般采取召开会议的方式,并组织岗位交接。干部接到任职命令后,应当在十五日内到职。需要暂缓公布命令或者推迟到职的,应当经过有任免权的单位政治机关批准。

第四节 干部调动

干部调动是干部管理工作中的重要工作,必须坚持党委集体研究、实行计划管理、优化队伍结构,区分轻重缓急、解决实际困难等原则。政治机关应全面衡量干部队伍结构,严把标准条件,通过干部调动有效激发队伍内在活力。

一、调动条件

(一) 干部跨队伍、跨总队调动应具备以下基本条件

(1) 拟调入单位有岗位空缺,调出单位有接替人选。

(2) 具有与拟任岗位相适应的专业知识、理论水平和任职经历,其中拟调入专业技术岗位的,应具有相应专业技术职务(资格)。

(3) 跨队伍调动的,在调出队伍(单位)担任干部职务时间须满5年;跨总队调动的,在调出总队担任干部职务时间须满2年。

(二) 鼓励支持干部在艰苦边远地区工作,符合下列条件的干部调动应优先安排

(1) 自愿申请调入三类以上艰苦边远地区工作的。

(2) 长期在艰苦边远地区工作、家庭有实际困难的。

(3) 长期在艰苦边远地区工作、表现突出、多次立功受奖的先进模范。

(4) 长期在四类以上艰苦边远地区、一类以上海岛、西藏工作,经国家消防救援局组织鉴定,身体不适宜继续在上述地区工作的。

(三) 下列干部调动应从严控制

(1) 支队级正职领导干部。

(2) 任本级职务不满2年的。

(3) 调入北京市、上海市、广东省等经济发达地区的。

(4) 从艰苦边远地区调出的。

(5) 所在单位专业技术骨干。

(6) 非工作需要办理过调动的。

(7) 近3年年度考核中有基本称职、不称职等次的。

(四) 有下列情形之一的,不得办理调动

(1) 队伍正处于执行重大任务、承担专项工作,以及其他不宜调动干部的时期。

(2) 涉嫌违纪违法或犯罪，司法程序尚未终结的。
(3) 尚在党纪政纪处分影响期内的。
(4) 正在接受纪律审查、监察调查的。
(5) 经组织批准脱产进修学习的。
(6) 已申请辞职或确定为辞退对象的。
(7) 个人档案材料不齐全或存有疑问的。
(8) 法律、法规规定的其他情形。

二、审批权限

（一）下列干部调动由应急管理部党委审批

(1) 支队级正职以上管理指挥干部和专业技术八级以上干部调出国家综合性消防救援队伍。
(2) 干部调入国家综合性消防救援队伍。

（二）下列干部调动由应急管理部政治部审批

(1) 干部跨队伍调动。
(2) 专业技术七级以上干部在本队伍内跨总队调动。
(3) 干部调入、调出中国消防救援学院。

（三）下列干部调动分别由国家消防救援局审批，报应急管理部政治部备案

(1) 支队级正职以下管理指挥干部和专业技术八级以下干部在本队伍内跨总队调动。
(2) 支队级副职以下管理指挥干部和专业技术九级以下干部调出国家综合性消防救援队伍。

（四）下列干部调动研究审批前须报应急管理部政治部审核同意

(1) 支队级正职管理指挥干部和专业技术八级干部在本队伍内跨总队调动。
(2) 支队级正职以上领导干部配偶、子女在本队伍内跨总队调动。
(3) 调入北京市、上海市、广东省等经济发达地区。

三、审批程序

干部调动原则上每季度集中办理一次，基本程序及内容一般按照下列步骤进行。

（一）拟制计划

各单位于每年年底前提出下一年度干部调入、调出需求，报国家消防救援局；分析干部编配、工作需要和干部家庭实际困难等情况，统筹拟制干部调入、调出计划；干部跨总队调动计划报应急管理部政治部研究审核。年度干部调动数量应根据规定条件，科学合理确定，分批有序办理，避免大进大出，保持队伍稳定。

（二）个人申请

本人向本单位政治机关提出书面申请，说明调动理由。

（三）条件审核

政治机关根据干部编配情况和调动标准条件组织初审。

（四）单位商洽

跨队伍、跨总队调动的，由拟调出总队政治机关向拟调入总队政治机关发函协商；干部调出国家综合性消防救援队伍，由拟调入单位向拟调出总队政治机关发函协商。

（五）组织考察

调动干部经双方单位商洽同意，由拟调入单位派专人组织考察，拟调出单位出具德才表现、近2年工作情况鉴定材料和廉政情况鉴定材料，其中支队级副职以上、专业技术九级以上干部，还需提供个人有关事项报告核查结果。

（六）研究公示

考察结束后，拟调入、调出单位党委研究决定调动人选。呈报审批前，调动人选应当分别在拟调入、调出单位公示，公示期不少于5个工作日。

（七）呈报审批

公示无异议的拟调动人选，每季度最后一个月上旬，由拟调入单位按级呈报。审批材料包括调动请示、审批报告表、个人档案、组织鉴定、廉政评价、体检报告及个人有关事项报告核查结果、公示情况。按规定需要进行经济责任审计的人员，审计结论应为"称职"以上等次。调动请示应详细说明个人调动理由，拟调入单位干部编配情况，调动干部拟安排的工作岗位。

（八）办理手续

调出单位接到调动通知后，及时办理有关手续，调动干部于15日内到调入单位报到，报到前教育管理由调出单位负责。调入单位于干部报到当日向调出单位反馈报到情况。调动干部报到后，有任免权限的单位及时下达任职命令。对自愿申请到艰苦边远地区工作的，从优安排岗位，按照规定享受艰苦边远地区特殊保障政策。干部调离艰苦边远地区，不再享受相应的工资、休假、探亲等保障政策。

第五节 辞职辞退

辞职辞退是干部管理工作中的重要组成部分，政治机关应合理运用、精准把控，按策实施，通过运用辞职辞退，充分调动干部积极性，形成奖优罚劣，优上劣下的鲜明导向。

一、辞职

干部辞职是指干部依照法律、行政法规规定，申请终止其与国家综合性消防救援队伍的任用关系。政治机关在实施过程中要注重了解实情，准确判断，确保辞职办理流程顺利高效。

（一）干部辞职基本程序及权限一般按照下列步骤进行

（1）由本人向所在单位政治机关提出书面辞职申请，填写国家综合性消防救援队伍干部辞职审批表。

（2）所在单位提出意见，按级呈报。

（3）总队级副职以上管理指挥干部和专业技术七级以上干部由应急管理部审批；支队级正职以下管理指挥干部和专业技术八级以下干部由国家消防救援局审批，报应急管理部政治部备案。审批结果以书面形式通知呈报单位及申请辞职干部，并报中央公务员主管部门备案。

（二）干部有下列情形之一的，不得辞职

（1）在国家综合性消防救援队伍担任干部职务不满 5 年的，其中随队集体转改干部任职时间累计计算。

（2）在涉及国家秘密等特殊岗位任职或者离开上述岗位不满国家规定的脱密期限的。

（3）重要工作事项尚未处理完毕，且须由本人继续处理的。

（4）正在接受审计、纪律审查、监察调查，或者涉嫌犯罪，司法程序尚未终结的。

（5）法律、行政法规规定的其他不得辞职的情形。

二、辞退

辞退干部，是指国家综合性消防救援队伍依照法律、行政法规规定，解除与干部的任用关系。政治机关在实施过程中要注重区分类别，精准把控，确保辞退干部辞的退、辞的稳、辞的准。

（一）辞退干部按基本程序及权限一般按照下列步骤进行

（1）所在单位在核准事实的基础上，经党组织集体研究提出建议，填写国家综合性消防救援队伍辞退干部审批表，按级呈报。

（2）总队级副职以上管理指挥干部和专业技术七级以上干部由应急管理部审批；支队级正职以下管理指挥干部和专业技术八级以下干部由国家消防救援局审批，报应急管理部政治部备案。审批结果以书面形式通知呈报单位及被辞退的干部，并报中央公务员主管部门备案。

（3）供给制学员毕业后在国家综合性消防救援队伍担任干部职务不满 5 年被辞退的，应当按协议支付违约金，不足年限每年按照培养总费用的 20% 缴纳。

（二）干部有下列情形之一的，应予辞退

（1）在年度考核中，连续 2 年被确定为不称职的。

（2）不胜任现职工作，又不接受其他安排的。

（3）因所在单位调整、撤销、合并或者缩减编制员额需要调整工作，本人拒绝合理安排的。

（4）干部不履职尽责，不遵守法律和纪律规定，经教育仍无转变，不适合继续在国家综合性消防救援队伍工作，又不宜给予开除处分的。

（5）私自离队或者因公外出、请假期满无正当理由逾期不归连续超过 15 天，或者 1 年内累计超过 30 天的。

（三）干部有下列情形之一的，不得辞退

（1）因公致残，被确认丧失或者部分丧失工作能力的。

（2）患有严重疾病或者因公因战负伤，在规定医疗期内的。

（3）女干部在孕期、产假、哺乳期内的。

（4）法律、行政法规规定的其他不得辞退的情形。

第六节 专业技术干部管理

专业技术干部是按照专业岗位定岗定编的技术干部，是干部队伍的重要组成部分。政治机关在做好专业技术干部管理工作中，既要注重专业技能的学习培养，又要注重干部本身的教育管理，做到严格标准条件，精准把控指数，确保专业技术干部队伍科学合理分配，形成梯次衔接，充分发挥作用。

一、专业技术职务

（一）职务设置

专业技术职务分为：高级专业技术职务、中级专业技术职务、初级专业技术职务。一般按照下列规格设置：

（1）国家消防救援局设置高级、中级专业技术职务。

（2）总队、支队设置高级、中级、初级专业技术职务。

（3）大队、站设置中级、初级专业技术职务。

（二）职务职数及时间

专业技术职务职数以国家行政编制内专业技术干部职位数量为基数核定。国家消防救援局高级专业技术职务不超过职位数量的 45%；总队、副总队级支队高级专业技术职务不超过职位数量的 25%；中级专业技术职务不超过职位数量的 45%；高级专业技术职务不超过职位数量的 20%；中级专业技术职务不超过职位数量的 40%；大队、站中级专业技术职务不超过职位数量的 40%。

晋升专业技术职务应当具备拟任职务所要求的思想政治素质、工作能力、文化程度、专业技术任职资格、专业技术等级等方面的基本条件，在专业技术职务职数内逐级晋升。晋升专业技术职务应当具备的基本资格：晋升高级专业技术职务，应当任中级专业技术职务 5 年以上；晋升中级专业技术职务，应当任初级专业技术职务 4 年以上。高级、中级专业技术职务实行任期制度，任期为 5 年，任期届满应当重新任命相应专业技术职务。

(三) 晋升办理程序

（1）党委或者政工人事部门提出启动晋升专业技术职务的意见。

（2）对符合晋升专业技术职务资格条件的人员进行民主推荐或者民主测评。

（3）确定拟晋升专业技术职务人选，组织考察。

（4）党委研究讨论决定，按照有关规定公示后办理任职手续。

(四) 任职审批权限

（1）国家消防救援局高级专业技术职务任职由应急管理部党委审批；中级专业技术职务任职由国家消防救援局党委审批。

（2）总队、支队高级专业技术职务任职由应急管理部党委审批；中级专业技术职务任职由总队党委审批；初级专业技术职务任职由总队党委审批。

（3）大队、站中级专业技术职务任职由总队党委审批；初级专业技术职务任职由总队党委审批。

二、专业技术等级

(一) 等级设置及时间

专业技术等级分为：专业技术四级、五级、六级、七级、八级、九级、十级、十一级、十二级、十三级、十四级。高级专业技术职务对应专业技术四级至九级，中级专业技术职务对应专业技术六级至十一级，初级专业技术职务对应专业技术九级至十四级。

晋升专业技术等级应当综合考虑工作需要、德才表现、职责轻重、工作实绩和资历等因素，在专业技术职务对应的专业技术等级幅度内逐级晋升。晋升专业技术等级应当具备的基本资格：晋升专业技术八级以上等级，应当任下一等级4年以上；晋升专业技术九级以下等级，应当任下一等级3年以上。在执行消防救援任务中表现特别突出、作出重大贡献的，可以根据有关规定提前晋升专业技术等级。

(二) 晋升比例

晋升较高专业技术等级实行比例控制，一般按照下列规定控制：

（1）高级专业技术职务干部晋升专业技术四级、五级、六级的，每年分别不超过符合晋升资格条件的专业技术五级、六级、七级干部数量的30%。

（2）中级专业技术职务干部晋升专业技术六级、七级、八级的，每年分别不超过符合晋升资格条件的专业技术七级、八级、九级干部数量的35%。

（3）初级专业技术职务干部晋升专业技术九级、十级的，每年分别不超过符合晋升资格条件的专业技术十级、十一级干部数量的40%。

(三) 办理程序

晋升专业技术等级按照下列程序办理：

（1）党委或者政工人事部门研究提出工作方案。

（2）对符合晋升专业技术等级资格条件的人员进行民主推荐或者民主测评，提出初步人选。

(3) 考察了解并确定拟晋升专业技术等级人选,具体考察了解方式由应急管理部结合实际研究确定。

(4) 对拟晋升专业技术等级人选进行公示,公示期不少于5个工作日。

(5) 审批。

(四) 审批权限

(1) 国家消防救援局干部晋升专业技术七级以上等级由应急管理部党委审批;晋升专业技术八级以下等级由局党委审批。

(2) 总队干部晋升专业技术七级以上等级由部党委审批;晋升专业技术八级分别由局党委审批;晋升专业技术九级以下等级由总队党委审批。

(3) 支队、大队、站干部晋升专业技术七级以上等级由部党委审批;晋升专业技术八级分别由总队党委审批;晋升专业技术九级、十级由总队党委审批;晋升专业技术十一级以下等级由支队党委审批。晋升专业技术七级以上等级有关情况由应急管理部按年度报中央公务员主管部门备案。总队以下单位干部晋升专业技术八级,事前报经所在省、自治区、直辖市应急管理厅(局)同意,并报国家消防救援局备案。

三、职位设置

以消防救援总队、支队、大队、站为例。

(一) 总队职位设置

(1) 专业设置。设置灭火救援、消防监督管理、火灾调查、消防科技、消防装备、消防通信、消防船艇、消防航空、安检防爆9个专业。

(2) 职位分布。全部设置专业技术干部职位机构:作战训练处、特种灾害救援处、信息通信处、防火监督处(重点保卫处)、法制与社会消防工作处、火调技术处。部分设置专业技术干部职位机构:指挥中心、后勤装备处。总工程师职位设为专业技术干部职位;训练总队设置灭火救援、消防监督管理、火灾调查、消防装备、消防通信、消防船艇、消防航空、安检防爆8个专业。教学训练处、机动救援处、教研室全部设置专业技术干部职位。

(二) 支队职务设置

(1) 专业设置。设置灭火救援、消防监督管理、火灾调查、消防科技、消防装备、消防通信、消防船艇、消防航空、安检防爆9个专业。

(2) 职位分布。全部设置专业技术干部职位机构:指挥中心,信息通信处(科),防火监督处(科),法制与社会消防工作处(科),火调技术处(科),重点保卫处(科),作战训练处、科(特种灾害救援处、科),灭火救援科(指挥中心),综合指导处、科(宣传中心),防火监督科(宣传中心)。部分设置专业技术干部职位机构:后勤装备处(科)。训练与战勤保障支队设置灭火救援、消防监督管理、火灾调查、消防装备、消防通信、消防船艇、消防航空、安检防爆8个专业。教学训练科（示范示教队）全部设置专业技术干部职位。特勤支队设置灭火救援、消防通信、消防船艇、消防航空、安检防爆5个专业。指挥中心、作战训练科（特种灾害救援科）全部设置专业技术干部职位。水上支队设置灭火救援、消防监督管理、火灾调查、消防通信、消防船艇、安检防爆6个专业。指挥中心、作战训练科（特种灾害救援科）、防火监督科、综合指导科（宣传中心）全部设置专业技术干部职位。轨道交通支队设置灭火救援、消防监督管理、火灾调查、消防通信、安检防爆5个专业。指挥中心、作战训练科（特种灾害救援科）、防火监督科、综合指导科（宣传中心）全部设置专业技术干部职位。机动专业支队设置灭火救援、消防船艇、安检防爆3个专业。除支队领导以外从事灭火救援工作的干部职位全部设置专业技术干部职位。搜救犬机动专业支队设置灭火救援、安检防爆2个专业。除支队领导以外的干部职位全部设置专业技术干部职位。

（三）大队职位设置

全部设置专业技术干部职位。消防救援大队设置灭火救援、消防监督管理、火灾调查、消防科技、消防装备、消防通信、消防船艇、安检防爆8个专业。特勤大队设置灭火救援、消防装备、消防通信、消防船艇、消防航空、安检防爆6个专业。水上大队设置灭火救援、消防监督管理、火灾调查、消防装备、消防通信、消防船艇、安检防爆7个专业。轨道交通大队设置灭火救援、消防监督管理、火灾调查、消防装备、消防通信、安检防爆6个专业。重型机械工程救援大队设置灭火救援、消防装备、消防通信3个专业。应急通信保障大队设置消防通信专业。应急通信与车辆勤务大队设置消防装备、消防通信2个专业。

（四）站职位设置

全部设置专业技术干部职位。消防救援站设置灭火救援、消防装备、消防通信、消防船艇、安检防爆5个专业。特勤站设置灭火救援、消防装备、消防通信、消防船艇、消防航空、安检防爆6个专业。搜救犬站设置灭火救援、安检防爆2个专业。应急通信与车辆勤务站设置消防装备、消防通信2个专业。

第七节　干部福利工作

福利工作是干部管理工作的重要组成部分，要依据政策规定，严格标准条件，加强组织领导，搞好统筹协调，确保干部享受的各项福利待遇落到实处。

一、福利工作的意义

做好福利工作，能够为队伍吸引和留住更多高素质人才，增强干部归属感和职业荣誉感，并能在一定程度上抑制腐败，激励干部更好地履职尽责。

(一) 激发干事创业热情的坚强保障

消防救援队伍干部24小时驻勤备战，工作量大，任务艰巨，且被相关法律法规禁止拥有经营性收入。为了让干部队伍保持稳定，发放特定的福利，能够在一定程度上降低干部生活成本，解除后顾之忧，更好地投入各项工作中。

(二) 增强职业吸引竞争的有力保障

改革转制后，随着干部招录政策的变化，物质利益对干部的牵引和拉动作用越来越大，福利待遇也成了影响人才流动的重要因素之一。消防救援队伍是有志青年实现人生价值的崇高事业，下大力做好干部福利工作，有利于吸引更多优秀人才进入消防救援队伍。

(三) 解决干部实际困难的基本保障

提高和改善干部福利待遇，也是我党政治工作的优良传统。实际工作中，不少干部的思想问题往往是由实际问题引起的。随着中国式现代化的推进，社会经济水平不断提高，更应该下大力解决好干部的福利待遇保障问题，更好地帮助干部解决个人及家庭所遇到的困难，增强其获得感、幸福感、满足感。

二、福利工作的内容

干部福利工作主要包含消防救援执勤补贴、现场救援补贴、子女保育教育补助费、夫妻分居生活补助费、休假探亲、疗养、婚假、产假、护理假、未休假经济补偿计发等内容。

(一) 消防救援执勤补贴

消防救援执勤补贴发放由人事（干部）、作战部门会同财务部门办理。担负消防救援24小时备勤任务的干部应当享受消防救援执勤补贴，消防救援执勤补贴按照实际天数计发，不足一天的按一天计发。一般发放原则为：

（1）基层大队、中队（站）干部消防救援执勤补贴发放天数，从调入相关岗位当日起算，至调离岗位次日截止，因休假等非工作原因不在岗位备勤的天数应予以扣除。

（2）局、总队、支队机关每天备勤人数不超过在编人数的50%，重要节假日、重大活动安保期间、敏感时段等确需要加强备勤的，按实际工作需要确定。

（3）消防救援机动专业支队、搜救犬机动专业支队、重型机械工程救援大队及应急通信保障大队等单位设置的24小时常备救援执勤力量的执勤补贴发放，参照基层大队、中队（站）标准执行；其他备勤力量按照机关标准执行。

（4）森林靠前驻防（含防火）勤务、防灾前置驻防任务补贴发放天数，从离开营区时起算，至返回营区时截止。

(二) 现场救援补贴

现场救援补贴发放由人事（干部）、指挥中心、作战和防火等部门会同财务部门办理。现场救援补贴按照实际任务量和执行天数计发。一般发放原则为：

（1）火灾扑救、应急救援现场救援补贴发放天数，从接到出动指令时起算，至人员归队录入系统、要报上报或接到归队报告时截止。

（2）重大活动安保现场救援补贴发放天数，从开始执行前置备勤和现场驻勤任务时起算，至安保任务结束时截止。

（3）跨区域拉动演练现场救援补贴发放天数，从离开营区时起算，至返回营区时截止。

（4）火灾调查现场救援补贴发放天数，根据每起火灾每次火灾现场勘验笔录或出差（出动）审批单累计。

（5）接警后中途返回的或未成灾的警情处置不予发放。

（6）同一天多次执行火灾扑救、抢险救援、火灾调查、重大活动安保任务和跨区域演练的，按照实际参加任务项累计发放。

（三）子女保育教育补助费

有学龄前、不能入公办幼儿园子女的转制前入伍干部，其符合计划生育政策所生育的子女享受子女保育教育补助费，标准为每个子女每月150元。符合领取子女保育教育补助费条件的，由干部本人填写国家综合性消防救援队伍人员子女保育教育补助费审批表。经所在支队级以上单位政治机关审批合格的，由财务部门从次月起发放。一般发放原则为：

（1）夫妻同为消防救援干部的子女，其子女保育教育补助费由女方所在单位负责发放。

（2）干部退出国家综合性消防救援队伍后（不含退休），其子女保育教育补助费发至办理退出手续的当月。

（3）支队级以上政治机关每年9月集中对所属干部子女保育教育补助费进行审核，不再符合享受条件的，以书面形式通知干部本人，财务部门从次月起停发该经费。

（4）子女保育教育补助费按月随干部工资发放。

（四）夫妻分居生活补助费

夫妻分居生活补助费，是对两地分居干部家庭的一种经济补偿。转制前入伍的已婚干部，所在单位驻地与配偶户籍地不在同一地级以上城市或地区，且夫妻实际不在同一地区生活的，或所在单位驻地与配偶户籍地虽在同一地区，但因学习、工作、任务等原因，夫妻实际不在同一地区生活的，可以享受夫妻分居生活补助费。补助标准为每人每月1000元。夫妻分居生活补助费由干部本人提出申请，填写国家综合性消防救援队伍人员夫妻分居生活补助费审批表，报总队级以上政治机关审批；支队财务部门依据总队级以上政治机关的批复，随本人工资逐月发放。一般发放原则为：

（1）夫妻分居生活补助费从符合条件的次月起发放。其中，经批准临时到单位驻地以外地区学习、工作和执行任务1年以上的，从第十三个月起发放；连续执行局下达的重大执勤、训练、救援等任务3个月以上的，从第四个月起发放。不再符合条件的，从条件变化的次月起停发，由所在支队级以上政治机关及时书面通知本级财务部门办理。

（2）夫妻同为消防救援干部且符合夫妻分居生活补助费发放条件的，只向一方发放，一般由男方所在单位审批发放。

（3）每年1月、7月，支队级以上政治机关对本单位申请夫妻分居生活补助费的干部条件进行审核，与财务部门核对发放情况，并采取适当形式公示。

（五）休假探亲

1. 休假

参加工作不满20年的干部（包括管理指挥干部和专业技术干部），每年休假20天；参加工作满20年的干部，每年休假30天。消防救援院校毕业或者新招录的干部，从第二年起安排休假。在青海海拔3000米（不含本数）以下地区工作的或常年在有核辐射危险环境下工作的干部，每年休假40天。在西藏地区以及其他海拔3000米以上地区工作的干部，参加工作不满20年的，每年休假60天；参加工作满20年不满25年的，每年休假70天；参加工作满25年的，每年休假80天。在海拔4500米以上地区工作的干部，每年假期再增加10天。消防救援院校的干部休假，原则上应当在寒假、暑假期间安排。

2. 探亲

未婚干部（含离异、丧偶的）与父母不在一地生活的，每年探望父母1次，假期30天；已婚干部与父母（含岳父母、公婆）不在一地生活的，每年探望父母1次，假期20天；已婚干部与配偶不在一地生活的，每年可探望配偶2次，累计假期40天，其配偶每年可来队探亲2次；已婚干部与配偶、父母均不在一地生活的，每年可以探望父母1次、探望配偶2次，累计假期45天；消防救援院校毕业或者新招录的干部，符合探亲条件的，从第二年起安排探亲。

（六）疗养

干部疗养分为保健疗养、康复疗养、专项疗养。

1. 保健疗养

三级指挥长以上干部和国家综合性消防救援队伍管理的退休干部，可以享受保健疗养，每次疗养期为15天。其中，助理总监以上干部（含国家综合性消防救援队伍管理的同职级退休干部）2年内可疗养1次，其他干部3年内可疗养1次。

2. 康复疗养

三级指挥长以上干部和飞行、潜水等特殊岗位干部，因伤病或者手术后不需特殊治疗、生活能够自理的，可以享受康复疗养。其中，三级指挥长以上干部康复疗养期一般为15天，最长不超过30天，当年享受康复疗养的不再享受保健疗养；飞行、潜水等特殊岗位干部康复疗养期一般为30天，最长不超过60天。

3. 专项疗养

基层优秀干部、艰苦边远地区干部、执行重大任务干部、立功受奖干部，可以享受专项疗养，每次疗养期为12天。执行重大任务干部通常为执行火灾扑救、抢险救援、专项安保、维稳处突等重大任务，连续战斗10天以上的，作用发挥突出的干部。立功受奖干部通常为荣立二等功以上奖励的干部，以及受到党中央、国务院和应急管理部、国家消防救援局表彰的先进个人。

参加保健疗养或者康复疗养的一级指挥长以上干部（含国家综合性消防救援队伍管理的同职级退休干部）可以带随员1名，随员限于配偶或者子女；参加专项疗养的干部所带随员仅限于配偶和子女。

（七）婚假、产假、护理假

1. 婚假

干部结婚，除享受国家规定的婚假外，增加婚假7天。

2. 产假

女方为干部，符合政策规定生育子女时，除按照规定享受98天产假外，增加孕产假90天，其中驻藏以及其他海拔3000米以上的，增加孕产假120天；在哺乳时，所在单位应当按照国家有关规定给予相应假期。

3. 护理假

男方为干部，在女方分娩当年给予护理假30天。

干部休婚假、产假、护理假天数，不计入年休假假期。干部请事假、病假、疗养假、婚假、产假、护理假等，按年休假审批权限和规定办理。

（八）未休假经济补偿计发

干部确因工作原因当年未安排休假、探亲或者在休假、探亲期间被召回未能安排补休的，由所在单位按规定标准计发未休假经济补偿。个人未休假经济补偿计领金额=（本人全年工资收入÷261天）×200%×本人未休假天数。

各级政治部门于每年1月编制本单位上一年度未休假经济补偿方案，在本单位公示1周后，报单位党委审批，于2月底前发放。因代职、上学、借调、帮助工作等原因，导致干部实际工作单位与工资关系不一致的，年休假纳入本人实际工作单位管理，未休假经济补偿由工资关系所在单位发放，休假情况由实际工作单位于当年12月31日前函告工资关系所在单位。消防救援干部不申报年休假计划或未全额申报年休假假期的，已批准年休假计划本人自愿放弃的，当年11月30日前退出国家综合性消防救援队伍的，编外或者免职后未安排临时工作的，当年从消防救援院校毕业或者新招录的，以及未休或未休满婚假、产假、护理假的，不享受未休假经济补偿。

三、福利工作的要求

（一）坚持严格管理和关心信任相结合

福利工作涉及干部的切身利益，必须遵规按章执行，依据事实发放，不得虚报冒领，不得超标执行，不得随意发放。同时，还应健全干部福利待遇激励保障制度，确保福利待遇正常，保障合法权益。对基层干部特别是在艰苦边远地区工作的干部给予更多的理解和支持，主动排忧解难，让他们更好地履职奉献。

(二）坚持依规审核和从严监督相结合

福利工作必须严格依据相关规定、程序执行，任何单位不得自行更改干部福利政策，擅自提高、降低或拖欠干部福利待遇。同时，违反规定发放或变相发放钱物的，应对单位主要负责人、人事（干部）、财务部门负责人进行严肃处理，依照有关规定追究责任。

（三）坚持物质激励和精神鼓励相结合

实施干部福利应当以满足干部共同的物质和文化生活需求为出发点，在给予物质福利的同时，也可通过一些精神福利给予鼓励，使干部在生活上和精神上得到一定补偿，从而安定干部生活，维护其身心健康，鼓舞其工作情绪，提高其工作效率，增强其责任心和上进心。

思考题

1. 简述领导干部年度考核的主要步骤。
2. 简述机关干部考核内容应如何开展。
3. 简述领导干部选拔任用基本原则。
4. 简述干部调动的审批程序应如何组织。
5. 简述干部辞职基本程序及权限。
6. 简述如何办理专业技术干部晋升工作。
7. 简述干部福利工作包括哪些内容。

第五章 宣 传 工 作

习近平总书记强调，宣传工作是党的一项极端重要的工作[①]；领导干部要做实干家，也要做宣传家[②]。党的十八大以来，以习近平同志为核心的党中央把宣传工作摆在全局工作重要位置，指引宣传工作取得历史性成就、发生历史性变革。消防宣传工作是消防政治工作的重要组成部分，对于提升整体消防救援能力，促进经济社会稳定发展，保卫人民群众生命财产安全，具有重大意义。

第一节 宣传工作概述

消防救援队伍的宣传工作，主要包括队伍宣传和消防业务宣传两个方面。队伍宣传，主要指宣传队伍形象、先进典型和队伍建设等，由党委领导，政治机关统筹，组织教育部门负责实施。消防业务宣传，主要指消防安全教育、消防知识宣传培训等，主要由防火监督机关的宣传部门组织实施。

一、队伍宣传工作的内容

消防救援队伍的文化舆论处置和信息宣传工作，要立足于经济社会发展和消防中心工作，及时报道消防发展的新思路、改革的新突破、工作的新举措，以及向大众普及消防安全知识，为消防救援队伍建设提供有力的信息与舆论支持。

（一）理论武装方面

持续强化理论武装宣传，大力宣传习近平新时代中国特色社会主义思想，深入宣传习近平总书记重要论述和重要指示批示精神。坚持用党的创新理论武装消防救援队伍头脑，不断增强"四个意识"、坚定"四个自信"、做到"两个维护"、积极开展"学训词、铸忠诚、创新业、立新功"主题教育宣传报道；及时转载中央主要媒体评论言论和新闻报道，将中央精神及时传播、宣贯给全体消防员。

（二）消防救援业务方面

（1）消防救援改革成效及能力提升方面的宣传。全方位、多层次报道消防救援各项工

[①] 《中共中央政治局召开会议 中共中央总书记习近平主持会议》，人民日报，2019-04-20。
[②] 《习近平：切实学懂弄通做实党的十九大精神 努力在新时代开启新征程续写新篇章》，人民日报，2017-10-29。

作举措和具体行动，宣传消防救援队伍在监督执法、执勤训练、队伍教育管理、后勤管理、装备建设、基层基础建设等方面的先进做法、宝贵经验，充分展示应急管理改革成效和综合应急救援能力提升成果。深入宣传应急管理服务企业、服务群众、服务基层活动，深度挖掘主动服务、强化监管方面的好经验、好做法。

（2）消防安全知识及救援技巧方面的宣传。科普消防知识，提升民众的消防意识，宣传自然灾害类和事故灾难类突发事件典型案例，使民众在消防事故中能够利用所学习到的消防知识有意识有针对性地采取措施来防范消防事故，开展警示教育。

（3）消防救援事业公众形象方面的宣传。宣传消防救援队伍自觉服从于、服务于经济社会发展，积极主动为党委政府当好参谋助手的大局意识；宣传严格执法、热情服务、便民利民、扶贫帮困的爱民情怀；宣传最大限度保护国家和人民生命财产安全的英雄壮举，进一步提升人民消防为人民的崇高形象。

（4）消防救援精神方面的宣传。加大消防救援队伍先进典型的宣传力度，调动一切积极因素，协调各级新闻媒体，利用多种形式，唱响当代消防主旋律，弘扬"对党忠诚、纪律严明、赴汤蹈火、竭诚为民"的新时期消防救援工作精神，展示消防救援队伍爱民亲民、敬业奉献、文明可亲的光辉形象，打造更多的构建和谐关系的新亮点。宣传消防救援队伍先进典型的崇高品质和时代精神，激励广大指战员崇尚荣誉，立足本职，建功立业；宣传先进典型在引领社会风尚中"教育人、鼓舞人、激励人"的作用，积极促进社会主义精神文明建设。

二、队伍宣传工作的要求

（一）牢牢把握政治方向

宣传工作是政治工作的重要内容，必须在思想上政治上行动上同党中央保持高度一致，旗帜鲜明地宣传党的理论和路线、方针、政策。

（二）服务中心工作

要紧紧围绕中心工作，突出宣传重点，为圆满完成防火、灭火和应急救援等各项任务提供强有力的政治保证、精神动力和舆论支持。发掘正面宣传对消防救援队伍建设的积极作用，用先进的文化武装队伍、塑造指战员，发挥其对消防职业行为、职业意识和职业形象建设的导向、教育、凝聚、约束作用，使之外化为工作中的良好形象。

（三）坚持实事求是

要唯实、求实、务实，真实反映消防救援队伍特点和消防员实际，不能脱离实际、随意拔高，要符合群众意愿，经得起历史考验。

（四）强化机制建设

按照"及时、主动、准确、统筹"的要求，健全包括新闻发布制度、专线记者采访制度、新闻纪律规范、新闻奖惩制度、报道审核报送制度、负面报道出现后的快速处置程序及措施等，使之形成上下联动的新闻工作机制，积极应对新闻舆论监督，把握舆论导向，确保整个消防宣传网络健康、畅通、协调。进一步树立"大宣传"意识，着力加强与各类新闻媒体和各种宣传媒介的沟通合作，积极争取资源，抢占舆论阵地，形成舆论合力，为消防救援队伍宣传工作创造有利条件。

（五）加强舆论引导

要充分考虑到舆论可能会对消防工作带来的影响，密切关注舆论动态，注意发现苗头性、倾向性的负面报道信息，并及时采取有效措施，引导媒体全面、客观、公正地开展报道，及时消除媒体和群众对某些事件的误解。主动掌握信息化条件下宣传工作的主导权，认真分析、研判现代网络媒体的特点，因势利导，顺势而为，确保消防救援队伍宣传的正确舆论导向。

三、队伍宣传工作的任务

习近平总书记在全国宣传思想工作会议上强调指出，"要不断增强脚力、眼力、脑力、笔力，努力打造一支政治过硬、本领高强、求实创新、能打胜仗的宣传思想工作队伍"[①]。这为宣传思想工作指明了奋斗方向、提供了根本遵循。消防救援队伍宣传工作的任务，是根据队伍宣传工作的性质、职能确定的，是消防救援队伍开展宣传工作的依据和要求。队伍宣传工作的主要任务是：

（一）宣传队伍学习贯彻党的创新理论的经验做法

宣传消防救援队伍坚决执行党的路线方针政策的政治立场；宣传消防救援队伍认真学习贯彻党的创新理论，积极参与社会主义精神文明建设，着力加强队伍思想政治建设的成效和做法。

（二）宣传队伍党委重大决策和重点工作

宣传消防救援队伍各级党委推进消防工作和队伍建设的重大决策、重点工作和政策措施，统一人员思想，凝聚救援人员意志，进一步增强广大消防员的认同感和干事创业的使命感、责任感，切实把消防救援队伍各级党委的决策要求转化为推进消防事业发展的实际行动。

（三）宣传队伍建设的经验成果

宣传消防救援队伍在监督执法、执勤训练、队伍教育管理、后勤管理、装备建设、基层基础建设等方面的先进做法、宝贵经验；宣传对消防工作和队伍建设发挥重要作用、产生重大影响的创新举措，进一步赢得地方党委政府和人民群众对消防工作和队伍建设的关心支持。

（四）宣传队伍作出的突出贡献

宣传消防救援队伍自觉服从于、服务于经济社会发展，积极主动为党委政府当好参谋助

---

① 《习近平：举旗帜聚民心育新人兴文化展形象 更好完成新形势下宣传思想工作使命任务》，新华社，2018-08-22。

手的大局意识；宣传队伍严格执法、热情服务、便民利民、扶贫帮困的爱民情怀；宣传队伍最大限度保护国家和人民生命财产安全的英雄壮举，进一步提升人民消防的崇高形象。

（五）宣传队伍先进典型

宣传消防救援队伍先进典型的崇高品质和时代精神，激励广大消防救援人员崇尚荣誉，立足本职，建功立业；宣传先进典型在引领社会风尚中教育人、鼓舞人、激励人的作用，积极促进社会主义精神文明建设。

四、队伍宣传工作的途径

在科技飞速发展的时代，宣传途径和载体层出不穷，日新月异。做好宣传工作就要利用好宣传途径与载体，切实提高宣传的覆盖面，增强宣传的渗透力和影响力。

（一）社会公众媒体

充分利用电视、广播、报纸、杂志、互联网等社会公众媒体开展队伍宣传工作，特别是利用中央和地方主流媒体，扩大消防救援队伍的社会影响力。

（二）消防行业媒体

充分利用消防行业媒体的职业特点，搞好队伍专题和深度报道，发挥好《应急管理报》、《中国消防》杂志、各级消防救援网站、中国消防在线网站及各地主办的消防报纸、杂志与互联网站的主阵地作用。

（三）队伍内部载体

用好应急管理部、国家消防救援局、应急救援厅（局）、总队、支队等内部网络；用好各级主办的相关简报、情况反映等内部刊物；用好各种消防文书，在文件上传下达中宣传相关工作。

（四）文化艺术活动

充分利用文化艺术广泛包容的特点，通过拍摄电影、电视剧，出版图书、音像资料，创作文艺作品、组织文艺晚会、举办展览等消防文化主题活动，发挥潜移默化的宣传作用。

（五）其他宣传途径

邀请地方党委、政府领导和人大代表、政协委员及人民群众、社会团体深入队伍视察、参观、体验生活，进一步争取重视和支持；通过积极参加地方政风行风评议、公众评选活动等，进一步提升消防救援队伍的良好形象。

第二节　消防舆情应对工作

舆情应对工作是新时代消防宣传工作的一项重要内容。它是指针对网络事件引发的舆论危机，利用舆情监测手段，分析舆情发展态势，加强与网络的沟通，以面对面的方式和媒体的语言风格，确保新闻和信息的权威性和一致性，最大限度地压缩小道消息、虚假信息，变被动为主动，先入为主，确保更准、更快、更好地引导舆情的一种危机处理方式。做好消防舆情应对工作对于还原事实真相，弘扬消防救援队伍良好形象，激励广大消防指战员士气和斗志具有重要的意义。

一、消防舆情应对的原则

在新媒体时代，信息流动充分、及时，同时在历次舆情风波中，网络自媒体相较于传统媒体更能占据舆论发声的高点。故在新时代，关涉国家综合性消防救援队伍的舆情相较于以往更容易产生。基于国家综合性消防救援队伍的职责和职能、依据训词精神，按照中央有关部门关于舆情应对的系列文件和精神，国家综合性消防救援队伍的舆情应对工作应有以下基本原则：

（一）坚持党性原则，要把"对党忠诚"作为消防救援队伍的核心和灵魂

对党忠诚是消防救援队伍淬炼党性的优良传统。改革转制后，消防救援队伍踏上应急管理的新征程，新的起点对政治工作提出了新要求，我们必须旗帜鲜明地把握好新时代舆情工作的新特点、新规律、新要求，在宣传文化工作上，为建设"对党忠诚，纪律严明，赴汤蹈火，竭诚为民"的消防救援队伍提供坚实的政治和组织保证。要依托新时代舆情研究的新情况，不断提升消防救援队伍的舆情处置水平，着力提高队伍应对突发舆情的能力。舆情处置工作的核心要义，即是要不断加强和改进对队伍的党员教育管理，严格队伍内组织生活，建立动态管理机制，提高发展质量，纯洁党员队伍，优化党员队伍结构。要确保全体指战员信念坚定、铁心向党、铁心跟党，在各种社会思潮面前不迷航，在重大舆情风波面前坚决不动摇，确保队伍任何时候任何情况下都坚决听从党的指挥。

（二）及时响应原则，舆情应对要第一时间靠前发力

当前，涉及消防救援队伍的舆情往往伴随重大灾害事故，具备了突发性、不可预测性、非常规性、破坏性大、次生灾害频发等特性，关于消防救援的舆情网络中的爆发和演变也契合于一般舆情规律，一般都会经历发生期、发展期、高潮期、消退期等四个阶段。按照国内舆情应对经验，如果不能及时在舆情的演变期、爆发期作出有效应对与干预，必将极大增加舆情的处置难度，轻则影响消防救援队伍公信力与社会形象，重则被有心人士和敌对势力利用，成为"认知作战"的一部分直至形成"否定意识形态"的重大风波。所以，消防救援队伍务必重视舆情应对，同时必须掌握当代舆情传播及演变的一般规律。务必在灾害发生的第一时间，紧盯社会舆论，要围绕群众关心的相关热点问题，基于国家综合性消防救援队伍的权限职责及时回应群众的关切，主动、有效、合情、合法应对大众质疑，各级消防救援队伍务必利用融媒体表明处置意见及态度立场，尽最大可能缩小关涉消防救援队伍的谣言滋生的空间。

（三）真实性原则，舆情应对任何时候必须坚持真实、客观

真实性原则是我们处置舆情的重要原则，也是消防救援队伍宣传文化工作需要遵循的重要原则。在新媒体时代，每当舆情发生后，互联网上都会充斥着虚假信息，也有人主动

或被动地散播相关谣言，并通过微博、微信朋友圈等互联网平台持续发酵。谣言和虚假信息的散布和演绎，反过来又会严重影响到现实中的警情处置，这对于我们有序、高效地采取救援行动显然是极其不利的。而回应这些谎言、谣言的最有效手段就是真实、客观地公布相关信息，决不能回避掩饰、避重就轻，各级消防救援队伍需要端正态度、开诚布公，及时向社会大众公布相关信息，尽可能地让公布的信息做到真实、有效、客观、准确、完整，这样既能保证广大民众的知情权，同时也能在最大程度内消除谣言与虚假信息，进而舒缓消解群众因负面舆情产生的情绪，为推动舆情平息赢得主动权。

（四）主动性原则，舆情应对要从被动回应转变为主动应对

在涉及消防救援队伍舆情处置和舆论引导中，我们还应坚持主动性原则。以往的应对措施，往往在舆情事件发生后，倾向于回避，甚至于尝试联系相关部门封锁消息，越是这样的行为，越容易引起群众的主观臆断和毫无根据的猜测，以至于被各种"有心人士"利用，营造出更大的舆情风波。所以消防救援队伍在处置相关舆情时，应当避免只是简单地发通告，要在舆情形成时主动应对，积极地联系权威媒体，利用融媒体平台多渠道向群众发声，传播事实、真相，进而主导相关舆情的话语权，避免处于被动局面。在舆情风波中，只有积极主动地作为，才能够有效地把公众关注到灾害警情的正确处置方向上来，让国家综合性消防救援队伍公布的信息成为相关舆情中的权威与主流；只有主动作为，才能掌握关涉消防救援队伍舆情处置和引导的主动权和话语权，抢占网络时代信息攻防的高地。

（五）一致性原则，舆情应对要保持横向各部门和纵向时间上的一致性

在以往的舆情应对失败案例中，其普遍的经验教训是，政府相关部门的新闻布告呈现了前后不一致。即同一事件的信息发布，往往出现前后不同说法，前期布告与后期报道自相矛盾的情况，这种前后矛盾的情况会严重挫伤相关部门的公信力，轻则会引发次生舆情，更大的质疑责难会接踵而至。在一致性这一问题上，各级消防救援队伍还要做到对不同口径的信息发布一致。普遍而言，关涉消防救援队伍的重大舆情，尤其是在重大灾害事故上的舆情，是多部门联动的，这也就意味着权威信息发布渠道多样，应对的政府部门可能也是联动的，如果在相关信息的沟通过程中，出现了不同部门、不同层级的信息差异大，甚至出现了矛盾多，必然会在群众当中滋生猜忌甚至让阴谋论横行。所以作为消防救援队伍，在相关舆情的处置应对中，必须在平时就有预案，在征得上级主管部门同意后，与有关部门的沟通一致后，统一行动。

（六）合法性原则，舆情应对必须以合法合规为基本前提

合法性原则是依法治国的重要体现。消防救援队伍在处置舆情事件和网络舆论引导过程中，还应遵守合法性原则。无论是对舆情事件当中相关当事人的处置、谋划应急预案和发布信息的内容，都必须做到有法可依、有法必依。尤其是相关人与事的处置，只有明确的法律依据才能让群众信服，才能平息舆情风波。所以，各级消防救援队伍应该在相关信息发布的稿件中，尽可能地明确其中的相关法律法规的要求。

二、涉消防舆情的一般规律

在当今多媒体和自媒体高度发达的新时代,信息的传播速度空前加快,涉及消防救援队伍的舆情已经有很多案例了,依据传播学中对于舆情的分析,涉及国家综合性消防救援队伍的舆情发展也呈现为以下几个阶段。

(1) 舆情初始阶段:在这个阶段,舆情通常起源于公众对某一涉国家综合性消防救援队伍的事件或消防相关政策的不满或疑惑。这些事件可能是社会问题、政策实施、公共安全等。公众通过社交平台(诸如微信、微博、百家号)、新闻媒体、论坛等途径发表意见和看法。这个阶段通常涉及的话题比较广泛,影响力较小,公众参与度较低。此时,公众的意见和情绪相对分散,没有形成强烈的共识和群体效应。但是,这个阶段也是非常重要的,因为它为我们了解公众的看法和情绪提供了重要的窗口,有助于我们更好地理解社会动态。此外,在这一阶段,公众对于相关舆情的看法极容易受自媒体(诸如大V等意见领袖)的观点的影响,较为容易地受到他人的启发引起共情,从而进一步投入相关舆情的讨论。

(2) 舆情发展阶段:随着事件进一步发展,公众的关注度逐渐提高,公众的意见和情绪开始形成群体效应。公众之间的交流和互动变得更加频繁,意见领袖的观点及影响力也在这个阶段得到不断深化与拓展。公众对事件的理解存在较大的偏离事实的可能性,且公众的情绪存在过激乃至失控的可能,非理性的情绪会通过各种渠道迅速传播,公众感性情绪进一步失控的风险急速上升,意见领袖的影响力也随着之增大。依托以往的规律,往往相关部门只在这一时期才意识到舆情的存在,并试图通过官方渠道回应公众的关切。

(3) 舆情高潮阶段:在舆情发展的高潮阶段,公众的意见和情绪达到顶峰,公众对事件的关注度达到最高点。这个阶段公众的声音异常强大,也存在大量"杂音",会呈现很多偏离事件本身的讨论,会被有心人士引导并攻击政府相关职能部门的公信力,又因为这一时期公众的意见往往带有强烈的情感色彩,甚至于情绪会成为舆情发展的牵引力。在这一阶段,往往还会出现很多的"水军",运用先进的AI技术向公众展示"大量的、虚假的网络讨论",进一步煽动公众并利用公众的情绪,引导舆情发展,甚至进行违法行为。他们通过散布谣言、恶意炒作等方式,制造社会恐慌,破坏社会稳定。这种行为不仅违反了道德和法律,也会对公众的信心和信任造成极大的伤害。而对政府相关部门而言,这一时期的媒体报道和社会舆论的压力会形成一股不可忽视的力量。政府的公信力面临着巨大的舆论压力,往往需要进一步采取有效措施来应对舆情。

(4) 舆情消散期:随着时间的推移,公众的关注度逐渐降低,舆情开始进入消退阶段。在这个阶段,公众对事件的关注度逐渐降低,不再像高潮期那样热衷于讨论和关注。随着时间的推移,公众的兴趣和热情逐渐消退,对事件的关注度逐渐降低。舆情的声势也逐渐减弱。公众的意见和情绪逐渐平息,不再像高潮期那样强烈和激动。公众之间的交流和互动也逐渐减少,不再像高潮期那样频繁和热烈。这表明舆情的影响力逐渐减弱,不再像高潮期那样具有巨大的影响力。依据以往的历史经验来看，舆情平息很主要的原因是公众的注意力被别的热点事件转移，而且依据公众心理学的一般规律，公众对某一热点舆情的专注力与热情往往有限。故此，在这一时期国家综合性消防救援队伍的政工干部可以根据此次舆情的反馈进行经验总结，并进行相应的调整和改进，以避免类似事件再次发生。

总的来说，一般舆情发展呈现出了以上四个阶段，但就具体的舆情而言不是固定不变的，有时可能会重叠或跳跃。此外，不同的事件和情境下，舆情的演变和发展也可能有所不同。但是，了解这些舆情发展的规律有助于各级政工干部更好地应对舆情，并做出及时的反应和有效的调整。

基于舆情发展的一般规律特征，我们可以得出一个重要的规律：对于涉及消防救援队伍舆情的处置应当越早越好，这体现了舆情的及时性。尤其是在面对负面舆情时，相应的职能部门应立即启动舆情监测机制，及时了解舆情的发展态势和影响范围。快速响应可以有效地避免舆情发酵，减轻对队伍形象和利益的损害，并争取舆情处置的主动权。因此，舆情处置的及时性至关重要。根据2016年11月10日国务院办公厅印发的《关于全面推进政务公开工作的意见》实施细则，对于涉及应急管理行业领域的重大公共事件，要在5小时内发布权威信息，24小时内举行新闻发布会。这段时间内，舆情态势初步形成，总体可控，是舆情应对的最佳时机。要在这个时机内第一时间发声、回应，并成为事件的"第一定义者"。及时向社会发布灾害事故的原因、伤亡情况、后续影响等信息，能够最大程度地减轻公众的担忧和恐慌情绪。依据以往的经验，假如相关的舆情处置没能在第一时间进行，往往会失去控制，对党和国家及队伍本身造成极恶劣的影响。

三、消防舆情应对工作具体要求

舆情应对是新时代宣传工作的重中之重，正确的舆情引导是顺利处置化解舆情的关键。舆情处置工作的首要工作就是抢占舆论制高点，掌握信息传播过程中的话语权和主动权。但是，就现实职能层面而言，关涉国家综合性消防救援队伍的舆情处置工作往往需要多个部门通力合作。所以，国家综合消防救援队伍的各级部门需要在提高自身处置能力建设的基础上，加强与相关部门的协作，充分利用各种社会资源，讲究方式方法，积极主动地打好舆论仗。

（一）妥善协调各方关系

首先与传统新闻媒体建立良好关系，在自媒体时代，传统新闻媒体在信息传播过程中的权威性是众多自媒体无法替代的。尤其是负面舆情波及国家综合性消防救援队伍时，我们需要传统新闻媒体协助引导舆论。同时，良好的媒体关系，也有助于我们在日常工作中通过媒体让人民群众"认识消防、理解消防"。

在关涉国家综合性消防救援队伍的舆情出现后，应该积极、主动地与有关部门进行协助、沟通，尤其应当与宣传、网安等部门建立重大舆情联动机制，确保出现舆情能够第一时间相互通报、第一时间联合应对。

应当重视与舆情当事人的联系，尤其是出现负面舆情时，与当事人建立可靠、客观、真实的沟通渠道，并能依据客观实际的情况及时对外公布相关情况。这样才能保证国家综合性消防救援队伍的公信力，从而形成群众信赖、社会支持的工作局面，为下一步的舆情处置工作营造良好氛围。

（二）充分考虑舆情处置中的多方力量影响

透过历次舆情事件，我们可以简单地归纳出，在舆情波动中其实存在以下主要角色：意见领袖（如网络大V）、网络公关公司、"网络水军"、普通网民、新闻媒体等。如何处置与这些角色的关系也关涉到舆情处置的结果。

一般来说，网络上的意见领袖，普遍指那些针对社会热点公共事件发表言论，且表达的观念有着一定的受众群体。在中国的互联网生态中，有些时候，意见领袖的评论往往会引发舆情。又因为其受众众多，所以又能对一些处于发酵期的舆情有推波助澜的作用。所以对于这些意见领袖，我们应当灵活、务实地处置，可以在日常工作中主动地与一些消防救援队伍属地的"大V""网红"建立起可靠的联系，以便在舆情释放的初期，假借其影响力引导舆论、平复舆情，从而改变相关事件在公众舆论中的走向。

网络公关公司一般而言是基于互联网开展公关业务的市场主体，并为其服务主体用户提供信息反馈、沟通协调、危机处理等公关服务。现实生活中，具备一定规模的企业和一些政府部门都会聘请网络公关公司营造网络形象。那么，在国家综合消防救援队伍的宣传工作中，可以在日常聘请一些专业的网络公关公司对相关的政工干部和宣传员进行"网络公关能力"培训，使其具备一定的舆情处置能力，避免在舆情应对中惊慌失措、进退失据。

在历次舆情中，一定存在"网络水军"的身影，"网络水军"又起着"舆情推手"的作用。网络上的"水军"往往带着不可告人的目的，在历次舆情中兴风作浪、传播虚假消息。应对"网络水军"，消防救援队伍的宣传干部首要的就是第一时间准确、客观、有依据地公布相关情况，并在舆情中收集"网络水军"的"谣言"，并在第一时间通报给公安机关予以处理，尤其是对恶性谣言要予以坚决的、及时的打击。

（三）建立完善规章制度

各级消防救援队伍应加强舆论引导工作机制建设，并不断修正完善，确保舆论引导工作有章可循、有规可依。

（1）严格落实舆情监控处置值班制度。各级应成立舆情突发事件应急处置工作领导小组，负责统筹、协调和指导重大舆情突发事件的处置工作。

（2）严格落实新闻发言人制度。各级应建立并落实消防救援队伍新闻发言人制度，严格落实消防新闻发布的审批制度，严禁非新闻发言人和未经授权擅自接受媒体采访和提问。

（3）严格落实舆情引导协作制度。各级消防部门要与当地党委、政府的宣传部门、网信办、公安网监等部门建立健全合作机制，搭建舆论引导联动平台。

（4）严格落实随警拍摄制度。消防救援队伍各基层单位要高质量配齐摄像、照相、数据传输等基本消防宣传装备，严格落实首车随警拍摄制度，建立视频资料库，为突发事件舆论引导提供真实客观的第一手资料。

（5）在消防救援队伍内部，完善网络宣传员的制度建设。目前，全国各总队和绝大部分支、大队都开通了门户网站或微信公众平台。这些对外开放的窗口在宣传消防工作、维护消防救援队伍形象方面起到了积极的作用。要充分利用这些平台，发挥消防舆情引导人员的作用，定时刊载和报道网民喜闻乐见的文章、视频。可通过开设百姓热线、网民热点等栏目的方式，解决与网民沟通的瓶颈问题，安排专人与公众进行互动交流，化解矛盾，增进了解，融洽关系。

第三节　先进典型的培育和宣传

先进典型的榜样力量是无穷的，具有净化人的心灵和推进社会前进的功能。马克思主义唯物辩证法认为，由于客观事物具有发展不平衡的规律，万事万物间总是存在着矛盾，任何事物的发展总是存在着差别。而先进典型代表着事物发展的一般规律，能通过自身的示范与激励，带动其他群众的生产积极性和主观能动性，推动事物朝着正确方向发展。深入学习贯彻习近平新时代中国特色社会主义思想，充分发挥先进典型示范引领作用，在全党全社会营造崇尚先进、见贤思齐的浓厚氛围，以中国共产党人坚定信念、践行宗旨、拼搏奉献、廉洁奉公的高尚品质和崇高精神鼓舞消防救援队伍指战员恪守训词精神，坚定听党指挥、服务人民的理想信念，是政治机关开展先进典型培育和宣传工作的根本遵循。

一、先进典型培育的原则

典型，《辞海》将其解释为模型或模范。《新闻学大辞典》认为："典型，是指在同类中最具代表性的人或事物，它从一般人物和事物中概括出来，具有自己的个性，同时它又是同类人物和事物中的突出代表。"典型从其性质上看，有正面与反面典型、先进与后进典型之分。大多学者将先进典型界定为：一定时期和一定历史条件下先进人物和先进群体的代表，在他们身上集中凝聚和体现着社会主义核心价值体系"闪光点"，代表着高尚的人生境界和道德追求，是社会精神文明发展的集中体现，是社会公众尤其是青年群体发展的导向标。

消防先进典型"是在消防救援职能任务中产生的具有积极意义与启发意义的人或事，是消防指战员先进道德观和精神面貌的集中体现，具有一定的感染力和号召力"。消防先进典型反映了时代的主旋律、代表积极向上的前进力量，不仅对于消防指战员而且在全社会起着示范、导向、激励和带动作用。"典型人物与事件并非与生俱来的，而是后天获得与养成的。"[①] 古代大教育家思想家孔子经常教育学生要以尧舜、管仲和周公作为榜样，

---

① 曾骊. 爱的教育——高职生先进典型成长的思考[M]. 北京：科学出版社，2011.

要求"学生见贤思齐焉，见不贤而内自省也"。古代先贤都强调典型的人与事都不是天生的，是从后天学习和实践中获得，需要从别的典型人或事中学习，需要外在的培育与教化。据此，我们可以界定消防先进典型培育，主要是指用社会主义核心价值体系对消防指战员进行道德教育、道德影响的过程，也是将社会主义核心价值体系规范转化为个人道德品德、行为规范的过程，更是将先进典型的优秀道德融入良好道德风气之中的过程。

（一）坚持从队伍中来到队伍中去的原则

坚持群众路线，是中国共产党的一项政治优势和优良传统。从群众中来、到群众中去是中国共产党的群众路线和工作方法，毛泽东就有"解剖麻雀"的思想。消防先进典型来自普通消防员群体之中，培育消防先进典型，同样需要坚持从队伍中来到队伍中去的原则。一方面，选树的典型必须是来自基层消防指战员群体，他们的优秀品格和感人事迹必须贴近消防员的现实生活。消防先进典型选树工作要深入消防指战员群体，把握发现细节，挖掘具有特殊意义、广大消防员公认的典型。选树的消防先进典型必须是广大消防指战员能够看得见、摸得着的道德典范。另一方面，消防先进典型必须回到群众中去，才能经得起实践的检验。消防先进典型来自普通消防指战员群体，是普通指战员当中的一员，成为典型之后并不意味着就高人一等。政治机关要善于教育和引导先进典型对普通指战员的示范作用。

（二）坚持自上而下和自下而上相结合的原则

以往对先进典型的培育一般都是采取自上而下的方法，是为了达到一定目的，宣传单位在某种意义上强加给受众，在一定程度上忽视了群众自身的需求。新时代的消防政治机关要积极探索，坚持自上而下和自下而上相结合。一方面，要注重顶层设计，机关层面要坚持从普遍到特殊、从一般到个别工作思路，走群众路线，深入指战员群体当中，及时发现典型、识别典型、"点赞"典型。另一方面，要善于发现那些"草根"英雄。可以通过民主形式，尊重指战员的意见，让消防指战员推荐、讲评、选举他们身边的先进典型，开展群众性的典型评选活动，激发指战员"荐身边人、评身边人、选身边人"的积极性，从而增强指战员先进典型的公信力。最终倡导一种"行政主导"与"大众参与"相结合的典型评选模式，以确保工作取得实效。

（三）坚持教育引导和实践养成相结合的原则

先进典型的培育不仅要注重选树和宣传，更要注重教育的引导和实践的检验。首先，要坚持教育引导。新选树的典型，需要对其继续实施教育，一方面要对其进行思想理论教育，进一步提高他们的思想理论水平，使他们明白自身对其他普通指战员的影响带动作用，注意自己的一言一行，并努力克服自身存在的缺点。另一方面，需要对其进行演讲语言、仪态、逻辑等方面的培训，以确保典型的示范、引导作用取得实效。其次，要注重实践养成。各支队要加强指战员先进典型教育实践基地的建设，广泛开展各种形式的社会实践活动，将典型培养与社会实践、考察调研等实践教育相结合，把已经树立起来的典型放到实践活动中，使他们能够接受锻炼、经受考验，在社会实践活动中不断修正和检验自己,达到再教育的目的。

(四)坚持榜样引领和自我教育相结合的原则

唯物辩证法认为,事物的发展是外因和内因共同起作用的结果,内因对事物的发展起着决定作用,而外因则对事物的发展起着加速或延缓作用。消防先进典型的培育,需要注重外部因素的影响,但关键是要注重发挥消防先进典型的主观能动性。

首先,新典型的产生离不开旧典型的引领。政治机关要依托对英雄模范和先进典型的宣传学习提升消防指战员的精神境界和价值追求。要使新旧典型互相学习,从而形成新旧典型共同进步的良性循环。其次,要引导消防先进典型加强自我教育,充分发挥典型的主观能动性,注重典型的自我成长。苏联著名教育家苏霍姆林斯基说过:"只有促进自我教育的教育才是真正的教育。"消防先进典型的培育需要激发他们成长成才的内在需求,引导他们加强自身的内在修养,通过自省、慎独等方法来不断提升自我的道德境界。

二、先进典型培育的方法

先进典型培育机制,是指为推进先进典型培育而创建的机构、体系和制度以及各因素、各要害之间的相互关联。消防先进典型培育工作是一项复杂又系统的工程,需要建立健全消防先进典型培育的机制,才能提高培育工作的水平。先进典型培育的机制主要包括:挖掘孵化—树立培养—学习宣传—关爱保障—考评更新。

(一)紧扣时代,挖掘真实的指战员先进典型,即挖掘孵化

先进典型的选择是典型培育工作中最基础、最关键的环节。一方面,典型的选择应真实反映社会发展和历史前进的价值取向,体现时代精神和风尚;另一方面,典型的选择应与艰苦奋斗、求是创新、有突出贡献的先进典型结合起来,使之更具引领性和代表性。挖掘消防救援队伍先进典型的主要方法有三个:一是在一些特殊关键事件里发现先进典型,例如在"5·12"汶川大地震、"4·14"玉树地震中涌现出的抗震救灾英雄以及森林火灾扑救中的先进个人和群体等;二是日常执勤训练等工作中出现的先进人物和感人事迹等;三是响应时代号召的指战员先进典型,这些典型可能是积极参加构建和谐消防救援队伍的党员干部,可能是消防员身边的优秀青年,可能是投身科研的技术能手,也可能是志愿服务社会的青年志愿者。

着力构建先进典型孵化库,先进典型孵化库可视为对具有先进典型潜质的个人或集体进行重点培育的一个良好的载体,不仅有利于将不同优势的潜在典型纳入组织视野,有利于集中资源在特定的环境和场所对其进行重点培养、拔高;还有助于集中发挥典型的"辐射效应"和"引力效应",是广大指战员的方向标。先进典型孵化库包含对参加孵化的、具有先进典型潜质的个人或集体一个量的调节与质的监控相结合的过程,既可在数量上作"流进流出"的统筹运作,又可对入库后的具有先进典型潜质的个人或集体进行培养塑造,并随时监控入库典型的培育质量,提高人才入库后的水平,以保障典型孵化的成功率。

（二）切换视角，树立多面的消防救援队伍先进典型，即树立培养

做好典型的培养工作，重视对指战员先进典型的培养，首先要以指战员先进典型培育为起点，利用日常管理及思想政治理论课等平台，为指战员先进典型培育奠定良好的思想基础。其次要注重培养多方面优秀的先进典型，如刻苦学习型、科技创新型、自强诚信型及志愿服务型人才，形成多层次的先进典型类别模式。只有从青年指战员各种不同的视角出发，树立方方面面的典型，才能避免用单一标准来要求所有指战员，进而增强先进典型的层次感和覆盖面。再次要在日常工作学习生活中，建立长期的、有针对性的制度，对这些先进典型人才加以引导和教育，鼓励他们树立正确的人生目标、克服困难、发挥特长，使他们更快成长成才，发挥先进典型的模范作用。

（三）拓宽形式，多维宣传消防先进典型，即学习宣传

消防先进典型引领着广大消防指战员思想道德建设的发展方向和社会的价值导向，树立和宣传消防先进典型，用身边的典型教育和引导广大指战员自觉践行社会主义核心价值观，是加强指战员思想政治教育效果的有效方法，是引导指战员健康成长的有效形式。应结合队伍实际，采取多种形式宣传消防先进典型：①通过评选和表彰消防先进典型，展现先进典型的风采，树立消防先进典型的榜样作用；②运用电视，尤其是网络平台（如社交网站、内部网站论坛等）加大对先进典型的宣传力度；③通过事迹报告会、座谈会等形式深层剖析消防先进典型的精神内涵。

积极动员，引导学习消防先进典型。消防先进典型来源于广大消防指战员，有着良好的群众基础，其先进性更具有说服力和吸引力。应充分发挥消防先进典型的"传帮带"作用，将典型的示范作用最大化。通过发挥先进典型的引领、示范作用，"一花唤醒百花艳"，使个别的积极因素转化为倍增的集体效应，影响和带动周围的指战员青年奋发图强，奋力争先，在比、学、赶、超的氛围中创先争优，从而达到共同促进、共同提高的目的。此外，先进典型的培育还可以搭建"一对一""一对多"或"多对一"的分类结对帮带活动实施平台。

（四）细心培养，关心爱护消防先进典型，即关爱保障

消防先进典型的成长离不开组织的关心和爱护，要在不断发掘新典型的同时，关心老典型的发展，从思想、学习和生活等方面关爱和帮助他们，为他们创造更好的成长条件。机关可通过走访基层、指战员座谈等形式加强对消防先进典型的关心。为了避免荣誉给先进典型带来的负面困扰，组织应安排专门教师对他们进行心理辅导，引导他们正确对待荣誉、树立新的目标、努力克服困难、继续发挥特长，使先进典型不是昙花一现，而是不断进步，具有典型性和模范性。

队伍要建立适当的典型生活条件保障机制，真正关心典型的成长、进步与生活。保障先进典型正常、合理、合法的物质需求是必要的，可以给予一定的物质奖励或为他们的生活、工作提供一定的物质保障，同时要给予一定的精神鼓励。做到精神上给予褒奖，物质上给予保障，不能让典型流血又流泪，要使好人有好报，使"老实人"不吃亏。此外，要旗帜鲜明地支持和保护典型，改变"木秀于林，风必摧之；堆出于岸，流必湍之；行高于人，众必非之"的落后思想。如果选树起来的先进典型被流言蜚语所中伤和诋毁，就会使典型难以起到教育的效果，甚至会挫伤其他人积极进取的心理。

（五）整理分析，总结更新大学生先进典型库，即考评更新

消防先进典型培育工作不能成为"跟风式"的运动，要形成一个合理的、长效的机制，有机更新，因此需要在队伍内建立"消防先进典型库"。"消防先进典型库"是指按年份记录每个先进典型的详细信息，如典型类型、发掘方式、宣传途径、学习形式、影响效果，并制定调查方案，对每个先进典型影响效果进行评估，总结每个典型树立工作中的长处和不足。通过建立台账，对培育和选树先进典型的任何环节，实施分门别类的管理，把考评的内容、标准和程序具体化、规范化、公开化。先进典型的考评机制要坚持"考典型"与"考机制"并重，可通过对典型成长跟踪、典型的结对帮扶实效，典型后期自我发展规划等方面对典型实施考评，使之在动态管理中实行"优胜劣汰""推陈出新"；可通过对典型的推介类型和数量，典型事迹的影响力，典型的培育模式等方面对机制的科学性进行考评。坚持"考结果"与"考过程"并重，不仅强化了考核指标的执行力，而且将典型培育的关注点由结果引向全过程，从而可以加强研究建立平时考核工作机制，加强跟踪问效，使"结果控制"与"过程管理"相统一。

选树新典型，不忘老典型。要始终关心和培养先进典型。在不断选树新典型的同时，要关心老典型的发展，在思想、生活和工作方面给予关心和帮助，加强对消防先进典型不同阶段、不同领域的动态管理。党的十八大报告强调："全面提高公民道德素质""推进公民道德建设工程""推动学雷锋活动、学习宣传先进典型常态化"等，对社会主义道德建设进行了系统的顶层规划。建设社会空间伦理秩序，需要在人们心目中明确树立好人有好报的伦理价值导向，在选树、培育、关爱先进典型上构建全方位、多层次、长效化的新机制。

三、先进典型的宣传

讲究方式方法是增强先进典型宣传工作吸引力感染力的关键。近年来，我们在实践中注重运用新的方式、采用新的手段，改进先进典型学习宣传工作，取得了较好效果。改进方式方法，最根本的是要遵循宣传规律，适应群众需求，用最能反映典型自身特点、最能为群众所接受的手段和形式来开展典型宣传工作。要带着深厚感情采访典型，深入挖掘先进典型背后的动人故事和感人细节。要注重挖掘典型的理想信念和精神实质，通过座谈会、研讨会、理论文章等形式，深化人们对先进典型优秀事迹、崇高精神的认识和感悟。要注重运用艺术手段塑造先进典型生动感人的形象，通过文艺影视作品，把生活的真实和艺术的真实结合起来，使先进典型更加深入人心。要在进一步改进报告会方式、提高报告会质量的同时，更加注重运用巡回宣讲、网上访谈、实地观摩、公益广告、宣传橱窗等形式，使先进典型走进千家万户，让尽可能多的干部群众受到教育、得到启迪。总之，要通过多种方式、采用多种手段，充分挖掘、全面展示先进典型的思想内涵和精神风采，更好地发挥先进典型的教育激励和示范引导作用。

（一）采取全方位、多角度、多种新闻体裁的方式组合出击

除了主通讯外，可加大跟进宣传中评论的力度和夹叙夹议式的解读性宣传，使典型宣传更加深刻厚重。此外，还可通过举办先进事迹报告会、座谈会和各类文艺形式等加以配合。总之，对今天仍然行之有效的传统的宣传方式和手段，还要继续充分运用。①通过评选和表彰指战员先进典型，展现先进典型的风采，树立指战员先进典型的榜样作用；②运用电视，尤其是网络平台（如社交网站、内部论坛等）加大对先进典型的宣传力度；③通过事迹报告会、座谈会等形式深层剖析指战员先进典型的精神内涵。

（二）善于发挥各类媒体的自身优势，整合资源，拓展宣传报道覆盖面和冲击力

随着信息技术的不断发展，手机、互联网等新兴媒体兼容了文字、图片、声音、动画、影像等多种传播手段，海量的信息资源和方便快捷的选择模式增强了受众获取资讯的主动性和自由性。各级宣传机关和新闻从业人员要与时俱进，充分掌握网络时代的特点，拓展宣传领域，不断增强宣传工作的时代感。对于受众群体而言，多种媒介互动，更加适应信息需求方的要求，因而选出的典型也更有"销路"，更得民心、合民意，大大增强了典型报道的传播效果。

（三）要把继承优秀传统和时代特色结合起来，不断开创典型宣传的新天地

当前新媒体日新月异，作为典型宣传的从业人员必须适应时代，跟上节奏。在宣传先进典型时，充分利用最新科技和手段，了解各种媒体效应，事前策划，过程中调整，多方互动，适应全媒体时代，立体式宣传，从而取得最好的宣传效果。比如，被中宣部、公安部联合命名的"长霞模式"，其成功之处就在于让典型形象在多类媒体上同时出现，摆脱了从"广播—报纸—电视—事迹报告会"的传统模式，各媒体相互配合整体联动，实现新媒体与传统媒体的融合，营造联合作战的合力。因此，各级宣传部门、各大媒体应积极拓展人物形象的传播阵地，充分利用微博、微信、抖音、快手等新兴媒体的优势，多层次、多角度、全方位宣传典型的事迹，提升宣传效益，真正实现传统手段与现代方法的"媒介融合"。

第四节 文 化 工 作

以中国特色社会主义先进文化引领队伍发展，建设富有特色的"火焰蓝"队伍文化，鼓舞广大指战员崇尚荣誉、牢固理想信念，是消防文化工作的重要使命和职能。

一、制定文化建设规划和实施方案

文化是国家和民族之魂，也是国家治理之魂。没有社会主义文化繁荣发展，就没有社会主义现代化。为了有效推动文化工作，自文化部于2006年发布《文化建设"十一五"

规划》以来，各级政府职能部门陆续制定了整体文化建设规划以及专项文化建设规划。古语有云，"凡事预则立，不预则废"（《礼记·中庸》）；韩愈《进学解》亦曰："业精于勤，荒于嬉；行成于思，毁于随。"由此可见，立足于消防救援队伍的职能使命，统一于社会主义文化建设总体方向，由政治机关在文化工作前期制定合理可行的文化建设规划和实施方案是非常必要的。

（一）制定文化建设规划

文化建设规划的设计思路应当紧紧围绕党的大政方针政策，坚决执行上级部门的决策部署，统筹考虑消防救援队伍实际情况，在现行国家法律、法规、国家相关规定的基础上，通过制度建设规范各项制度、流程、行为准则。

1. 制定文化建设规划的原则

制定文化建设规划应当注意把握三个原则：第一，结合队伍传统文化特征，从上至下分层次编制各级文化建设规划。结合驻地独具特色的文化符号，将其融入消防文化建设，有利于实现文化建设的多样性和特殊性。第二，抓好重点文化项目建设规划。其中有些项目和目标，需要数年建设才能完成。为了保持其连续性和标志性，科学制定各项规划至关重要，既有利于体现队伍的文化内涵，使各个项目的风格得到展现，同时又有利于集中人力、物力、财力，加快重点项目工程进度。第三，编制专项规划要注重整体效应。专项规划服从于总体规划，总体规划统揽队伍文化建设全局。关键是所有规划都要切实得到执行，这样才会使队伍文化建设形成与其文化内涵相匹配的特色风格，才会促进消防文化建设目标的早日实现。

2. 文化建设规划的主要内容

文化建设规划的主要内容包括：总体要求、发展指标、主要任务、重点项目、保障措施等五个方面。

（1）总体要求。一般分为指导思想、工作原则、目标任务等三个层面进行阐述。"指导思想"通常是"高举中国特色社会主义伟大旗帜，坚持以马克思列宁主义、毛泽东思想、邓小平理论、'三个代表'重要思想、科学发展观、习近平新时代中国特色社会主义思想为指导，全面贯彻习近平总书记关于宣传思想工作的重要思想，坚持把马克思主义基本原理同中国具体实际相结合、同中华优秀传统文化相结合，以社会主义核心价值观为引领"，着眼于队伍的实际情况进行阐述；"工作原则"包括"坚持党的全面领导，坚持人民至上，坚持新发展理念，坚持固本培元、守正创新，坚持统筹兼顾、全面推进"等基本原则；"目标任务"则要落实于单位在规划实施期间能够达到的工作目标，切忌好大喜功。

（2）发展指标、主要任务、重点项目、保障措施。明确了总体要求后，即可制定相应的发展指标、主要任务、重点项目及保障措施等重要规划方向。其中，预期性指标是基于前期发展现状提出的下一阶段期望达到的发展指标，虽不具有约束性，但需要各级队伍瞄准目标、创造条件、努力实现，预期性指标显现了对未来发展的重要导向。主要任务和重点项目则突显出本单位的文化特色，以及重点打造的文化精品工程。保障措施应该力求组织领导、资金支持、政策支持、实施机制等多方面统筹协调，形成合力。

3. 制定文化建设规划应着重把握的问题

制定文化建设规划应以全面落实习近平总书记关于综合性应急救援队伍建设的总体要求为根本遵循，结合队伍现有方案、政策，从上至下分层次编制各级文化建设规划，着力抓好重点文化项目建设规划，形成文化建设制度，通过119消防日、英雄纪念日、基层队伍文化建设细则等实现消防救援文化的繁荣。

（二）制定文化建设实施方案

规划与实施是一个不可分割的整体，规划的目的是指导建设实施，只有实施才能体现其价值。实施方案是指对某项工作，从目标要求、工作内容、方式方法及工作步骤等作出全面、具体而又明确安排的计划类文案。

1. 制定文化建设实施方案的原则

制定文化建设实施方案的目的是遵循文化建设规划的总体要求，坚决执行规划中确定的指导思想和工作原则，进而将目标任务落实执行。如果说规划是方向和任务，实施方案就是目标和方法。因此，制定实施方案的基本原则就是将规划落到实处。

2. 文化建设实施方案的主要内容

根据实施方案的制定原则，其主要内容应包括目标要求、工作内容、方式方法、工作步骤等几个方面。目标要求是对规划中发展指标的具体阐释，工作内容则是对规划中主要任务、重点项目的进一步细分，方式方法和工作步骤着重体现了实施方案的必要性，即如何将上述文化建设规划中的发展指标和主要任务逐一执行和实施，是体现实施方案是否切实可行且行之有效的主体部分。

3. 制定文化建设实施方案应注意的问题

制定文化建设实施方案要注意把握两个方面：一是深刻领会文化建设规划的基本思想和发展目标，这是实施方案的基本遵循和方向；二是组织实施要统筹兼顾，既要突出执行任务的主体，也要协调相关配合，以便形成合力达到任务完成的最优结果。

二、加强消防专业知识和科学文化知识学习

对于广大指战员来说，具备更全面、更精深的消防专业知识是有效且安全从事救援工作的基本保证，而科学文化知识的学习则能够帮助指战员更好地理解和掌握专业知识和技能。

（一）当前消防救援文化知识学习的现状及其影响

长期以来我国经济发展偏重对知识、技术、技能的开发，对制度和文化的创新性研究相对滞后很多，消防行业更是如此。事实上，新时期的中国正走在加速现代化建设的道路上，消防行业的发展显然已经进入了制度优化与技术进步同等重要的阶段，甚至制度比技术更重要的阶段。除此之外，支撑消防制度文化建设的核心是消防精神文化和消防知识文化。就消防知识文化而言，目前市场上最多的就是各种消防服务机构开展的消防知识技能培训，其受众群体为有技术技能需求的人才，也就是说只有工作上或学习上有刚需的人才会去接受此类培训，存在着受众面窄、市场基本饱和等问题。然而对于消防精神文化而言，目前大众接触不到足够的消防精神文化的宣教，甚至有少部分人对消防救援文化精神建设的重要性缺乏足够认识，如此则导致现代化消防救援文化体系建设遇到阻力。

（1）部分地区对消防救援文化建设的重视程度低。当前我国各城市消防发展水平差异较大，主要是因为各地经济发展水平参差不齐，例如南方城市经济发展水平总体高于北方，因此北方城市消防建设水平就不如南方城市。且由于火灾事故的不确定性、隐匿性等特征，很多单位认为在消防公共设施上的投入没有明显收益，且存在侥幸心理，进而导致了社会各界对消防安全工作的忽视，更谈不上消防救援文化的建设。更重要的是，消防救援文化的建设主要靠政府推动，而部分欠发达地区相关部门对消防不够重视，则将会严重阻碍整个社会消防救援文化建设的发展。

（2）消防救援文化的建设未融入地方人文特色。党的十八大以来，习近平总书记曾在多个场合提到文化自信，传递先进的文化理念和文化观。在庆祝中国共产党成立95周年大会的讲话上，习近平总书记对文化自信做了进一步阐述，提出"文化自信，是更基础、更广泛、更深厚的自信"这一引领社会文化建设的原则和内涵。而消防救援文化有着悠久的历史，有着强大的消防救援文化自信底蕴，理应与地方文化合力打造新时代的消防特色文化。

（3）消防救援文化的定位不清晰。关于消防救援文化的定义，目前没有官方且系统全面的结论。可以明确的是，近年来我国应急管理文化的发展进入了空前蓬勃的发展阶段，而消防救援文化作为应急管理文化的重要组成部分，相关的专业理论研究却极度缺乏，仅有的少数的研究也只是把它作为应急管理文化或者安全文化的子系统分析，并未形成独立的系统全面的消防救援文化理论。此外，大众对消防救援文化的认识还停留在"文化"表面、片面，例如将消防救援文化等同于消防宣传等，甚至认为是虚的、软的东西，这将严重影响消防建设在民众心中的地位。因此，消防救援文化的概念及定位不清晰将严重阻碍消防知识、技能、责任、意识等向大众的渗透。

（二）组织消防救援文化知识学习的方法

要抓好消防救援文化的普及，增强对消防救援文化工作重要性的认识，牢固树立"文化育人"的理念，增强开展文化活动的主动性和自觉性。要推动基层消防救援文化活动的均衡发展，对消防救援文化工作基础牢靠、工作扎实的地方，要积极引导，保护工作热情；对消防救援文化工作基础薄弱、相对落后的地方，要积极扶持，激发工作积极性。要抓好消防救援文化的提高，树立精品意识，在开展群众性文化体育活动的基础上，不断创作，推出精品，树立消防救援文化品牌，争取在全国文化艺术领域占有一席之地。要发挥消防救援文化工作示范点的作用，以点带面，整体推进。要始终贴近实际、贴近生活、贴近群众、贴近指战员，不断推进消防救援文化创新内容、创新形式、创新手段，坚持弘扬主旋律与提倡多样化的统一，坚持思想性、艺术性与观赏性的统一，坚持尊重市场经济规律与尊重精神产品创作规律的统一。总之，要把消防救援文化工作的普及和提高有机结合起来，使两者相互促进，相得益彰，促进基层群众性文化活动的开展，提高消防救援文化工作的整体水平。消防救援文化是传承消防救援队伍优良传统的载体，是凝聚士气的精神源泉。在新的历史条件下，消防救援文化工作任重而道远。应当紧紧抓住契机，扎实工作，不懈努力，进一步繁荣消防文艺创作，培养德艺双馨的艺术人才，全面推动消防救援文化建设，为建设一支政治坚定、业务精通、作风优良的消防救援队伍，更好地促进各项消防救援任务的完成，做些实际工作。

三、组织创作消防救援文化精品

文化精品，是由人创造的文化产品中那些超越一般的、平庸的上乘之作，饱含创作者的思想，运用了专业的、精湛的技术手法，制作水准高，形式精良，与普通文化产品形成鲜明对比。总之，思想精深、技术精湛、制作精良的文化产品，皆可称为文化精品。

与文化精品定义相比，消防救援文化精品只是范围缩小，消防救援文化精品从属于文化精品，是文化精品的普遍特征在消防救援文化产品中的具体体现。因此，消防救援文化精品，是指能够反映消防救援文化精髓、囊括社会主义核心价值观内容，凸显社会公平正义，坚持法律理性原则，蕴含宽广的人道主义思想，能够为制度层、物质层、行为层等消防多维文化建设提供精神参照系，不但对消防指战员人格有建构作用，而且对整个社会人群都具有启蒙教育价值的文艺作品。凡是具有这样特质的消防救援文艺作品，都可列入消防救援高层文化精品行列。

（一）消防救援文化精品的标准

开展消防救援文化精品建设，首先必须明确消防救援文化精品的标准，即什么样的消防救援文化产品能够称之为精品。只有明确了消防救援文化精品的标准，筛选消防救援文化精品时才有具体的依据。因此，确定消防救援文化精品的标准对于精品建设具有重要意义。

消防救援文化精品的标准，即判定消防救援文化精品的依据，是将消防救援文化精品与普通消防救援文化产品区别开来的尺度。由消防救援文化精品的定义可知，消防救援文化精品是指思想精深、艺术精湛、制作精良的消防救援文化产品。因此，思想精深、艺术精湛、制作精良就是消防救援文化精品的标准。该标准从思想内容、审美形式、质料制作三个向度来判断，可谓科学全面。但从操作层面讲，依然显得宏观抽象，不够量化具体。由于判断主体的不同，针对同一个文化精品，也可能出现因人而异的评价结果。因此，在确定精品标准时，一般要参照多个评价体系。即除了前三个向度外，还应增加第四个向度：大众与官方的评价度。两者均认可是认定文艺精品的重要标准之一，就目前情况看，其量化指标一般设定为获得何种级别的奖项。从奖项的级别上看，国家级的奖项更具权威性和说服力，评价的标准更高；其次是文化和旅游部、应急管理部等部委设立的专门奖项。

（二）消防救援文化精品的功能

1. 政治功能

消防救援文化精品的政治功能主要体现为宣传社会主义核心价值观、消防救援队伍核心价值观，传播主流意识形态。消防救援队伍是国家综合性常备应急骨干力量，消防救援文化是国家文化的重要组成部分，消防救援文化精品自然要为消防救援队伍服务、为社会主义服务。消防救援文化精品在塑造受众的政治人格、构建公民的政治价值，维护国家的政治体系和消防救援队伍的社会管理体系方面有巨大作用。比如在近几年的消防救援行动中，指战员被称为"逆行者"，就是将抽象的为人民服务的政治宗旨，忠诚、为民、勇敢、专业的核心价值观具体化的过程，也是意识形态的传播过程，从而达到向受众灌输价值观的目的。

2. 社会功能

消防救援文化精品的社会功能是指消防救援文化精品对社会风尚的引领作用。消防救援文化精品代表的是消防救援文化的前进方向，体现的是社会主义先进文化，蕴含着消防救援为人民的精深思想，在表达消防救援服务人民方面运用的是一流的表达，因此，能在全社会形成一种崇尚奉献、防患于未然的社会风尚，引领全社会走向平安，涵养社会伦理道德，实现社会和谐。

3. 经济功能

虽然消防救援文化精品具有很强的公益性质，但从文化生产角度看，它也有自己的经济功能。就是说，消防救援文化创作也要尊重市场规律，满足大众的消费需求，在市场分配的过程中产生利润，获得一定的经济效益，以便促进自身的文化再生产。文化精品的经济功能是建立在文化产业链的基础上的。在文化产业链中，文化精品要与文化产业、文化服务融合在一起，才能产生经济效益。消防救援队伍是国家特殊职能部门，职责是保卫人民群众生命财产安全，消防救援队伍可以为社会人民提供服务，但这种服务不是商业服务，决定了消防救援文化精品不具备经济功能。

（三）消防救援文化精品建设基本原则

消防救援文化精品建设不仅要明确重点、难点、标准等，还要制定建设原则。根据消防救援文化精品建设特点，结合消防救援队伍文化建设实践经验，应把突出重点、兼顾全面、注重实效、面向基层作为消防救援文化精品建设的基本原则。

1. 突出重点

消防救援文化精品建设坚持突出重点原则，是科学规划消防救援文化建设的需要，也是紧跟时代潮流的需要。由于文化精品存在层次的不同，所以突出重点主要是在低、中、高三个层次中选择高层次的精神文化精品作为重点；在消防救援文化精品的社会效益和经济效益方面，以社会效益为重点；在日常消防救援工作中，以反映社会热点、服务社会窗口为重点。

首先，消防救援文化精品建设应当以精神文化精品建设为重点。在消防救援物质文化精品、制度文化精品、精神文化精品三个层次的文化精品中，之所以应将消防救援精神文化精品作为建设的重点，是因为精神文化精品蕴含的精神理念、核心价值观对消防救援队伍建设、消防宣传具有不可替代的作用。其次，消防救援文化精品建设应当以精品的社会效益为重点。文化精品是社会效益和经济效益的统一，但对消防救援来说，由于其特殊的意识形态属性，应将社会效益放在首位，其次才是经济效益，尽量平衡两者的关系，不能将赚钱作为目的。消防救援不是商业性机构，开展消防救援文化精品建设的目的不是追求商业利润，而是获得良好的社会信誉、社会形象和职业魅力。最后，消防救援文化精品建设应当以反映社会热点，对民众进行消防宣传、救援常识普及为重点。这些问题与人民群众的日常生活和生命财产安全息息相关，所以从文化功能的角度来说，消防救援文化精品建设应当随消防救援工作重心的转移而转移，将社会热点问题融入消防救援文化精品建设当中，在内容上进行精心设计和安排，才能起到引导舆论、展示消防形象、教育人民群众等多元效果。

2. 兼顾全面

消防救援文化精品建设在突出重点的同时要兼顾全面。兼顾全面可以保持消防救援文化精品的全面协调可持续发展，只顾重点不顾全面，就会形成某种文化精品一家独大、整个文化精品建设畸形发展的局面。因此，兼顾全面要求消防救援文化精品建设的领导者要有全局观念和整体规划的意识，使各个层次的消防救援文化精品和消防救援文化精品的要素保持全面协调可持续发展。形式上，以消防救援精神文化精品建设为重点的同时，必须兼顾物质文化精品建设和制度文化精品建设。在物质文化精品方面，建设一批像中国消防博物馆、上海消防博物馆一样的消防救援物质文化精品，全面立体地展示消防救援文化；在制度文化精品建设方面，加强制度设计，建设一批能够促进消防救援工作长效发展的制度文化精品。内容上，各种文艺作品热情讴歌和塑造的对象也应该兼顾全面。既要塑造消防救援群体中精英人物的英雄形象，也要热情讴歌在平凡岗位上默默奉献的指战员；既要突出保护人民生命财产安全的高大神圣使命，也要赞扬琐碎的日常消防活动的平凡；既要有地域文化特色，又要保证反映消防救援生活的广度与深度。塑造的消防指战员形象既要有领导干部，又要有普通指战员、专职消防员。唯其如此，消防救援文化精品建设才能春色满园、百花齐放。

3. 注重实效

所谓注重实效，就是因地制宜，不搞"花架子"，结合自身特点开展消防救援文化精品建设。在消防救援文化建设实践中，有些单位为了应付上级检查，存在急功近利甚至弄虚作假现象。消防救援文化精品是消防救援文化中最具特色的部分，所以更应该注重实效，以消防救援队伍为本，要真正能够调动消防指战员的工作积极性，增强消防指战员的职业认同感和归属感。而不是雷声大、雨点小，纸上谈兵，流于形式，停留在理论层面，缺乏可操作性。

具体而言，消防救援文化精品建设要出实效，就必须把消防救援文化精品建设与消防救援队伍的日常生活、学习和工作紧密结合起来，将消防救援文化精品建设融入具体的出警救援、思想政治教育工作中。只有这样，消防救援文化精品建设才是真正出实效，真正达到为消防救援队伍营造良好舆论氛围和社会环境，服务消防救援工作发展大局的目的。

4. 面向基层

消防救援文化精品建设要面向基层，为大众服务，创作出基层消防指战员喜闻乐见的文化精品，这是由消防救援文化精品建设的根本目的所决定的。基层一线是消防救援工作的最前沿，生与死、血与火的斗争每天都在上演。一方面，消防救援文化精品建设所需的素材来自基层，因此需要回馈反哺基层。另一方面，消防救援文化精品建设成果要与基层一线指战员共享。一线消防指战员数量最多，是消防救援文化精品最大的消费群体。尤其是边远地区的基层消防站，对消防救援文化的需求量大，对消防救援文化精品的渴求最强烈。如果消防救援文化精品建设不面向基层，在创作的过程中就会缺乏鲜活的素材，缺乏真实感人的故事，无法准确把握广大消防指战员的需求和市场的需求；如果消防救援文化精品建设的成果不面向基层一线，那么消防救援文化精品就是束之高阁、藏在象牙塔中供少部分人消费的奢侈品。

四、组织指导群众性文化活动

政治机关要定期分析研究队伍文化建设形势，找准消防救援文化建设和文联工作在整个消防工作中的定位，理清推动消防救援队伍文学艺术繁荣发展的科学思路，使文化建设与队伍各项建设同步协调发展。加大对消防救援文化建设的投入，充分发挥文化装备的最大效能。充分利用驻地文化资源，发挥警民共建共育的强大优势，主动将消防救援文化建设融入地方文化建设的整体规划，积极争取地方党委、政府和社会各界的大力支持。队伍各级党委和政治机关要切实担负起责任，重视队伍文化建设，大力支持消防文联的工作，在人员、场所、经费等方面为消防文联顺利开展工作、切实发挥作用创造条件，不断开创消防救援文化建设的新局面。

（一）争取政府支持力度

大量实践证明，队伍基层文化工作的有效开展离不开地方政府的支持和帮扶。基层队站一定要积极联系驻地政府机构或相关文化单位，一方面争取政府扶持力度，另一方面可以和相关单位建立共建合作关系，以此丰富基层文化工作的建设成果。

（二）落实部门分工负责制度

落实相关管理机构、带头机构，让基层文化工作得到统一规范的管理和有效的支持配合，才能更大面积地惠及广大指战员，真正起到基层文化应有的作用，促进消防基层文化发展。

（三）开拓丰富多彩的工作形式

新时代要创新文化工作形式，丰富活动内容，开拓出指战员感兴趣、有能力参加的活动项目，充分调动指战员的参与热情。利用当地有利资源，融合现代化的技术手段，改善以往单调乏味、僵硬死板的旧模式、旧体制，坚持以小型、多样、分散为主，激发更多指战员的参与热情，吸引年轻指战员广泛参与到基层文化活动中来。

（四）强化人才工作队伍

加强培训，鼓励个人自学，提高文化工作干部的审美能力和业务能力，积极培养一支基层文化骨干力量。同时通过单位招聘、特殊人才引进等方式为我们的队伍增添新鲜血液，为工作开展注入活力。另外，注意培养自己的通俗创作群体和表演人才，创造条件让基层文化工作者到相关系统学习经验，提升工作队伍整体水平。

（五）完善长效发展机制

建立一个有效的长期的发展促进机制，激发文化工作者的工作热情，留住现有人才并吸引新的人才加入基层文化工作队伍。同时建立指战员参与激励机制，激发指战员的参与热情，让更多的人参与到基层文化活动中来才能将消防基层文化工作开展得有意义、有价值。

五、建设文化工作人才队伍

宣传文化人才队伍结构的复杂性，业务内容的特殊性，业绩评价的社会性，成长方式的差异性，要求加强宣传文化系统人才队伍培养，必须把握特殊规律，创新方式和途径，努力增强人才培养的针对性和实效性。近年来，多个行业在宣传文化人才激励工程的建设中，开拓创新，勇于探索，逐步形成了一套较为完善的激励机制。人才是经济社会发展最重要的资源，也是宣传文化事业繁荣和发展的关键。培养造就一支宏大的富有开拓创新能力的高素质宣传文化人才队伍，是兴起社会主义文化建设新高潮，推动社会主义文化大发展大繁荣的根本保证。宣传文化人才队伍建设应该着力抓好以下几方面工作。

（一）不拘一格，大力选拔优秀人才

"选、育、用、管"是加强宣传文化人才建设的四个重要环节，环环相扣，缺一不可，而"选"又是这四个环节的基础。在人才选拔上，我们始终坚持党管人才的方针，坚持民主、公开、竞争、择优，按照德才兼备、注重实绩、群众公认的原则，既坚持标准、严格要求，又不拘一格、唯才是举，才能促使一大批优秀人才脱颖而出。

一方面要努力挖掘队伍内部具有文艺、体育等特长的文体骨干，调动他们的积极性，充分发挥其才能；另一方面也要加大文化人才引进力度，利用招收专职消防员等机会，把一些具有一定创作、表演、文体特长的人招收进来，比如经过严格考录，选拔一些热爱消防事业、政治思想素质好、具有较高艺术修养的大学生充实到消防救援队伍中来，逐步建立一支平战结合、能拉得出、打得响，深受广大指战员和群众喜爱的消防救援文化队伍。

只有努力营造有利于文化人才成长的良好氛围，才能有助于形成充满活力、人才辈出的消防救援文化人才工作新局面。

（二）切实加强宣传文化人才队伍培养工作

"用人先育人"，培养是人才队伍建设的基础性工作。建设一支数量充足、素质优良、结构合理的宣传文化人才队伍,才能为事业产业发展提供源源不断的人才支撑。

1. 加大教育培养力度

宣传思想文化工作具有鲜明的意识形态属性,必须把用马克思主义中国化的最新理论创新成果武装头脑作为宣传文化系统的首要政治任务,这也是宣传文化系统人才队伍建设的根本要求。要切实加强马克思主义立场观点方法,如新闻出版观、文艺观、职业精神和职业道德教育,加强对理论、新闻、出版、文艺、经营管理各级领导骨干和专业人员的培训,建立长效机制,使学习培训经常化、制度化。在总结经验的基础上,建立具有时代特色、适应宣传文化工作形势任务要求的培训机制,坚持政治理论培训和宣传业务培训并重,按照"缺什么、补什么"的原则,重点培养人的学习能力、实践能力,着力提高人的创新能力,努力在宣传文化系统培养一大批能够担当历史重任的优秀理论人才、新闻人才、出版人才、文艺人才、经营管理人才,充分发挥各类专业人才在宣传文化工作和精神文明建设中的带头作用。

2. 重点抓好高层次人才和青年人才的培养

以培养高层次专业人才为龙头,带动宣传文化系统人才队伍建设。继续认真贯彻落实《全国宣传文化系统"四个一批"人才培养工作意见》,完善"四个一批"人才培养工作的配套措施,在学习培训、出国考察、学术休假、挂职锻炼、项目资助、福利待遇、提拔使用等方面,作出更加明确的规定。要把青年人才培养工作放在更加突出的位置,作为发展宣传文化事业的百年大计来抓。要突破传统观念束缚,不拘一格选拔青年人才,对有潜力有贡献的青年人才进行重点培养,为优秀青年人才脱颖而出创造条件。实施青年人才培养计划,在职称评审、职务晋升、课题申报、重大项目实施中,对青年人才进行倾斜,创造条件让青年人才勇挑重担。要关心青年人才的思想、工作和生活,为他们解决实际困难,增强人才队伍的凝聚力和向心力。同时,要加大经营管理人才培养力度,制定经营管理人才专项培训计划,充分发挥市场作用,培养一大批熟悉国际通行规则、了解经济和法律、掌握较高营销策略、具备先进管理水平的宣传文化经营管理行家。

3. 注重在实践中培养人才

实践出真知。要重视通过宣传文化重点工作、重大课题项目培养人才,采取上挂下派锻炼、横向交流、下基层采访、体验生活等形式,选派人才到艰苦环境和重要岗位经受锻炼、增长才干。通过典型示范、推广经验活动和岗位实践、在职进修、输出培养等途径,使消防救援文化工作者不断扩充知识容量、更新知识内容、改善知识结构、提高专业技能、增强创新能力;坚持学习与实践相结合、培养与使用相结合,促进人才在实践中不断增长知识,提升能力。

(三)改革创新,形成科学的人才评价和使用机制

用好人才是人才队伍建设的关键,形成科学的人才评价机制则是用好人才的关键。

1. 建立以政治素质和业绩能力并重的宣传文化人才评价机制

宣传文化人才的评价必须贯彻德才兼备的方针，防止在人才评价中将政治素质与业绩能力脱钩的倾向。增强党对意识形态的控制力，巩固马克思主义在意识形态领域的指导地位，必须有一批政治坚定，与党同心同德，具有广泛社会影响的一流专家、学者和艺术家。任何只重"德"轻"才"或重"才"轻"德"的倾向都是错误的，对发展宣传文化事业是不利的。要针对宣传文化系统内机关、事业和企业单位不同类型、不同层次岗位特点、岗位职责，制定体现科学发展观和正确政绩观的人才标准和实绩考核评价标准，建立以政治素质和业绩为依据，由品德、知识、能力等要素构成的宣传文化人才评价指标体系。

2. 建立公开、平等、竞争、择优的选人用人机制

加快宣传文化单位用人制度改革步伐。探索建立岗位管理办法，打破人员身份界限；建立单位用人的自我约束机制，维护用人单位和聘用人员双方的合法权益，充分调动各方面人才的积极性和创造性。对专业人才，探索和完善首席记者（编辑）制、课题负责人制、个人署名专栏制、专业技术人员轮岗交流制、外聘艺术工作者等，努力为优秀人才施展才华提供更广阔的舞台。

（四）注重激励，在队伍中营造尊重知识、尊重人才、尊重创造的良好氛围

1. 将宣传文化工作者的管理纳入队伍整体规划、用目标设置激励人

要想建设科学合理的消防救援文化工作者队伍，首先必须明确今后的发展目标。一是要制定科学合理的人员发展政策。确保宣传文化工作人员结构与队伍发展改革的结构调整相协调，人员素质提高与队伍宣传转变相同步。二是要建立科学的工作量化机制。在分析人员总量、结构及今后发展需要的基础上，制定具体的目标、政策和落实措施，使具体的工作能够量化到指标，落实到人头。三是要建立人员成长的发展目标。激励从根本上讲就是激励人的动机，要使人员成长目标与组织整体目标相结合，通过目标的设置把个人的发展目标和组织目标均作为动机产生的一种刺激，使他们明白自己需要什么，要使个人成长目标与整体组织目标相结合，建立群众文化工作者的职业生涯规划，通过实现人员发展目标来促进组织目标的实现。

2. 营造适合宣传文化工作者发展的环境，用人文关怀激励人

通过整体环境的改善和营造体现对宣传文化工作者的尊重及重视，有利于提高宣传文化工作者自身的荣誉感、使命感和对宣传文化事业的感情，有利于激发宣传文化工作者的潜能，激励宣传文化工作者提高工作的积极性、促进工作效能的发挥。

3. 建立适合宣传文化工作者的管理制度，用体制机制激励人

在具体的激励措施制定上只有做到公平公正才能起到激励的作用。在组织中要推行竞争上岗，使优秀的人员脱颖而出。通过拔尖人才、业务骨干的带动，营造良好的工作氛围。对表现优异的青年干部敢于提拔任用，建立青年干部对职业晋升通道的良性预期，这样能更好地留住青年人才，形成一种"凭才能竞聘、靠业绩竞争"的导向，让队伍逐渐稳

定与成熟。从职业发展、岗位成才上激励人，使宣传文化工作者对自身发展"有盼头""有奔头""有干头""有劲头"，激发他们争创一流宣传文化工作业绩的进取心，用人员发展推动宣传文化事业，反之也能更好地以宣传文化事业发展促进人员发展，优化队伍整体人员结构，达到组织与人员双赢的局面。

思考题

1. 试述基层队站培育先进典型的意义和原则。
2. 宣传先进典型的方法有哪些？
3. 怎样加强宣传文化人才建设？
4. 队伍文化工作的意义和目的是什么？

第六章 管 理 工 作

消防救援队伍管理工作是指政治机关队务部门，依据国家法律法规及队伍相关条令规定消除各类安全风险隐患、保持各项秩序正规的工作，主要包括消防员管理业务工作、队伍日常管理工作和队伍预防事故工作。政治机关做好队伍管理工作对于促进队伍科学、安全、全面的高质量发展具有重要意义。

第一节 消防员管理业务工作

消防员管理业务工作，主要是指基层管理者为实现建设目标，运用管理原则和条令法规，以消防员为重点，为提升队伍战斗力而进行的组织、协调、控制和规范等工作。它是队伍建设中一项根本性、经常性、综合性的基础工作，是队伍保持高度稳定和集中统一，圆满完成各项任务、巩固和提高战斗力的重要保证。

一、消防员管理业务工作的特点

消防员管理业务工作是一项全面、复杂和系统的工作，从工作实践来看，主要有六个方面的特点。

（一）针对性

消防员管理业务工作融行政管理与思想教育于一体。在日常管理过程中，管理者应依据思想先导规律，按照思想领先的原则，对被管理者进行耐心细致的思想教育，按照紧贴时代发展、使命任务和消防员思想变化实际原则，广泛开展优良传统教育、条令条例教育、法纪教育、安全防事故教育、保密教育、装备管理教育等教育活动，引导消防员把强制执行变为自觉行动。需要管理者注意的是，教育中要实事求是，因人、因地、因时、因事而异，具体问题具体分析，具体情况具体对待，坚持动之以情、晓之以理、导之以行。这要求管理者必须加强自身的理论学习，认真提高自己的说服教育能力，努力增强思想教育和思想工作的质量，打牢队伍管理教育的思想基础。

（二）规范性

消防员管理业务工作隶属于上层管理，必须坚决服从上级的命令、指示，因此具有较大的受约性，具体表现在任务的规定、决策的选择、计划的安排上均受上级管理的制约，对配备人员无挑选的权利。在实施管理教育过程中，绝不能违背消防救援队伍管理工作的原则、基本方法和优良传统以及条令条例、规章制度，去另搞一套"土政策""土办法"。

这种特点，一方面是保持队伍集中统一的需要，另一方面也强调管理者还要善于根据上级的命令、指示和本单位的实际情况，充分发挥主观能动性，创造性地开展工作。

（三）综合性

消防员管理业务工作涉及队伍建设方方面面，它需要贯彻落实上级下达的各项指令和任务，"上面千条线，下面一根针"，就是对管理工作的综合性特点最形象的比喻。这就要求管理者，一方面必须具有较强的综合能力，要学会"弹钢琴"，善于根据任务的轻重缓急和本单位的实际情况，科学安排，统筹兼顾，保证各项工作在基层得到全面落实。另一方面，在实施管理的过程中，要以整体合力实施管理，即在党组织统一领导之下，双主官一起上阵，干部和骨干紧密配合、互相支持、齐抓共管、优势互补，形成整体合力，从而使管理工作产生综合效益。

（四）经常性

消防员管理业务工作必须时时做、处处做，始终保持经常，不能间断和停止。在时间上，无论是白天还是黑夜，正课时间还是课余时间，平时还是节假日，都要实施不间断的管理，保持工作的连续性。在内容上，要把管理教育渗透到队伍日常生活和一切活动之中，保证人员在任何时候都不失控。这就要求基层管理者应具有很强的革命事业心、高度的责任感和老老实实的工作态度、工作精神，在百分之百的时间内、队伍建设的所有领域里、编制所属的全体人员中加强管理教育，使管理对象时时处处都在严格规范的管理之中。

（五）实践性

消防员管理业务工作具体实在、操作性很强。说它具体实在、操作性强，是指管理者不仅要把许多理论形态的东西转化为现实的东西，把上级的决心意图变为全体消防员的意志和行动，而且还要扑下身去，亲自参与一件件具体的工作。消防员管理的实践性特点，要求管理者必须端正对消防员的根本态度，深入消防员群体，关心关爱消防员，和消防员打成一片，充分发挥消防员在管理中的作用，力戒空谈，多干实事，热爱本职，乐于奉献，不畏艰苦，任劳任怨，正视困难，敢抓善管。

（六）动态性

消防员管理主要是做人的工作，而人的思想、行为和所处的环境是不断发展变化的，如形势变化、政策调整、任务转换、个人理想前途受挫、家庭遇到实际困难等，都会引发消防员现实思想问题，从而给管理工作带来矛盾。且受招录、退出和岗位调整等不同因素影响，导致队伍人员处于经常变化状态，因此消防员管理教育方式方法也需与时俱进、紧贴实际进行动态更新，才能解决好各类新情况、新问题，不断优化管理效能。

二、消防员管理业务工作的主要内容

转制后，消防员管理业务内涵更加丰富、覆盖范围更加广泛，且与队伍建设和消防员切身利益息息相关，渗透于遂行防火灭火、应急救援、行政管理、训练工作和日常生活之中，具有很强的及时性、针对性和群众性。概括起来，主要有九个方面重点工作。

（一）招录

消防员招录实行计划管理，严格招录标准，坚持公平公正、平等自愿、竞争择优的原则，采取面向社会公开招录方式，主要从本省级行政区域常住人口中招录，根据需要也可面向其他省份招录。招录期间，可优先接收大专以上毕业生、解放军和武警队伍退役士兵以及地方政府、企业专职消防救援队伍中符合条件的人员，按照宣传动员、组织报名、资格审查、体格检查、政治审核、体能测试和岗位适应性测试、心理测试和面试、公示、录用等程序组织实施。

（二）入职训练

消防员入职训练坚持以专业化教育、实战化训练为主线，遵循"按纲施训、训战一致、以人为本、保证质量"的原则。新录用消防员必须参加为期1年的入职训练，以思想政治教育、作风纪律培养和技能体能训练为重点。期间，对解放军、武警部队退役士兵、政府（企业）专职消防员以及具备消防专业技能的社会人员，可结合其服役或工作期间所从事的岗位和时间，分类组织、按需施教、单独考核。消防员入职训练培训考核不合格、思想不稳定，或者有其他不适宜从事消防救援工作情形的，予以淘汰。培训合格的，正式签订接收协议。

（三）配备

消防员应严格依据编制进行配备。未编制消防员的单位和岗位，不得配备消防员；编制消防员的单位，不得超编制员额配备消防员。配备消防员应当遵循专业对口、定岗定位的原则。消防院校毕业、特殊招录或经过各级各类训练机构培训的消防员，应当配备到对口专业岗位。消防员衔级比例应按照初级57%、中级35%、高级8%进行配备。配备消防员优先保障基层单位。机关及勤务保障单位因工作原因临时借用消防员必须严格控制，由支队以上单位正职领导审批，借用时间一般不得超过30日。根据工作需要，消防员可办理调动。总队范围内调动，由总队政治机关批准；跨总队调动，由国家消防救援局政治机关批准。

（四）衔级晋升

消防员晋升消防救援衔的批准权限，按照《中华人民共和国消防救援衔条例》规定执行。晋升消防救援衔应严格依据编制、计划、条件和程序组织实施。晋升消防救援衔的年度计划，由总队政治机关依据编制和配备情况拟制，报国家消防救援局批准后下达执行。消防员晋升上一级消防救援衔按照基层推荐、机关考核、公示、组织批准的程序办理，并应具备下列条件：①身体、心理健康，品行良好；②遵纪守法、作风正派、能胜任本职工作；③晋升二级、一级消防士和三级（二级）、一级消防长应分别取得中级、高级、技师、高级技师职业技能等级；④经过相应培训且考核合格；⑤本衔级工作期内各个年度考核结果达到称职以上；⑥晋升三级消防长，应具备大专以上文化程度。同时，符合下列条件之一的，优先晋升：①参加国际消防业务技能对抗比武取得名次的；②参加全国性消防业务技能比武竞赛取得前5名的；③本衔级内获得二等功以上或3次三等功奖励的。

（五）职务晋升

消防员职务由高至低为：站长（中队长）助理、分队长、副分队长、班长、副班长、消防员。期间，消防员提任副班长以上职务应当具备下列条件：①具备胜任职务的组织领导和管理能力；②业务技能突出；③群众基础良好；④提任副班长、班长、副分队长、分队长、站长（中队长）助理职务的，应当在国家综合性消防救援队伍工作分别满2年、4年、6年、8年、10年。消防员职务一般实行逐级晋升，按照下列权限审批：①站长（中队长）助理，由总队政治机关审批；②分队长、副分队长，由支队政治机关审批；③班长、副班长，由站（中队）正职领导审批。

（六）培训

消防员应定期参加相应的专业技能培训提高专业化、职业化水平，达到相应职业技能等级。消防员培训应坚持紧贴岗位需求、突出专业技能、区分层次对象、注重质量效益的原则，按照计划组织实施。主要包括衔级晋升培训、职务晋升培训和专业技能培训。其中，消防员衔级晋升培训，时间一般不少于20天。晋升三级、四级消防士，由支队组织；晋升一级、二级消防士，由总队组织；晋升一级、二级、三级消防长，由国家消防救援局组织。消防员职务晋升培训，时间一般不少于20天。晋升副班长、班长的，由支队组织；晋升副分队长、分队长的，由总队组织；晋升站长（中队长）助理的，由国家消防救援局组织。

（七）考核考察

国家综合性消防救援队伍各级政治机关应按照管理权限，坚持客观公正的原则，对消防员的德、能、勤、绩、廉进行全面考核。基层单位对消防员日常政治思想、业务训练、履行职责、作风纪律和完成任务等实行全程量化管理，结果作为年度考核和晋升考察的主要依据。其中，消防员年度考核按照本人述职、民主评议、综合测评、组织鉴定的程序进行，结果分为优秀、良好、称职、不称职四个等次。消防员的晋升考察，由具有相应晋升批准权限单位的政治机关组织，应当充分运用年度考核等成果，可与年度考核合并实施。

（八）退出

消防员实行全程退出机制。不适合从事消防救援工作，以及其他原因经组织批准的，安排退出。在国家综合性消防救援队伍工作不满12年、需要安排退出的消防员按照有关规定给予补助。符合在国家综合性消防救援队伍工作满12年以上、不满退休年龄等条件，需要安排退出的消防员，由政府安排工作；根据本人意愿，也可选择按照有关规定领取补助自主就业。消防员达到退休条件的，安排退休。消防员退休批准权限以及管理等按照有关规定执行。消防员有下列情形之一的，报具有相应任免权限的政治机关批准，予以辞退，并以书面形式通知本人：①在年度考核中，连续两年被评定为不称职的；②不履行职责、不服从命令、不遵守纪律等，经批评教育、纪律处分后仍不改正的；③旷工或者无正当理由逾假不归连续超过15天，或者一年内累计超过30天的；④存在其他违法违纪行为，不适宜给予开除处分的。

消防员辞职，应当向所在单位政治机关提出书面申请。政治机关应当在三个月内予以审批。审批期间，申请人不得擅自离职。在国家综合性消防救援队伍工作不满 5 年的，不得辞职。开除消防员的条件、情形、权限和程序按照有关规定执行。辞职或被辞退的消防员自批准之月的下月起停发工资，不列入政府安置范围，不发放消防员退出安置补助费。

（九）安置

为加强消防员队伍力量建设，坚持保留骨干与适量退出相结合、经济补助与就业安置相结合的原则，建立消防员退出安置政策制度体系。消防员的退出安置由应急管理部负责，目前，具体安置政策正在制定中。

三、消防员管理业务工作的要求

消防员管理必须坚持以习近平总书记重要训词精神为指导，贯彻"纪律部队"建设标准，严格执行《国家综合性消防救援队伍消防员管理规定》，以战斗力为标准，以纪律建设为核心，以人员管理为重点，以救民于水火为己任。基本任务是通过贯彻落实党的路线、方针、政策，坚持政治建队、依法带队、从严治队，运用科学方法，教育引导消防员明确和认真履行自身职责，维护良好的内外关系，建立正规的战备、训练、工作、生活秩序，培养优良的作风和严格的纪律，预防各类事故，从而使队伍始终保持高度稳定和集中统一，以达到巩固和提高队伍战斗力的目的。

第二节　队伍日常管理工作

队伍日常管理工作是指各级指挥机构和管理人员，为确保队伍时刻保持安全稳定和备战状态，按照队伍建设方针和客观规律，依据规章制度对所属消防员及各项工作所实施的经常的、不间断的、有针对性的管理工作。队伍日常管理工作几乎涵盖队伍日常工作的点点滴滴，是消防救援队伍坚持依法治队、从严治队，按照"两严两准"要求，加强科学管理、严明作风纪律、保持安全稳定的重要保证。

一、队伍日常管理工作的特点

队伍日常管理是一种相对特殊的管理活动，它不同于地方政府、企事业模式，也有别于军队管理，介于两者之间，偏向军事化管理。从实践经验来看，队伍日常管理主要有三方面特点。

（一）目的性

管理作为组织的一种有目的的活动，必须为组织目标服务，这是管理的基本出发点。管理作用于组织之上，离开组织目标的实现，管理就毫无意义。但要坚持"以人为本"，就是要以人为核心，一切管理活动围绕"人"进行，在管理工作中必须把消防员放在核心位置，全面调动其工作积极性和创造性。

（二）规范性

规范性是指队伍管理中的规定、制度和纪律，必须严格执行，不能讨价还价。在实现管理目标的过程中，必须严格按照层级管理落实、按照规章制度执行。

（三）战斗性

管理工作根本职能是为提高队伍战斗力服务的，必须坚持战斗力这个唯一的根本的标准，一切管理活动都要聚焦战斗力、服务战斗力、保障战斗力，在科学管理队伍中促进战斗力高效生成与提高。

二、队伍日常管理工作的方法

队伍日常管理工作必须毫不动摇地坚持党对队伍绝对领导的根本原则和制度，贯彻"两严两准"（严肃的纪律，严密的组织，准现役、准军事化）建设方针和正规化、专业化、职业化发展思路，弘扬光荣传统和优良作风，坚持战斗力这个唯一的根本的标准，彰显职业特色和"基层至上，消防员第一"理念，确保全体消防员保持枕戈待旦、快速反应的备战状态，做到召之即来、战之必胜。

（一）注重抓教育，着力筑牢思想防线

坚持以习近平新时代中国特色社会主义思想为指导，深入贯彻落实习近平总书记关于应急管理的重要论述，紧紧围绕忠实践行训词精神、当好党和人民"守夜人"这一目标，着力提升消防员在理想信念、履职尽责、安全守纪等方面的思想认识，坚实筑牢思想防线，最终把思想引领和行为引导结合起来。

（二）注重促规范，着力确保制度落实

"无规矩不成方圆"，制度贵在坚持、重在落实，制度建设既是工作要求更是工作方法，要紧扣工作重点、管理难点、问题热点，坚持以制度落实推动工作落实，着力在抓规范、促养成上下功夫。

（三）注重建机制，着力强化监督问责

建立健全监督机制是推进队伍持续、健康、稳定发展的重要保障，也是强化队伍管理的重要抓手。应常态化建立健全集考核评定、检查审查、奖励处分于一体的综合机制，充分发挥部门职能作用，把党内监督、法律监督、舆论监督、群众监督有机结合起来，对于表现突出的消防员要大张旗鼓地宣传表扬、培树典型，对于违规违纪的消防员要依法依规批评教育、严厉惩处，形成良好的风气。

三、队伍日常管理工作的主要内容

队伍日常管理工作是进行各项建设的基础，是巩固和提高战斗力的重要保证。目的是建立正规的管理模式，实行统一的指挥、统一的制度、统一的纪律、统一的训练，用铁的纪律锤炼队伍。依据《国家综合性消防救援队伍内务条令》规定，队伍日常管理工作主要包括内部关系、队容风纪、作息、日常制度等四个方面，这些内容是队伍发展积累的宝贵经验，是正规化建设的重要内容。

(一) 内部关系

内部关系，主要是指干部与消防员关系、消防员与消防员关系。做好新形势下密切内部关系工作，对于保持队伍的性质、宗旨和本色，推动队伍转型升级，履行新使命新任务，具有重要意义。我们应当把密切内部关系工作作为一件大事紧抓不放，通过扎实有效的工作，切实建立起团结友爱、平等互信、纯洁健康的良好关系，实现"为部和谐"。应重点建立以下五项制度。

(1) 教育制度。密切内部关系教育，应当列入队伍政治教育计划，作为经常性教育的重要内容，实行集中教育与随机教育相结合的方式组织。在集中教育方面，主要是学习掌握党的各阶段领导核心和习近平总书记关于内部关系的重要论述，上级有关密切内部关系的指示、规定，以及内部关系的基本原则、基本要求、优良传统和纪律规定。在随机教育方面，主要是结合实际，运用队伍正反典型和身边发生的事例，举一反三，有针对性地引导指战员端正思想认识，澄清模糊观念，弘扬正气，纠正不良倾向。总队（机动支队）每半年、支队级单位每季度应当根据队伍内部关系状况，组织一次内部关系教育；基层单位每月至少组织一次内部关系教育。

(2) 谈心制度。干部骨干应当经常与部属谈心，通常情况下，中队（站）干部每季度、队长助理和分队长每月、班长每周与部属普遍谈一次心。在消防员出现工作调整、进步受挫、受到批评、伤残患病、与他人发生矛盾等情况时，干部骨干应当及时谈心，耐心细致地做好思想工作。

(3) 监督制度。各级应加强正确行使民主权利教育，引导指战员据实、逐级反映问题。基层单位应当按照有关制度规定，通过党、团组织生活会，组织群众评议，召开消防指战员大会等形式，对内部关系问题开展批评与自我批评。认真落实消防者战员委员会工作制度，在涉及消防员切身利益问题上，切实发挥民主监督作用。干部应当经常采取座谈、谈心等方式听取消防员的意见和建议。消防员应当积极主动地反映内部关系中的问题。大队、中队（站）应在非视频监控区域设置举报信箱，由单位政治主官负责，定期开启收集情况。总队、支队应当设立监督电话和电子信箱，畅通指战员反映问题渠道，并结合蹲点帮建、专项检查等时机，采取问卷调查、座谈了解、个别谈话等方法及时了解掌握基层密切内部关系工作情况。

(4) 检查制度。各级领导和机关应当结合下基层检查、调研和蹲点，采取问卷、座谈、测评、个别谈心等多种形式，对基层密切内部关系工作经常进行检查，重点查找存在的问题和苗头，分析原因教训，研究改进措施。总队每半年、支队每季度应当对基层内部关系情况进行一次综合分析讲评。

(5) 报告制度。基层发生打骂体罚、侮辱虐待、侵占消防员利益等问题后，必须及时报告，主要报告发生问题的经过、造成的影响及处理情况。一般性问题报至支队，严重问题报至总队，重大问题报至国家消防救援局。上级领导机关应当根据问题的性质及危害程度，指导队伍或者派出工作组认真调查，妥善处理。对严重和重大问题的处理情况，必须报国家消防救援局备案。

（二）队容风纪

队容风纪是消防救援人员仪表、姿态、作风等方面的统称，主要反映队伍和消防救援人员的精神面貌、能力素质和文化教养。消防救援人员应当对照规定要求，注重点滴培育，提升自身形象，自觉养成着装整洁、举止端正、礼貌待人、团结友善、遵守社会公德的良好习惯。在日常管理工作中，各级单位应当建立健全队容风纪检查制度，中队（站）每半月、大队每月、支队以上单位每季度至少组织1次队容风纪检查，重点检查下列内容。

（1）着装。消防救援人员应当按照规定着制服、佩戴标志服饰，做到着装整洁、队容严整、规范统一。日常工作中，不得将制服外衣与便服外衣混穿，不得将常服与作训服混穿，不得将冬常服与春秋常服混穿，不得将备勤服与作训服混穿，不得将摘下标志服饰的制服作便服穿着，着制服时不得穿便鞋。着制服时应当扣好衣扣，做到不挽袖（着作训服时除外）、披衣、敞怀、卷裤腿。制服内着毛衣、绒衣、绒背心、棉衣时，下摆不得外露；着衬衣（内衣）时，下摆扎于裤内；内着非制式衣服的不得外露，衣领不得高于外衣领。同时，消防救援人员在日常工作、学习、集体生活时，通常着常服；在训练、备勤、非直接遂行灭火和抢险救援等任务时，应当着作训服；在体能训练、课外（业余）活动时可以穿着体能训练服；非因公外出，可以着制式服装，也可以着便服。

（2）仪容。消防救援人员着制服时，要时刻保持良好形象，不得系非制式腰带、领带，佩带非制式标志服饰，不得在外露的腰带上系挂移动电话、钥匙和饰物等，不得戴耳环、项链、领饰、戒指、手镯（链、串）、装饰性头饰等首饰；不得化浓妆，不得留长指甲和染指甲。除工作需要和有眼疾外，不得戴有色眼镜。同时，消防救援人员头发应当整洁，发型应当在规定的发型示例中选择（生理原因或者医疗需要除外），不得蓄留怪异发型。男消防救援人员不得蓄胡须，鬓角发际不得超过耳廓内线的二分之一，蓄发（戴假发）不得露于帽外，帽墙下发长不得超过1.5厘米；女消防救援人员发辫不得过肩。染发只准染与本人原发色一致的颜色。

（3）举止。消防救援人员必须遵守公共秩序和交通规则，遵守职业道德和社会公德，举止文明，自觉维护国家综合性消防救援队伍声誉。主动做到不袖手、背手和将手插入衣袋，不边走边吸烟、吃东西、扇扇子，不搭肩挽臂；在参加集会、晚会、会议等时机，必须按照规定的时间和顺序入场，按照指定的位置就座，遵守会场秩序，不得迟到早退。散会时，依次退场。

（三）作息

作息是队伍日常管理工作的一个重要组成部分，是各级机关和基层单位有序开展各项工作、保持正规秩序的时间准则，它来源于队伍发展几十年来的经验积累，立足地区特点，兼具队伍特色，参考科学规律，是消防救援人员应当自觉对照执行的制度规定。

（1）时间分配。国家综合性消防救援队伍作为国家应急救援骨干力量，实行24小时驻勤备战。工作日通常保持8小时工作（操课）和8小时睡眠，并规定起床、早操、洗漱、开饭、课外活动和点名时间。双休日和节假日除特殊情况外应当安排休息。基层单位作息时间表由支队以上单位按照本条令的规定，依据季节、任务和驻地环境等情况制定。不同建制的单位同驻一个营区时，作息时间表由级别高的单位制定，级别相同时应当协商统一制定。年度节假日安排，依据国家年节及纪念日放假有关规定和通知执行。

（2）机关作息。各级机关应当建立正规的一日生活、工作秩序，通常包括早操、开饭、办公、午休（午睡）和体能训练。其中，总队、支队机关每周出早操2至3次，时间通常为30分钟，主要进行体能训练或者队列训练。机关干部在日常工作中应遵守办公时间，按时上下班，不得迟到、早退。因病、因事不能按时上下班时，必须请假；办公时间应当保持肃静，不得大声喧哗、闲聊、办私事；午睡（午休）时间通常由个人支配，但不得影响他人休息。机关单位每天应在下午办公时间的最后1小时统一组织体能训练。

（3）基层作息。基层单位应严格按照作息时间表开展日常教育训练和其他活动，并严格遵守一日生活制度，主要包括：起床、早操、整理内务和洗漱、开饭、操课、午睡（午休）、课外活动和就寝。其中，消防救援人员在听到起床信号后，应立即起床，并做好出早操准备，早操主要进行体能训练或队列训练，时间通常为30分钟，早操结束后应进行整理内务和清扫室内外卫生，并按时组织开饭。基层单位在组织操课时，干部必须跟班作业、严密组织，及时发现指出问题、适时组织小结讲评。在进行午睡（午休）、课外活动和就寝时，要不定时组织查铺、查哨、查秩序，并加强公勤和零散人员的管理，严防出现违规违纪问题。

（四）日常制度

队伍日常管理工作的各项制度，是队伍实践经验的科学总结，具有一定的规范性和强制性。抓好队伍管理贵在经常，也难在经常，只有落实好这些制度，才能使队伍日常管理工作减少随意性，形成一种正常、稳定的工作秩序，做到常态化。因此，为保证队伍各项工作正常运转、各类要求落到实处，必须建立健全和认真坚持各项日常制度。

（1）值班执勤。国家综合性消防救援队伍应建立严格的值班制度，保持常备不懈和指挥不间断，促证及时、有效应对紧急情况，维护内部秩序和保障安全。值班单位应熟悉战备执勤方案，保持规定的战备状态；进行训练或者其他活动不得远离驻地，保证一声令下，立即行动。各级值班人员，要坚守岗位，认真履行职责，遇有情况必须做到第一时间反应、第一时间汇报、第一时间处置。同时，单独驻防的中队（站）以上单位，应当设置营门警卫人员，通常由队伍内部人员担任，主要任务是检查出入营门人员的证件和队容风纪；指引外来人员到传达室办理登记手续；维护营门秩序，调整指挥机动车辆出入营门；根据需要检查人员携带和车辆运载的物品；发现重要情况及时报告。

(2) 内务设置。机关办公室通常设置办公桌椅、文件柜、碎纸机、衣柜等办公用具。其他物品设置及摆放位置，由总队或者局直接管理的支队统一。办公用具应当简朴大方，不得摆放和使用豪华用具。基层中队（站）内务设置应当利于战备，方便工作、学习、生活，因地制宜，整齐划一，符合卫生和安全要求，宿舍和各类库（室、场、馆）内物品、设施、设备等的放置，集中居住的由支队以上单位统一；分散居住的由中队（站）或者大队统一。

(3) 登记统计。基层单位应当认真、真实、准确、及时、规范地做好登记统计；登记统计内容及相关本、簿、表、册式样，由国家消防救援局按照《国家综合性消防救援队伍内务条令》的规定，结合实际分别规范统一。同时，基层单位也可以按照规定式样，运用信息化手段、电子文档等方式进行登记统计，并留存备查。特别是基层单位在日常工作中，中队（站）值班员每日就寝前应当按照中队（站）要事日记规定的内容进行登记统计，中队（站）首长应当定期或者不定期检查登记统计填写情况，对中队（站）要事日记填写情况应当每日检查并签字。

第三节 队伍预防事故工作

习近平总书记强调，要"提高风险预见、预判能力，力争把可能带来重大风险的隐患发现和处置于萌芽状态"[①]。队伍预防事故工作是在党委和政治机关的领导下，坚持预防为主、综合治理的方针，动员各方面的力量，采取各种有效的手段，预防队伍内外违法犯罪、安全事故等事件发生，保证队伍整体健康有序发展的一项重要工作。

一、队伍预防事故工作的特点规律

（一）主要特点

（1）群众性。队伍的主体是消防员，他们既是安全管理的对象，更是预防事故工作的践行者。预防事故工作关系全体消防员的切实利益，具有广泛的群众性，是各级各类人员共同的职责和任务。如果没有全体消防员的积极参与和主动配合，这项工作的落实就会失去坚实的基础和持久的后劲。

（2）动态性。预防事故工作的主体是人和物，而对物的管理又是通过对人的管理实现的。队伍人员流动大，由于人的思想、行为和所处环境的不断变化，使之成为预防事故工作中最积极、最活跃的能动因素。

（3）内联性。事故虽然往往在我们不经意间发生，但它的发展是一个必然的过程，是有规律的、可以被认知的。从时间上看，二、三季度事故发生频率高，七、八、九月份为高峰期；从事故发生的单位看，勤务保障分队多于战斗分队，小远散直弱分队多于建制中

---

① 2020年12月11日，习近平在主持中共十九届政治局第二十六次集体学习时的讲话。

队；从人员比例看，消防员多于干部，公勤人员多于战斗员，个体高于群体。

（二）一般规律

在实际工作中，深入分析发生事故案件的消防员情况，可以发现一定的规律。

（1）事故案件发生时间多为个人利益受损之后。其主要时间节点为政策变化，导致个人利益受损；成长进步受挫，个人未来发展前景出现波动；家庭、社会关系或个人感情出现重大变故，导致个人在社会环境中出现不适。上述种种原因均会导致个人思想发生剧烈波动，精力无法集中在工作中，容易出现违法违纪事件或安全责任事故。

（2）事故发生前后均有明显征兆。在事故案件中，尤其是违法犯罪案件中，很容易在案件前后发现隐患苗头，其中最明显的是相关人员会产生激烈的思想斗争，会表现出不同的情绪状态。如自杀、行凶或外逃者，肇事前通常会出现情绪反常、心神不定、坐立不安、睡不着觉、吃不下饭、愁眉苦脸、沉默寡言，或突然酗酒、大量吸烟，甚至喜怒无常、寻衅闹事、粗野蛮横，有的还会出现更换新衣、处理钱物、流露危险言论、写绝命书、交代后事等反常言行。凡是有预谋的犯罪，在事先总要进行某些准备，特别是团伙犯罪，事先某些反常行动更为明显。

（3）发生事故相关单位重视程度不够。其中主要表现为：单位思想工作软弱涣散，安全教育不及时、不到位，发现的问题得不到及时纠正；管教方法简单粗暴，内部关系紧张，导致矛盾激化；侵犯消防员利益、处事不公，引起严重不满情绪；管理混乱，纪律涣散，制度松弛，人员失控，安全防范措施不落实，给事故案件发生造成了便利条件。

二、加强队伍预防事故工作的相关制度

当前队伍预防事故工作的任务是：在上级政治机关的指导下采取安全规范教育、法制纪律教育、队伍日常管理、重点人员审查、作战训练安全、违法犯罪预防等一系列工作措施，以提高队伍安全建设、消除队伍内外安全隐患、塑造消防员正确安全观念，确保队伍整体健康发展。主要包括以下制度。

（一）检查制度

及时有效的检查是队伍排查治理安全隐患的具体抓手，通常中队每周、大队每月、支队每季度、总队每半年组织一次预防事故大检查活动，有效消除各类安全隐患和事故苗头。主要检查的内容包括：

（1）一日生活制度。一日生活制度是基层队伍安全管理保障的重要环节，遵守好一日生活制度，能够有效地规范基层执勤、训练、工作和生活秩序，对标应急救援主力军和国家队职能定位，提升改革转制后队伍正规化管理水平，切实履行防范化解重大安全风险、应对处置各类灾害事故的重要职责。

（2）人装在位管理。人装在位管理是指消防救援队伍的人员装备处于应在位置，随时能转入作战状态，基层消防救援站作为灭火救援的第一出动力量，更应时刻确保人装在位状态良好。其中，人员在位指的是队伍全体消防员必须处于自己所在位置，必须处于干部骨干的管理范围内，在夜间休息、重大安保时间节点、节假日等重点时段，更是必须保持在位状态，杜绝有可能出现的安全风险。装备在位指的是基层消防救援队伍灭火救援作战相关车辆装备器材必须时刻处于完整好用的状态。应重点保持装备处于系统性、科学性的使用、保养、存储的管理环境下，避免因管理保养不到位而出现安全责任事故。

（3）隐患排查治理。队伍安全隐患排查工作涉及日常工作方方面面，重点是结合季节性事故特点规律，查找本级存在的风险隐患，并及时排查治理。主要包括：人员管理是否精准到位，车辆管控是否严格规范，手机和网络管理是否经常有效，管酒治酒是否严格落实，日常用电、用水、用火、用油等是否安全，营区及周边是否安全稳定。

（二）分析评估制度

（1）安全形势分析。各级应当严格落实安全分析制度，研究安全管理状况，查找薄弱环节，制定完善安全预案，采取有效对策措施。总队每半年，支队每季度，大队每月，应当组织1次安全分析。组织重大活动、执行危险性较大的任务时，或者在敏感特殊时期、季节更替、环境改变、人员变动等时机，应当及时进行专题分析。

（2）安全风险评估。各级参与重大任务、组织重大活动安全风险评估，应当根据活动或任务的性质、规模、潜在风险程度以及审批权限等，确定各级评估权限和职责范围。①中队（站）层面，凡是组织各类活动、遂行各类任务存有危险因素的，均应组织风险评估，并报上一级主管单位。②大队层面，对中队（站）风险评估结果进行研究把关的基础上，认定潜在性矛盾或隐患较多的，由大队进行评估，并报上一级主管单位。③支队层面，对大队风险评估结果进行研究把关的基础上，认定具有现实危险性的；根据相关规定，需本级审批或报上级审批的各类任务、勤务或重大活动，由支队组织风险评估，并报上一级主管单位。④总队层面，对支队风险评估结果进行研究把关的基础上，认定现实危险性明显的；根据相关规定，需本级审批或报上级审批的各类任务、勤务或重大活动，由总队组织风险评估，并报上一级主管单位。

（三）干部跟班带队制度

基层干部"要经常临事而惧，这是一种负责任的态度"，在日常工作生活、执勤训练及灭火作战任务中，基层应落实干部跟班带队制度。在具体工作落实上，主要包括：

（1）了解和掌握人员情况。基层干部应注重了解和掌握消防员具体情况，做好"住班"工作，有助于强化对消防员的熟悉了解、熟悉掌握消防员具体情况及思想动态、加强日常管理教育、密切干群关系、及时发现并解决问题。

（2）带队组织应急救援任务及日常训练。干部要把跟班作业作为队伍安全管控工作的重要环节。在遂行任务中，应坚决做到任务现场由主官带队，发挥指挥员职责，落实侦查、警戒、协调指挥及安全员制度等工作流程，充分发挥基层分队、班组默契有序的优势。任务后，基层指挥员应迅速召开战评会，分析总结实战经验，着力针对自身存在的安全隐患以及薄弱环节，提出优化整改计划和方案。在日常训练中，干部应带队指导日常训练，尤其是高空训练、受限空间训练等高风险训练任务必须有干部现场指导。同时，应主动探索创新安全训练模式，推动融合安全基础训练、安全技能训练、安全管控训练和消防员心理训练一体化，通过授课学习、技能训练、实战演练、实战素质、战例复盘等方面提高消防员安全防范能力素质水平。

(3) 带队开展公差勤务。在日常公差勤务及重大安保任务中，各级干部必须亲自带队。日常公差勤务由于其临时脱离营区、跟踪管理受限等特点，若没有干部跟班带队，极易引发驾驶公车违章、借公务处理私事等问题事件，进而引发安全风险事故。

（四）责任到人制度

建立健全责任到人制度，不仅可以有效地堵塞漏洞，防止问题发生，而且可以充分发挥集体智慧，保证队伍的安全稳定，有效地促进队伍的全面建设。

(1) 建立事故预防工作的领导责任制。各级党委（支部）要把事故预防工作纳入议事日程，作为工作的重点常抓不懈，党委（支部）书记应作为第一责任人，严格落实人员法制教育、思想发动、警示提醒等措施，做到措施落实、责任到人。

(2) 建立"重点人"的工作责任制。各级党委（支部）要及时建立"重点人"管理台账，梳理出队伍内部的不稳定因素。同时，对"重点人"要弄清问题的症结，具体问题具体分析，分工时要因人而异，因事而异；做工作时要因势利导，对症下药，不怕反复，耐心细致。不能搞一拥而上的"人海战术"，防止火上浇油，造成矛盾激化。

(3) 建立重点部位安全责任制。车库、装备器材库、主副食库、司务长室、贵重物品存放处等部位，是预防的重点部位。对这些部位要落实安全设施、岗哨警戒等规定，要专人专管、经常检查，及时堵塞漏洞。

三、做好队伍预防事故工作的基本方法

消防救援队伍预防事故工作，是队伍发展建设的保底工程，是完成一切急难险重任务的前提和基础，必须健全风险防范化解机制，坚持从源头上防范化解风险隐患。应注重把握以下五个方面。

（一）强化教育，注重法治

加强理想信念教育，打牢消防员思想基础，从根本上提高消防员对党的路线、方针、政策的自觉性，使消防员在思想上政治上行动上同党中央保持高度一致。定期组织人生观和价值观教育，引导消防员正确认识和实现自身的人生价值，确立科学的人生态度和生活方式，树立高尚的道德情操，自觉抵制不健康情趣的诱惑和腐蚀。加强遵纪守法教育，增强全体消防员自觉遵纪守法的意识，利用正反两方面的典型案例现身说法，鼓励消防员自觉地与违法乱纪行为作斗争。加强反腐蚀教育，要对全体消防员经常进行反腐蚀教育，确保始终保持清醒的政治警惕性，增强拒腐防变观念，切断因"外攻内腐"而导致犯罪的思想根源。加强安全防事故教育，教育全体消防员熟悉掌握作战训练规章制度，了解灭火救援安全处置流程，做好安全形势分析，提高安全防事故的自觉性。

(二) 抓准时机，做好预防

多年的实践证明，容易发生犯罪和事故的具体时机大体是：在队伍政策有重大调整时；有重大政治安保任务时；个人切身利益发生重大变化时，如入党、提干、学技术、入学、调级调衔、立功受奖、受到处分等；家庭和个人发生重大变故时，如家庭亲人犯罪、个人婚恋受挫、身体患重病或严重致伤致残等；上下级或同志关系紧张时；节假日和八小时以外，或季节变换时等。以上这些时机，相对来说是犯罪和事故的易发期和高发期，抓住这些重要时机进行重点防范，就可以起到事半功倍的效果。

(三) 讲究方法，把握政策

要讲究工作方法。在事件发生前，要既严格要求，又耐心说服教育，防止简单粗暴。在日常工作中发现隐患苗头后，要进行深入细致的思想工作，同时热情关怀和帮助解决实际困难。凡涉及消防员个人切身利益，要做到将心比心、一视同仁，主动维护其民主权利和合法权益。在事件发生后，要以惩前毖后、治病救人的态度帮助犯错误的同志。

(四) 加强管理，堵塞漏洞

要认真落实有关政治纪律的规定。要严禁参加反动组织和非法组织；严禁参加各种宗教和封建迷信活动；严禁参加和支持各种形式的罢工、罢课、游行和请愿活动；严禁观看、传播、贩卖非法书刊；严禁听信传播谣言，造成舆论事件。要严格纪律管理，自觉遵守社会治安和队伍的有关规定，对"人车酒、网电密、黄赌毒"等关键环节强化组织管控。要严格执行保密工作纪律的有关规定，做到不准一机两用，严禁将涉密材料通过网络进行流转，严禁通过微信群、朋友圈等方式传播队伍内部敏感信息。

(五) 严格制度，强化督查

要结合自身实际情况，完善管理制度，并严格贯彻落实规章制度。从一些单位发生的问题看，主要不是规章制度不健全，而是有章不循，执行不严，管理松懈，纪律松散。要将预防犯罪和事故列入各级政治部门议事日程，经常分析消防员思想情况，分析可能导致犯罪和事故的种种原因，研究预防措施。要主动协调辖区街道、政府和公安机关的关系，强化与消防员家属的沟通交流，构建起"单位—社会—家庭"的管理网格。

思考题

1. 简述消防员管理业务的主要内容。
2. 简述队伍日常管理工作的主要特点。
3. 阐述抓好队伍预防事故工作的重要性。

第七章　纪检监察工作

为加强消防救援队伍纪律建设，规范纪检机构监督执纪工作，国家综合性消防救援队伍根据《中国共产党章程》《中国共产党纪律检查机关监督执纪工作规则》等党内法规和中央纪委国家监委驻应急管理部纪检监察组有关制度规定，严格按照消防救援局关于印发《消防救援队伍纪检机构监督执纪暂行办法》的通知要求，开展纪检督察工作。

第一节　纪律检查委员会的领导体制、产生及运行

党在消防救援队伍的纪律检查委员会是消防救援队伍党内监督专责机关，是党推进全面从严治党、开展党风廉政建设和反腐败斗争的专门力量。其主要任务是维护党的章程和其他党内法规，检查党的理论和路线方针政策、党中央决策部署执行情况，协助党的委员会推进全面从严治党、加强党风建设和组织协调反腐败工作。

一、领导体制

党在消防救援队伍各级纪律检查委员会和基层纪律检查委员会在同级党的委员会和上级纪律检查委员会双重领导下进行工作。

党在消防救援队伍中的各级纪律检查委员会和基层纪律检查委员会应当落实同级党的委员会推进全面从严治党、加强党风廉政建设和反腐败工作的部署，执行同级党委作出的决定，及时向同级党委汇报工作，按照规定请示报告重大事项。

上级消防救援队伍党的纪律检查委员会加强对下级纪律检查委员会的领导，对下级纪委的工作作出部署、提出要求；督促指导和支持下级纪委开展同级监督，检查下级纪委的工作，定期听取工作汇报，开展政治和业务培训；坚持查办腐败案件以上级纪委领导为主，按照规定审议和批准下级纪委关于线索处置、立案审查、纪律处分等的请示报告，按照程序改变下级纪委作出的错误或者不当的决定，必要时直接审查或者组织、指挥审查下级纪委管辖范围内有重大影响或者复杂的案件。

二、产生与运行

党在消防救援队伍中各级纪律检查委员会由同级党的代表大会选举产生，每届任期和同级党的委员会任期相同。党在消防救援队伍中各级纪律检查委员会全体会议，选举常务委员会和书记、副书记，并由同级党的委员会通过，报上级党的委员会批准。上级党的委

员会可以根据工作需要,在下级党的代表大会闭会期间,调动、任免下级纪律检查委员会书记、副书记。党在消防救援队伍的各级纪律检查委员会委员的任职条件、履职要求,全体会议和常务委员会会议的召开、表决,以及机关机构设置等事项,参照《中国共产党纪律检查委员会工作条例》第九条、第十一条、第十三条、第十五条的规定执行。

党在消防救援队伍中的基层委员会是设立纪律检查委员会,还是设立纪律检查委员,由它的上一级党组织根据有关规定和具体情况决定。党在消防救援队伍中的基层纪律检查委员会由党员大会或者党员代表大会选举产生,每届任期和同级党的委员会任期相同。党的基层纪律检查委员会选出的书记、副书记,经同级党的委员会通过后,报上级党组织批准。基层纪律检查委员会委员的任职条件、履职要求等事项,按照有关规定执行。

党的基层纪律检查委员会根据需要及时召开全体会议,传达学习党中央决策部署以及中央纪委工作部署,传达学习同级党委和上级纪委的工作部署,提出贯彻落实的具体措施,研究讨论管辖范围内纪律检查工作的重要问题、重要事项,按照权限讨论或者决定对违犯党纪的党组织、党员处理、处分等事项。

党的基层纪律检查委员会可以按照有关规定,设立必要的工作机构,配备专职工作人员。

党的基层纪律检查委员会应当指导和督促同级党的委员会所属基层党组织纪律检查委员履行职责、发挥作用。

三、派驻机构及职责

党的中央纪律检查委员会国家监察委员会向应急管理部派驻纪检监察组。中央纪委国家监委驻应急管理部纪检监察组是中央纪委国家监委的重要组成部分,由中央纪委国家监委直接领导、统一管理。依据党章、宪法和监察法,根据中央纪委国家监委授权,履行党的纪律检查和国家监察两项职责,对中央纪委国家监委负责。

(1) 监督促进驻在部门领导班子落实全面从严治党主体责任,监督促进驻在部门党政一把手当好第一责任人。监督检查驻在部门领导班子及其成员遵守党章党规党纪、执行党的路线方针政策和决议、推进党风廉政建设和反腐败斗争及廉洁自律等情况,经常、及时向中央纪委报告上述情况及发现的重要问题。受理对驻在部门党的组织和党员的检举、控告。

(2) 经中央纪委批准,初步核实反映驻在部门领导班子及中央管理干部的问题线索;参与审查驻在部门领导班子及中央管理干部违反党纪的案件。负责审查驻在部门管理的领导班子及其成员和司局级干部违反党纪的案件,指导驻在部门机关党委(纪委)审查处级以下干部违反党纪的案件,必要时可以直接审查处级以下干部违反党纪的案件。受理驻在部门党的组织和党员的申诉。

(3) 对违反党章和其他党内法规,不履行或者不正确履行职责的驻在部门党的组织或负有责任的党的领导干部,按照管理权限对其作出问责决定,或者向有权作出问责决定的党组织提出问责建议。

（4）协助驻在部门党委做好巡视工作，不承担驻在部门开展巡视的日常工作。

（5）推动驻在部门开展廉政教育。依法对驻在部门的领导班子和行使权力的公职人员进行监督，维护宪法法律，对其依法履职、秉公用权、廉洁从政以及道德操守情况进行监督检查。发现领导班子和中央管理的公职人员存在问题的，及时向中央纪委国家监委报告；发现其他公职人员存在问题的，会同驻在部门开展调查处置，强化监督职责。受理对驻在部门监督对象的检举、控告。

（6）负责调查驻在部门非中央管理的司局级及以下公职人员涉嫌贪污贿赂、滥用职权、玩忽职守、权力寻租、利益输送、徇私舞弊以及浪费国家资源等职务违法和职务犯罪案件。受理驻在部门监察对象不服纪检监察组所作涉及本人的处理决定的复审申请。

（7）按照管理权限，对驻在部门违法的公职人员依法作出政务处分决定。对不履行或者不正确履行职责负有责任的领导人员，按照管理权限对其作出问责决定，或者向有权作出问责决定的机关提出问责建议。根据监察结果，对驻在部门廉政建设和履行职责存在的问题等提出监察建议。

（8）负责对本派驻机构干部的日常管理和监督。

（9）完成中央纪委国家监委交办的其他任务。

第二节　纪律检查委员会的工作职责及主要任务

国家消防救援局在各级党组织成立党的纪律检查委员会，它是党内监督专责机关，是党推进全面从严治党、开展党风廉政建设和反腐败斗争的专门力量。

一、纪律检查委员会的工作职责

（1）党的各级纪律检查委员会围绕实现党章赋予的任务，坚持聚焦主责主业，履行监督、执纪、问责职责。坚持把监督作为基本职责，抓早抓小、防微杜渐，综合考虑错误性质、情节后果、主观态度等因素，依规依纪依法、精准有效运用监督执纪"四种形态"。

（2）党的各级纪律检查委员会应当把自觉遵守纪律的教育作为基础性工作，经常开展党章党规教育，强化党的政治纪律、组织纪律、廉洁纪律、群众纪律、工作纪律、生活纪律教育，深入开展警示教育，以案明纪、以案说法。开展廉政教育，加强全面从严治党、党风廉政建设和反腐败工作的形势任务以及家风家教等宣传教育，推进廉洁文化建设，营造崇廉拒腐氛围。根据形势需要，着眼保障党的中心工作，作出维护党纪的决定，制定相关法规文件，严明纪律要求，教育、引导和规范党组织、党员行为。

（3）党的纪律检查委员会应当强化政治监督，重点监督党组织、党员特别是领导干部对党忠诚，坚持党的领导，贯彻落实党的理论和路线方针政策、党中央决策部署，践行"两个维护"的情况；坚定理想信念宗旨，牢记初心使命，践行入党誓词，坚持中国特色社会主义制度的情况；落实全面从严治党主体责任和监督责任的情况；贯彻执行民主集中制，公正用权、依法用权、廉洁用权、担当作为的情况。政治监督应当突出"关键少数"，重点加强对"一把手"、同级党委特别是常委会委员的监督。

（4）党的纪律检查委员会应当加强日常监督，监督方式主要包括：座谈，召集、参加或者列席会议，了解党内同志和群众反映；查阅查询相关资料和信息数据；现场调查，驻点监督；督促巡视巡察整改；谈心谈话，听取工作汇报，听取述责述廉；建立健全党员领导干部廉政档案，开展党风廉政意见回复等工作。开展专项监督，针对落实党中央决策部署中的突出问题，行业性、系统性、区域性的管党治党重点问题，形式主义、官僚主义、享乐主义和奢靡之风问题，群众反映强烈、损害群众利益的突出问题加强监督检查。必要时，可以组织、参加或者督促开展集中整治、专项治理。加强基层监督，促进基层监督资源和力量整合，发挥纪检监察、巡察等作用，有效衔接村（居）务监督，建立监督信息网络平台，扩大群众参与，及时发现、处理群众身边的腐败问题和不正之风。

（5）党的各级纪律检查委员会应当畅通信访举报渠道，依规依纪受理党员群众的信访举报，健全分办、交办、督办、反馈等工作机制。对信访举报情况应当定期分析研判，对反映的典型性、普遍性、苗头性问题提出有针对性的工作建议，形成综合分析或者专题分析材料，向同级党委、上级纪委报告或者向有关党组织通报。对于信访举报反映、监督执纪中发现以及巡视巡察机构和其他单位移交的问题线索，应当实行集中管理，采取谈话函询、初步核实、暂存待查、予以了结等方式分类处置，做到件件有着落。

（6）党的各级纪律检查委员会对反映党组织、党员的问题线索经过初步核实，对于涉嫌违纪、需要追究党纪责任的，应当按照规定予以立案审查。

（7）党的各级纪律检查委员会根据纪律审查结果，依据相关党内法规，对应当追究党纪责任的党组织和党员进行纪律处理、处分。

（8）党的纪律检查委员会发现党组织、党的领导干部在党的建设、党的事业中失职失责的，应当依据相关党内法规开展问责调查，查明失职失责问题，向党的委员会提出责任追究的建议，或者按照规定的权限和程序作出问责决定。

（9）党的纪律检查委员会对于党员因合法权益受到党组织或者其他党员侵害提出的控告，按照规定予以受理，及时恰当进行处理。通过办理党员的控告发现的违纪违法问题，按照《中国共产党纪律检查委员会工作条例》规定进行检查和处理。

（10）党的各级纪律检查委员会应当依据相关党内法规，加强对党组织和领导干部履行保障党员权利工作职责的监督检查，依规依纪查处侵犯党员权利的行为。开展监督执纪工作，应当落实保障党员权利的规定和要求。

（11）在监督检查、纪律审查等过程中，应当注意查找分析监督对象所在党组织党风廉政建设、管理监督等方面存在的突出问题，采取制发纪律检查建议书或者其他适当方式，提出有关强化管党治党、净化政治生态、健全制度、整改纠正等意见建议，督促指导和推动有关地区、部门、单位党组织举一反三、切实整改。

对于涉及党的建设、党的事业的普遍性、倾向性问题，应当进行深入调研，形成专题报告，报送同级党委、上级纪委或者通报相关党组织，推动解决问题、规范决策、完善政策、健全制度。

二、纪律检查委员会的主要任务

消防救援队伍党的各级纪律检查委员会的主要任务是：维护党的章程和其他党内法规，检查党的理论和路线方针政策、党中央决策部署执行情况，协助党的委员会推进全面从严治党、加强党风建设、组织协调反腐败工作及制约和监督权力运行。

（1）坚定维护党章，促进党组织和党员牢固树立党章意识、严格遵守党章规定，发挥党章作为管党治党总章程的作用，以严明的纪律巩固党的团结统一。切实维护各项党内法规，有规必依、执规必严、违规必究，保证党内法规得到有效执行，促进依规治党。

（2）检查党的理论和路线方针政策的执行情况，坚持服务党和国家工作大局，坚决维护党中央权威和集中统一领导，推动党组织和党员统一意志、统一行动。加强对党中央决策部署落实情况的监督检查，坚持跟进监督、精准监督、全程监督，督促党组织和党员履职尽责、担当作为，确保党中央政令畅通、令行禁止。

（3）协助同级党的委员会推进全面从严治党。

（4）协助同级党的委员会加强党风建设，锲而不舍落实中央八项规定精神，大力弘扬党的光荣传统和优良作风，驰而不息纠治形式主义、官僚主义、享乐主义和奢靡之风，坚决纠正损害群众利益的不正之风，保持党同人民群众的血肉联系。

（5）协助同级党的委员会组织协调反腐败工作，坚定不移推进反腐败斗争，坚持和完善党中央集中统一领导、各级党委统筹指挥、纪委监委组织协调、职能部门高效协同、人民群众支持参与的反腐败工作体制机制。发挥党委反腐败协调机构的统筹协调作用，开展反腐败国际追逃追赃等工作，加强相关部门协作配合，增强反腐败整体合力。党的纪律检查工作坚持把一体推进不敢腐、不能腐、不想腐作为反腐败斗争的基本方针、新时代全面从严治党的重要方略，惩治震慑、制度约束、提高觉悟一体发力，系统施治、标本兼治，努力取得更多制度性成果和更大治理成效。

（6）强化对权力运行的制约和监督，重点加强对领导干部特别是主要领导干部的监督，提升监督全覆盖质量，增强监督的政治性、严肃性、协同性、有效性，发挥党的纪律检查工作在党和国家监督体系中的重要作用。

第三节 纪检机构执纪工作

为加强消防救援队伍纪律建设，规范纪检机构监督执纪工作，根据《中国共产党章程》《中国共产党纪律检查机关监督执纪工作规则》等党内法规和中央纪委国家监委驻应急管理部纪检监察组（以下简称驻部纪检监察组）有关制度规定，结合消防救援队伍实际，国家消防救援局制定《消防救援队伍纪检机构监督执纪工作暂行办法》，对消防救援队伍纪检机构监督执纪工作中线索处置、谈话函询、初步核实、审查、审理等作出了相关规定，为消防救援队伍做好纪检监察工作提供了法律依据，对全面从严治党，纯洁消防救援队伍，保障各项任务的圆满完成提供了重要的保证。

一、线索处置

（1）各级纪检机构统一接收和处置反映消防救援队伍和指战员的违规违纪违法问题线索。线索处置按照执纪审查权限分类办理：反映中央管理干部的问题线索，由中央纪委国家监委处置；反映总队级副职、专业技术七级以上干部的问题线索，由驻部纪检监察组处置；反映支队级正职、专业技术八级以下干部和消防员的问题线索，由对其有任免权限的单位纪检机构处置；反映党组织、专职纪检干部的问题线索，由其上一级纪检机构处置。

（2）问题线索来源主要包括：信访举报；纪检机构监督执纪过程中发现；巡视（巡察）组移交；审计、督察、监督检查中发现；司法机关、地方纪检监察机关和行政机关移交。

（3）问题线索按照谈话函询、初步核实、暂存待查、予以了结4类方式进行处置。问题线索具有一般性，查清后只能给予轻处分或者批评教育的，问题线索不实、需要予以澄清的，以及问题线索笼统、难以查证核实的，提出谈话函询意见。问题线索比较具体，经初核或者开展工作，也可以采取谈话函询方式进一步核实；问题线索具有存在的可能性和可查性，对照党纪法规，判断其可能构成违纪的，提出初步核实意见；问题线索虽具有一定可查性，但暂不具备处置条件，一旦条件成熟即可开展工作的，提出暂存待查意见。不具备处置的条件包括：因其本人、所在部门、核查时机等因素，不便立即开展核查的；相关重要涉案人员或者取证对象一时难以找到的；经初步核实或者谈话函询，尚不能完全排除问题存在的可能性，在现有条件下难以进一步深入核查的；被反映对象年龄过大，问题发生年代久远，且没有新的问题举报的；问题线索失实或者无法开展核查的，提出予以了结意见。具体情形包括：经初步核实未发现违纪违法问题的；经谈话函询，不能认定反映问题存在，也无条件开展进一步工作的；虽有违纪事实，但情节轻微，不需要追究纪律责任，已建议有关党委作出适当处理的；被反映人已去世等。

（4）仅提及单位名称或者指战员姓名职务，没有反映其涉嫌违规违纪违法问题或者反映的问题与其没有关联，以及没有实质内容的，经纪检机构研究并报主要负责人批准，可以转相关单位或者业务部门作为情况掌握，不作为问题线索管理。

（5）问题线索在确定处置权限归属后，区别不同情形，分类办理。属于上级纪检机构管理权限的问题线索，承办人应当直报本级纪检机构主要负责人阅知，并在收到问题线索5个工作日内将原件附函径报有管辖权限的上级纪检机构。不得擅自处置或者扩大知悉范围，不得在本级台账登记相关信息；属于本级纪检机构处置权限的问题线索，应当在1个月内提出处置意见，并提出主办人、协办人建议人选，报本级纪检机构主要负责人批准后实施；属于下级纪检机构处置权限的问题线索，经研判需要转下级纪检机构办理的，应当明确提出"转办要结果"或者"转阅处"意见，报纪检机构主要负责人批准后转办，一般不得越级转办问题线索；对涉及正在初步核实、立案审查人员或者单位的问题线索，应当转有管辖权限的纪检机构按原审批程序报批后进行并案处置；被反映人已离开消防救援队伍的问题线索，应当转其党组织关系所在单位或者属地纪检监察机构处置。

（6）上级纪检机构有权指定下级纪检机构对其他下级纪检机构管辖的问题线索进行核查，必要时也可以直接进行核查。上级纪检机构可以将其管辖的问题线索指定下级纪检机构进行核查。

（7）对实名检举控告的问题线索，应当按照《纪检监察机关处理检举控告工作规则》有关规定优先办理、优先处置并给予答复。

（8）问题线索应当明确专人管理并建立工作台账，集中管理、分类处置、动态更新、定期汇总核对。问题线索管理处置各环节应当由经手人员签名，全程登记备查。

（9）各级纪检机构每年应当对问题线索进行统计分析，把握问题线索的数量质量、增减变化、类型性质、涵盖领域、涉及人员类别等，查找体制、机制、制度方面存在的漏洞和薄弱环节，研究提出有针对性的建议，向同级党委和上级纪检机构报告，并向有关部门通报。

二、谈话函询

（1）有下列情形之一的，可进行谈话函询：反映的问题线索笼统，仅列举出违纪行为名称但无实质内容，难以直接查证核实的；反映的问题线索不符合常理，多为道听途说或者主观臆断，可信度较低的；反映的问题线索具有一般性，即使查实也只能给予轻处分或者批评教育的；反映倾向性、苗头性问题，有必要对被反映人进行提醒的；其他需要采用谈话函询方式处置的。

（2）采取谈话函询方式处置问题线索的，应当起草谈话函询报批请示，拟定谈话方案或者函询通知书，报本级纪检机构主要负责人批准。需要谈话函询下一级单位党委主要负责人的，应当报本级党委主要负责人批准。

（3）谈话应当由纪检机构负责人或者承办部门负责人进行，可以由被谈话人所在单位党委、纪检机构有关负责人陪同。经批准，也可以委托被谈话人所在单位党委主要负责人进行。谈话应当在具备安全保障条件的场所进行。谈话时至少有2名谈话人在场，由纪检机构谈话的，应当现场制作谈话笔录，谈话结束后由被谈话人写出书面说明。

（4）函询由纪检机构以函询通知书的形式发函给被反映人，并抄送其所在党委主要负责人。被函询人应当在收到函件后15个工作日内写出说明材料，并由其所在党委主要负责人签署意见后回复。被函询人为党委主要负责人的，或者被函询人所作说明涉及党委主要负责人的，应当直接回复。

（5）被函询人应当在书面说明中承诺内容的真实性，并逐页亲笔签名。被函询人所在党委主要负责人应当与被函询人进行谈心谈话,要求其认真对待函询,如实回答和说明问题。党委主要负责人认为说明材料存在疏漏或者不实的,可以要求被函询人补正。

(6) 纪检机构收到被函询人书面说明后,经审核认为说明形式不符合规定要求的,应当要求被函询人在5个工作日内重新作出说明;经审核认为说明内容不全面、不具体或者相关证据材料不全的,应当要求被函询人在15个工作日内作出补充说明或者继续提供相关材料。

(7) 纪检机构应当在谈话结束或者收到函询回复后1个月内,写出谈话情况报告或者函询处置意见,报本级纪检机构主要负责人批准后,根据不同情形作出相应处理:反映不实,或者没有证据证明存在问题的,予以采信了结,并向被函询人发函反馈;问题轻微,不需要追究纪律责任的,采取谈话提醒、批评教育、责令检查、诫勉谈话等方式处理;反映问题比较具体,但被反映人予以否认且否认理由不充分具体的,或者说明存在明显问题的,一般应当再次谈话或者函询;发现被反映人涉嫌违纪违法,需要追究纪律和法律责任的,应当提出初步核实的建议;对诬告陷害者,依规依纪依法予以查处。纪检机构认为必要时,可以对被反映人谈话函询的说明情况进行抽查核实。

(8) 谈话函询材料应当存入个人廉政档案。

(9) 被谈话函询人应当在民主生活会、组织生活会上就本年度或者上年度谈话函询问题进行说明,讲清组织予以采信了结的情况;存在违纪问题的,应当进行自我批评,作出检讨。

三、初步核实

(1) 纪检机构采取初步核实方式处置问题线索,应当制定初步核实工作方案,成立核查组,报纪检机构主要负责人批准后实施。对《消防救援队伍纪检机构监督执纪工作暂行办法》第六十二条列明的重点问题线索进行初步核实的,应当报本级党委主要负责人审批。

(2) 初步核实工作方案一般包括:初步核查依据;问题线索来源;被核查人基本情况;需要核实的主要问题;核查组人员组成及分工;核查工作的方法步骤、安全措施、注意事项等。

(3) 核查组履行报批程序后,应当采取必要措施收集证据,与相关人员谈话了解情况,要求相关组织作出说明,调阅个人有关事项报告,查阅复制文件、账目、档案等资料,协调有关部门查核资产情况和有关信息,进行专业鉴定等。对被核查人及相关人员主动上交的财物,核查组应当予以暂扣。核查期间,重要事项应当及时向本级纪检机构主要负责人报告,不得擅自扩大或者缩小核查范围、变更核查方向、拓展核查方法措施。

(4) 初步核实工作结束后,核查组应当撰写初步核实情况报告,列明被核查人基本情况、反映的主要问题、办理依据以及初步核实结果、存在疑点、处理建议等,由核查组全体人员签名备查。

（5）核查组应当综合分析初步核实情况，按照下列方式提出处置建议：确有严重违纪违法事实，需要追究纪律责任的，应当予以立案审查；虽构成违纪但情节轻微，不需要追究纪律责任的，采取谈话提醒、批评教育、责令检查、诫勉谈话等方式处理；对群众反映比较集中但未查实，或者核查中发现有苗头性、倾向性问题的，予以谈话提醒；存在一定可查性，但目前不具备核查条件的，暂存待查；反映问题失实或者未发现违纪违法问题的，予以了结，必要时向被反映人所在单位党委说明情况，或者在一定范围内予以澄清；经初核发现应当由其他单位处理的问题，按照管理权限移送有关单位处理。

（6）初步核实情况报告应当报纪检机构主要负责人审批，必要时向同级党委主要负责人报告。

（7）对初步核实工作中发现需要有关单位注意或者整改的问题，可以按规定通过纪律检查建议书等形式提出意见建议。

四、审查

（1）经过初步核实，对指战员涉嫌违纪违法需要追究纪律责任的，应当立案审查。凡报请批准立案的，应当已经掌握部分违纪事实和证据，具备进行审查条件。应当掌握的违纪事实和证据一般包括：违纪行为确定存在；违纪行为的时间、地点、手段、后果、性质等比较明确；被审查人应当承担纪律责任，包括主要领导责任、重要领导责任和直接责任。

（2）对符合立案审查条件的，应当起草立案审查呈批报告，经纪检机构主要负责人审批，报同级党委主要负责人批准，予以立案审查。对案情简单，经过初步核实已查清主要违纪事实，需要追究纪律责任的，不需要再进一步开展审查工作的，应当履行立案程序后再移送审理。立案和移送审理可以一并报批。

（3）指战员被地方纪检监察机关立案调查终结，移交消防救援队伍追究纪律责任的，由纪检机构根据地方纪检监察机关的调查报告、起诉意见书、纪律处分建议及其认定的事实、性质和情节，履行立案程序。指战员依法受到行政处罚或者检察机关依法作出不起诉决定，需要追究纪律责任的，由纪检机构根据生效的行政处罚决定书或者不起诉决定书认定的事实、性质和情节，履行立案程序。指战员依法受到刑事责任追究，需要追究纪律责任的，可以不履行立案程序，由纪检机构根据司法机关的生效判决、裁定、决定及其认定的事实、性质和情节，直接提出处分意见，移送内部审理。

（4）对事故（事件）中存在违纪事实，需要追究纪律责任，但相关责任人员尚不明确的，可以以事立案。以事立案的，纪检机构依据相关批示、指示等，按照规定报批立案呈批报告。经过审查确定相关责任人员后，需要追究相关人员纪律责任的，由有管辖权限的纪检机构按规定立案。

（5）上级纪检机构经初核发现应当由下级纪检机构立案的违纪问题，可以责成下级纪检机构立案。凡责成立案的，上级纪检机构应当制发责成立案通知书并附核实材料；有关下级纪检机关收到通知书后应当及时立案，并将查处结果报告上级纪检机构。

（6）批准立案后，纪检机构应当研究起草审查方案、制作立案决定书、立案通知书等文书，报纪检机构主要负责人审批。审查方案应当包括：被审查人基本情况，线索来源及内容，初步核实认定的违纪事实，立案依据和理由，审查的时间，审查组人员配备、组织领导、任务分工，需要进一步查证的问题，拟采取的措施，其他需要说明和注意的事项等。

（7）立案决定书由审查组向被审查人宣布，讲明政策和纪律，要求被审查人端正态度、配合审查，并要求其在立案决定书上签名、捺指印。被审查人拒绝签名、捺指印的，审查人员应当在文书上注明。宣布立案决定时，应当告知被审查人权利义务。

（8）审查组向被审查人宣布立案决定后，应当及时向其所在单位党委送达立案通知书。因可能毁灭、伪造证据，干扰证人作证或者串供等有碍审查情形而不宜通知的，审查组报纪检机构主要负责人批准后可以暂不通知。有碍审查的情形消失后，应当立即通知被审查人所在单位党委。

（9）被审查人犯有严重错误已不适宜担任现任职务，或者因对抗、阻挠、干扰、破坏对其问题的查处，妨碍审查工作开展的，应当依照组织程序予以停职检查。在案件查实后作出纪律处分的同时，停职检查的决定自行终止。

（10）查明涉嫌违纪问题后，审查组应当撰写违纪事实材料，经审查组组长同意后与被审查人见面，听取意见。被审查人应当在违纪事实材料上签署意见并捺手印确认，对签署不同意见或者拒不签署意见的，审查组应当作出说明或者注明情况。违纪事实材料的内容包括：被审查人的基本情况，主要违纪事实、性质及责任。违纪事实材料不得泄露立案依据、审查过程、检举人、证明人等内容，以审查组的名义落款。

（11）审查工作结束后，审查组应当集体讨论，形成审查报告，列明被审查人基本情况，问题线索来源及审查依据、审查过程，主要违纪事实，被审查人的态度和认识，处理建议及党纪依据等，由审查组组长及全体人员签名。

对审查过程中发现的重要问题和意见建议，应当形成专题报告。

五、审理

（1）审理工作以保障和提高案件质量为核心，严格依纪依规对涉嫌违纪案件进行审核把关，提出纪律处理意见，做到事实清楚、证据确凿、定性准确、处理恰当、手续完备、程序合规。

（2）纪检机构按照"凡案必审""查审分离"的要求，对指战员涉嫌违纪案件进行内部审理。内部审理应当成立审理组，由2人以上人员组成，并明确主审人和协审人，经纪检机构主要负责人批准后实施。

（3）案件审理实行交叉阅卷，重要复杂案件应当形成阅卷笔录。审理人员应当客观全面审核证据，对发现采取刑讯逼供、暴力威胁等非法方式收集的言词证据予以排除；对发现收集的物证、书证不符合法定程序，可能影响案件公正处理的，要求审查组及时补正或者作出合理解释。

（4）审理的内容一般包括：依据党章党规党纪、宪法法律法规和公序良俗，审核认定的违纪性质是否准确、建议给予的处理及档次是否恰当；审核获取证据的方式、程序是否合法合规，手续是否完备；审核被审查人主体身份证明材料（如户籍信息、党员身份证明、干部身份证明、职务任免审批材料、个人简历等），重点审核不同证明材料中个人信息是否一致，现职级、政治身份是否属于本级管辖权限，违纪行为发生是否与其担任职务相关等情况；审核收集的证据是否客观真实、是否伪造，是否与案件事实有联系，其来源有无问题，涉及的专门性问题是否经过专门机构、人员鉴定或者征求有关业务部门意见；审核物证是否错误地收集了疑似的物品和痕迹，有无栽赃陷害情况。研究、分析所取物证与案件事实的联系，确定其有无证明作用；审核证人证言、被审查人陈述是否受到外界不正常因素的干扰，是否属实，前后是否一致，有无矛盾。摘抄或者复印会议记录、个人记录、私人日记时，时间是否具有连续性，节录材料有无断章取义。不得采取对质的方法鉴别证言；审核主要违纪事实所依据的证据是否确凿，证明案件同一事实的各类证据之间有无矛盾，各种证据之间有无内在的联系，能否形成完整的证明体系。

（5）经批准，审理组应当与被审查人进行审理谈话，核对违纪事实，听取被审查人意见，了解有关情况，进行法纪教育，并做好谈话笔录。被审查人如对纪律处理意见和所依据的事实材料提出不同意见，审理组应当要求其在审理谈话后提交书面材料。

（6）审理工作应当在受理之日起1个月内完成，重大复杂案件经纪检机构主要负责人批准可以适当延长。需要补充完善证据的，补充审查时间不计入审理时限。退回重新审查的，审理时限自审查结束后移送审理之日起重新计算。

（7）审理组应当加强与审查组的沟通，就重大疑难复杂问题意见不一致的，纪检机构要组织召开审理工作协调会，对有关问题进行研究。

（8）审理组应当集体讨论并起草审理报告初稿，经纪检机构会议审议后出具正式审理报告。审理报告应当列明被审查人基本情况、审查简况、主要违纪事实和涉案财物情况、被审查人态度和认识，审查意见、审理意见、处分建议等。审理报告附件应当包括被审查人简历、忏悔反思或者检讨材料、违纪事实材料等。

消防救援队伍纪检机构执纪工作还对处分权限和执行、监督执纪报告、监督管理等方面作出了具体的规定。

思考题

1. 驻应急管理部纪检监察组职能有哪些？
2. 纪律检查委员会的工作职责及主要任务有哪些？
3. 消防救援队伍纪检机构执纪工作主要涉及哪些内容？

第八章　政治机关干部队伍建设

政治机关干部是政治机关工作的主体和物质承担者，其素质状况直接决定着政治机关工作的水平和政治机关职能作用的发挥。加强政治机关干部队伍建设，是消防政治机关工作的重要内容，对认真落实习近平总书记重要训词精神，确保党从思想上政治上建设和掌握消防救援队伍具有不可或缺的重要作用。

第一节　政治机关干部的职责和要求

政治机关干部是政治机关工作的主体部分，在政工干部队伍中占有很大的比重。在队伍党的建设、思想政治建设以及机关自身建设等工作中担负着重要责任。《国家综合性消防救援队伍政治工作暂行规定》对包括政治部主任在内的政治机关干部主要职责进行了明确。认清自身任职特点、素质要求，明确岗位职责是政治机关干部做好工作的重要前提。

一、政治部主任的职责和要求

政治部主任在上级政治机关的指导、同级党的委员会和政治委员的领导下，主持本政治机关的工作。

（一）政治部主任的任职资格

《国家综合性消防救援队伍政治工作暂行规定》明确政治部主任的任职，必须具备以下五个条件：

（1）必须具有履行职责所需的马克思主义理论素养和政策水平，带头贯彻落实习近平新时代中国特色社会主义思想，理想信念坚定，党性原则坚强。

（2）政治工作经验丰富，善于围绕党委决策意图、紧贴中心任务筹划组织政治工作，善于调查研究和总结经验，善于组织协调和抓好落实。

（3）业务素质良好，会筹划组织遂行任务政治工作。

（4）模范带头作用明显，言行一致、真抓实干、公正用权、廉洁自律，深入实际、联系群众。

（5）政治部主任必须是有5年以上党龄的中国共产党党员。

由于政治部主任职级跨度很大，上述任职资格只是原则地提出的最基本的要求。事实上，职级越高的政治机关的主任，其任职的条件和要求应当越高，特别是履行职责所需要的理论政策水平和党性修养，以及政治工作经验、组织领导能力等方面的要求则更高。

(二) 政治部主任的主要职责

政治部主任是各该政治机关的直接首长，对各该政治部的工作负完全的领导责任。尽管各级政治机关的编制不同，政治部主任的职级和权限也不一样，但就政治机关的性质和地位、职能和作用以及基本职责而言，则是一致的。这就决定了政治部主任的主要职责具有相通之处。根据《国家综合性消防救援队伍政治工作暂行规定》的有关规定和队伍长期积累的政治工作经验，政治部主任的主要职责是：根据队伍政治工作的基本任务和主要内容，上级的决议、命令、指示，同级党的委员会的决议和首长的命令、指示，依照本规定有关政治机关的要求，组织领导部属履行职责、完成任务。政治部副主任协助主任工作。

1. 协同同级党委、首长抓好党的工作

设立政治机关是保证党对国家综合性消防救援队伍绝对领导的一项重要制度。各级政治机关是直接进行党的工作的机关，是同级党委的办事机关。党在队伍中的工作是多方面的，其中有党的建设、支部建设、党员发展、党员教育、党风党纪、党的路线方针政策的贯彻执行和督促检查等。这些工作都是在上级党委、政治机关和同级党委、政治委员的领导下，由政治机关领导负责带领本机关成员去具体组织实施的。同时，各级政治部主任通常又是同级党委常委委员，他同党委的关系是个人与组织的关系。从这两层意义上讲，政治机关领导扮演着同级党委的"秘书长"和首长的"总干事"的角色。协同同级党委、首长抓好党在国家综合性消防救援队伍中的各项工作是政治机关领导的首要职责。

（1）积极参与党委集体领导，当好党委的参谋。党委的领导主要是对重大问题的讨论和决策。决策前，政治部主任应组织政治机关干部对重大问题进行调查研究，为党委拟制各种决策预案，并对各种预案进行论证，以供党委优选决策。决策中，作为党委常委一员的主任，应敢于坚持真理，尤其是涉及政治工作内容方面的决策，要运用自己所掌握的大量材料，阐明自己的观点，供党委集体决断参考。决策后，要根据党委的决定组织起草命令、指示、决议等文件，并创造性地保证党委意图的贯彻实施，要主动抓好决策实施中的信息反馈，重视发现和推广典型经验，注意积累资料，协助党委搞好决策调整、工作指导和工作总结。

（2）主动协助政治委员的工作，当好首长的助手。一方面对首长负责的工作应带领政治机关人员创造性地去完成，尤其是要抓好队伍党的工作和政治工作的落实；另一方面要积极主动地向首长汇报工作，为首长的工作出谋划策，准确及时地为首长决策或修正决策方案提供意见。

（3）组织政治机关管好党委的日常事务工作。对党委会议和首长活动的安排，党委有关会议通知、会场安排、会议记录、党委和首长交办的工作，党委文书的管理工作和保密工作，以及党代表大会的会务组织工作等，主任都应该具体组织机关人员抓好落实。

2. 配合同级其他机关抓好中心工作

各级政治机关，与在同级党委领导下的其他工作机关共同完成党委赋予的任务。机关工作必须以党委中心工作为中心，不能游离中心，甚至各吹各的号，各唱各的调，造成队伍工作的忙乱。

(1) 确立服务的思想。领导就是服务。领导机关要为基层服务，这是政治工作的一项基本要求。没有服务就没有领导，服务不好就领导不好。把领导和服务对立起来，其结果必然会产生官僚主义、主观主义，损害上下左右之间的团结，形成内耗，削弱队伍的建设。因此，必须确立服务的思想，避免在实际工作中和其他机关争地位、争时间。确立服务思想，对各级政治机关首长来说，最根本的就是要脑中时时装着队伍的中心工作，事事围绕队伍的中心工作，处处体现政治工作的服务保证职能，积极带领机关人员圆满完成党委和首长交给的各项工作任务。

(2) 主动搞好配合。党委、首长的决策不仅要依靠机关提供准确的信息、方案，而且要依靠机关根据党委、首长的意图，按照分工，有机合作，密切协同才能保证党委决策的落实。互相牵制、互相扯皮，是影响机关工作的大敌。要克服互相推诿现象，政治机关首长必须在明确自己职责的前提下，主动和其他机关部门加强信息联系，防止政出多门。

(3) 积极向党委、首长提供加强机关建设的意见。政治机关首长不仅肩负着抓好本机关自身建设的重任，而且还担负着协助同级党委、首长抓好同级其他机关政治建设的任务。各级政治部主任应注意掌握各机关自身建设的情况，加强调查研究，及时发现问题，积极向领导反映情况，提出建议，协助党委、首长和其他机关，努力把机关建设成为坚强的、有战斗力的指挥部。

3. 组织政治机关全面开展政治工作

政治机关是队伍政治工作的领导机关，各级政治部主任是本级机关的直接首长。在上级政治机关、同级党委、首长的领导下，带领本机关全体人员卓有成效地组织和领导队伍政治工作的顺利开展，是政治机关首长的重要职责。

(1) 不断增强工作的预见性。政治工作是直接服务和保证队伍各项工作任务的，每项工作任务的完成都需要首先从思想上做好先行，在组织上提供保证。每年、每半年、每季度、每月甚至每周，政治部主任都应根据上级政治机关的有关指示精神和同级党委首长的意图，组织本机关结合队伍工作任务和干部消防员的思想实际，制定本机关的工作计划，使各项业务工作在统一计划下协调开展。

(2) 有明确的工作重点。政治机关首长应经常组织机关干部，认真学习和领会上级的指示精神，分析和掌握队伍的思想动态，广泛了解政治工作有关的信息，并进行综合分析研究，以确定本机关的工作重点，防止各项工作互相干扰、分散力量的现象发生。

(3) 安排工作要把握好"度"。在围绕中心工作安排各项业务工作时，要十分注意把握工作的量度，分清轻重缓急，要选择那些对保证中心工作有关的工作项目和队伍迫切需要的、经过努力又可以实现的项目，决不能急功近利，贪大好功，使机关和队伍超负荷运行。

(4) 科学组织力量，形成合力。各级政治部主任应通过抓机关建设，建立健全机关工作制度等，来加强机关与机关、部门与部门之间的协调工作，沟通信息。在安排各项工作时，要明确负责的部门和人员，以保证项项工作有人主管、件件事情有人去抓。对需要几个部门共同负责完成的工作，要明确牵头部门，防止互相推诿，以保证各项工作落到实处。

4. 负责政治机关范围内重大问题的科学决策

政治机关的科学决策，是指政治部主任在自己的职权范围内，就政治机关工作中的重大问题，运用科学的思维方式、科学的决策程序和决策方法，所进行的选择和决定行动目标、行动方案的活动。做好决策工作，是政治机关首长的基本职责，是提高政治机关工作效能的关键环节，也是衡量政治机关领导水平高低的重要标志。政治机关首长的决策活动内容，主要是指以下三个方面。

（1）负责对上提供决策预案的优选。积极向上级领导机关、同级党委和首长，就队伍党的工作和政治工作的开展提供决策方案，是政治机关重要的工作职责。方案的拟制，一般由各业务部门对口办理，但对上提供方案的完善、准备提供几个预案、每个方案利弊条件的陈述等，都要由政治部主任负责把关后才能报请上级决策。这就要求各级政治机关的首长，必须具有较高的领导才能、科学的思维方式，善于从全局角度来做好决策方案的优选、完善工作。如果政治机关提供的方案不成熟、不完善或利弊均等，就不利于上级领导决策，就会影响工作的开展，政治机关首长也就没有尽到自己的职责。

（2）负责对党委首长授权工作的决策。党委对队伍各项工作的领导是通过首长分工负责实施的。在全盘工作中，政治委员是队伍党的工作和政治工作的领导者，而政治委员的领导必须通过政治工作系统整体功能的发挥才能实现。要更好地发挥政治机关的职能作用，党委、首长就必然要下放一定的权力给政治部主任，在实际工作中，主任往往也要承担一些超出本身职权范围之外问题的决策工作。这就要求政治机关首长应有敢于负责的精神，充分发扬民主，正确运用授权范围，实施科学决策，防止越权决策。

（3）负责自身职权范围内工作的决策。政治机关作为队伍政治工作的领导机关，有其自身的职责和权利。政治机关首长对本机关职权范围内的工作负有决策领导责任。为此，各级政治部主任，一方面应加强对政治机关工作的领导，指导各业务部门的建设，依据上级的有关指示精神和相关规定对政治机关职权范围的规定，大胆、正确、果断地决策，对下级反映的问题和困难应及时给予解决，反对拖沓、推诿；另一方面要适当下放权力，给业务部门和基层一定的自主权，不能包揽一切，统得过死。同时，还要经常向上级报告本机关的工作情况，自觉接受上级的领导和监督。

5. 抓好政治机关的全面建设

要从本机关的特点出发，按照政治机关建设的总体要求，以充分发挥本级机关的职能作用为标准，认真抓好思想、组织、业务和党风廉政建设。

（1）抓好思想建设。以更高的标准、更严的要求着重抓好三个方面的工作：一是认真组织本机关的全体人员学习马克思列宁主义、毛泽东思想和中国特色社会主义理论体系、习近平新时代中国特色社会主义思想，学习有关政治工作的基本原理和相关学科的知识，解决政治机关干部理论功底不扎实、分析认识问题能力不高的问题。二是及时组织本机关的全体人员学习党的路线方针政策，进行党的基本路线教育，解决政治机关干部从思想上政治上同党中央保持高度一致的政治原则问题。三是了解和掌握本机关人员的思想状况，有针对性地做好经常性思想工作，为机关干部排忧解难，从根本上解决他们工作动力不足的问题。

（2）抓好组织建设。首先，把好政治机关干部的入选关；其次，要在政治机关各业务部门干部的结构方面搞好合理搭配；再次，应加强政治机关内部各级党组织的建设，充分发挥党组织的领导作用和党员的先锋模范作用。

（3）抓好业务建设。政治机关首长应以相当的精力抓好机关干部的业务训练，采取脱产深造、在职自修、短期集训、评比竞赛等形式，使政治机关成为精通业务、精干高效的办事机关。

（4）抓好党风廉政建设。注重机关的作风建设，要以自己的模范行动带动机关干部形成良好的风气：一是在思想作风上要培养公正求实的风气，敢于讲真话、报实情，善于想全局、保中心；二是在工作作风上要培养深入扎实的风气，乐于办实事、抓落实、讲实绩。政治机关部主任还应抓好廉政建设，研究部署廉政建设和反腐败工作，坚持有腐必反、有贪必肃，绝不让腐败分子在消防救援队伍中有藏身之地。

（三）政治部主任的领导艺术

领导艺术，是指在一定知识和丰富经验的基础上，在创造性的领导活动中，运用领导科学原理，为圆满实现组织目标而采取的各种高超技巧和特殊方法。简言之，是指对领导方法巧妙运用的才能。领导艺术的高低，直接决定和影响着领导效能的发挥。政治机关首长只有熟练掌握与其地位作用相适应的领导艺术，才能更好地担负起领导政治机关组织队伍实施政治工作的责任。领导艺术千姿百态，丰富多彩，作为各级政治机关的首长，应掌握以下领导艺术。

1. 统筹谋划的艺术

统筹，是指领导者在全盘工作中应掌握"弹钢琴"的领导艺术，善于对各项工作统筹安排；谋划，是指领导者在决策时应掌握多谋善断的领导艺术，善于动脑筋，深谋远虑，选择最佳方案，作出正确决策，做到"运筹帷幄，决胜千里"。政治机关首长既要负责对本机关职权范围工作的决策，又要积极向党委、首长提供准确的决策方案。统筹谋划是政治机关首长必须掌握的一个极其重要的领导艺术。政治机关作为一个组织系统，既有主任、副主任、各业务部门的纵向联系，又有并列的各业务部门之间的横向联系。要把纵横联系有机统一起来，使诸多因素得到合理布局并协调有序地开展工作，政治机关首长必须首先掌握统筹谋划的艺术。

（1）围绕中心，统筹安排工作。围绕中心、统筹安排，就是要围绕解决主要矛盾组织力量，安排工作。在复杂的事物发展过程中，有许多矛盾存在，其中必有一个是主要矛盾，由于它的存在和发展，规定或影响着其他矛盾的存在和发展。政治机关首长要善于根据队伍的任务，分清各项工作的轻重缓急，抓住一个时期的主要矛盾或倾向性问题，在"突破"上下功夫。决不能上面来了什么指示就干什么，下面出了什么问题就抓什么，自己想到什么就搞什么，而是要紧紧围绕队伍的中心工作和当前的主要矛盾，突出重点，带动全盘，以纲带目，纲举目张，保证中心工作安排到位，落实到底。

（2）合理组织力量，统一工作部署。中心工作，一般都是队伍要解决的主要矛盾。解决了主要矛盾，才有利于解决次要矛盾；解决次要矛盾要着眼于促进解决主要矛盾。各级政治机关要完成既定的中心工作，单靠哪一个业务部门、哪一个人去做都是难以完成的。主任必须善于围绕中心工作，合理组织力量，统一全机关人员的认识，理顺"条条"与"块块"的关系，使各项业务工作服务于中心工作，真正形成合力抓中心工作。如果业务部门各自为政，都条条捅到基层，势必分散中心，打乱工作秩序，妨碍中心工作的落实。

（3）兼顾一般，协调发展。毛泽东同志在《党委会的工作方法》中提出："学会'弹钢琴'。弹钢琴要十个指头都动作，不能有的动，有的不动。但是，十个指头同时都按下去，那也不成调子。要产生好的音乐，十个指头的动作要有节奏，互相配合。"①"弹钢琴"，这是一种高超的协调平衡的领导艺术。政治机关首长应学会"弹钢琴"，在突出中心工作的同时，兼顾一般性工作，不能搞单打一；必须正确确定各项工作的主次、轻重、急缓；抓住中心工作，安排好第二位、第三位、第四位的工作，使之各归其位，各得其所，建立起紧张而有条理的工作程序。只有坚持中心带动一般，一般服从中心，才能真正把中心工作与一般工作有机结合起来，使之成为一架浑然一体的工作机器，保持协调一致的高效率的运转。

2. 行使职权的艺术

职权，就是领导者处在一定的职位上，掌握一定的权力，因而具有一种权力性的影响力。这种影响力是组织赋予的，带有决定的性质，具有强制性。凡领导者，手中都应有相应的职权。政治机关首长的职权，是由上级组织或直接领导者授予的、受法律保护和制约的、履行自己职责所必需的职务和权力。正确行使职权，是政治机关首长实施领导活动的基本条件和保证。

（1）坚持职权相统一的原则。各级政治机关领导，是一级机关的负责人，承担着与其职务相联系的一定的责任和权力。职、责、权的有机统一，才能有效地实施领导。权力必须与职责相联系，授职必须授权，有职无权不能尽其职，有职有权必须尽其责。那种在其位而不谋其政，守其职而不尽其责，只想当官而不愿负责的人，就不是一个合格的领导者。各级政治部主任应当以权为公，执政为民，树立为官一任、振兴一方的思想，大胆地正确行使自己的权力。只要是看准了的事情，于党于人民于队伍建设有利的事情，就要敢于决断，敢抓敢管。但权力不能超越职责的范围，超越了就叫越权，或者叫滥用权力，这不仅会影响上下左右的关系，而且还会破坏工作秩序，造成不良后果。更不能把权力看成

---

① 毛泽东选集：第4卷［M］．北京：人民出版社，1991．

是私有资本，搞以权谋私，将权力商品化。只有牢固树立为人民服务的观念，以落实科学发展观重要思想武装自己，才能真正地忠于职守，大胆而慎重地行使权力，尽到自己应尽的责任。

（2）重视非权力性影响力。政治机关首长要想很好地发挥领导作用，就必须具有两方面的影响力：一是以权力为核心的权力性影响力。这种影响力是通过职权实行强制性控制的、有目的地影响和改变他人的思想与行为的一种能力。它具有强制性、制约性和短暂性等特点。二是以威信为核心的非权力性影响力。它是通过领导者的非权力因素影响和改变他人的思想与行为的一种能力。它来自领导者的品德、知识和才能。一个领导者具有优秀的品德，在群众中就有威信，就能形成影响力，这种影响力是一种通过自然的、潜移默化的过程，变为受影响者以内驱力的形成来起作用；领导者具有渊博的知识，丰富的经验，就会在工作中产生实效，博得人们的信服，从而也就有了影响力；领导者所具有的创造力、组织力、判断力等才干能力，会给事业带来成功，使人们产生敬佩，从而也就形成了巨大的影响力。非权力性影响力比权力性影响力作用更大，持续时间更长。正如列宁所指出的：领导应该主要"不是靠权力，而是靠威信、毅力、丰富的经验，多方面的工作以及卓越的才能。"[①] 我们通常所说的提高领导能力，一般是指扩大职权因素之外的影响力，特别是指扩大领导者品德、才能方面的影响力。因此，努力提高和正确使用非权力性影响力，乃是政治机关首长正确行使职权的重要艺术之一。

（3）适当放权。现代领导科学能级原理告诉我们，必须将人按能量分级，让具有各种才能的人都能处于相应能级的岗位，各显其能，各尽其责，以保证组织系统的整体效能。但在实际工作中，有些政治机关的领导者存在"大权独揽，小权也揽"现象，其表现是："侵权越位"，把下属要干的揽到自己身上；"包打天下"，事必躬亲，见啥抓啥；指导工作过于具体，束缚了下属的积极性和创造性。由于权力过于集中，对下级统得过死，揽得过多，抓得过碎，从而造成了该抓的不到位，不该抓的越了位，种了部下的"田"，荒了自己的"地"。因此，适当放权，巧用"分身术"，应是政治机关首长正确行使职权的又一领导艺术。适当放权包括两个方面：一是授职、授责的同时授权，使不同能级有不同的权力；二是给下属较多的自主权，以发挥下属的改革创新精神。这样，有利于下属增强责任感，克服机械执行命令、被动依赖上级的习惯。

3. 正确用人的艺术

政治机关在实施对队伍政治工作领导的过程中，需要发挥多种职能。这些职能相互结合，在形成综合的趋向性力量中，使之达到决策目标。而在这种综合趋向性力量中，占据主导地位的是用人问题。因此，掌握正确的用人艺术，善于发现、识别和使用干部，是各级政治机关首长的基本职责，也是提高政治机关工作效能的决定因素。

（1）掌握正确用人的艺术，必须具有识别人才的基本功。善于识别干部，是正确选用

---

① 列宁全集：第六卷 [M]. 北京：人民出版社，1957.

干部的前提；而识别干部则要有正确的观点和标准。只有坚持用全面的、历史的、发展的眼光看待干部，并不断地提高自己的智能和素质，才能有效地认识人才。这是马克思主义认识论的基本原理，也是识别干部的基本观点。同时，在识别干部中，政治机关首长还应有求贤若渴的精神和发现潜在人才的慧眼。人才是客观存在的，如果没有求贤若渴的精神，就不容易看到这个"存在"，即使看到了，也不能及时地、很好地使用。"三顾茅庐"对现代领导者仍有现实意义。尤其是政治机关首长，必须不断提高自身的素质，把这种"功夫"学到手，练到家。

（2）掌握正确用人的艺术，必须按照德才兼备、以德为先的标准用人。德，是指干部的政治思想和品德；才，是指干部的知识、经验和能力。离开德会失去方向，忽视才则任非所能。政治机关工作是一项党性很强的工作，选用的干部，必须具有坚强的党性和政治原则性；政治机关所从事的各项工作，是一种实践性很强的工作，选用的干部，必须具有丰富的实际工作经验，具有独立分析问题和解决问题的能力，政治机关工作具有服务保证的职能，它要结合各项工作一道去做，这就要求选用的干部，必须具有"结合""渗透"的本领；政治工作是一门综合性的科学，做好政治机关工作需要多方面的知识，这就决定了在选用干部时，必须把那些知识面宽、政治理论根底厚实、精通机关专业知识的干部选进政治机关。在选拔政治机关干部时，不能把政治机关单纯地看成是"秀才之家"，而应该使各类人才合理搭配。因为，政治机关好比一盘"棋"，需要各方面的人才，应"车、马、炮"齐全，既要有善于调查研究、总结经验的"笔杆子"，又要有善于指导基层处理各种问题的"实干家"，既要有熟悉各种业务的"多面手"，又要有掌握某项专长的"小行家"。只有把政治机关干部的结构搞合理，才能很好地发挥机关的整体功能。

（3）掌握正确用人的艺术，要善于量才录用，用其所长。使用人才的关键是合理，只有对人才使用合理，才能使人才如鱼得水，激发其积极性和创造性，从而使领导效能得到充分发挥。政治机关首长应根据人事两宜、职能相称的原则，按照干部的不同才干和各项业务工作的不同需要，善于量才录用。一个言表文述能力过人的宣传干部，未必胜任干部工作。一个默默无闻、善做保密工作的干部，如果让他搞宣传文化工作，可能会一筹莫展。这就是说，人才不是全才，能人不是完人。人才有其长，也必有其短。用人之道，在于用其所长。清代诗人顾嗣协写有一首《杂兴》诗，诗曰："骏马能历险，力田不如牛。坚车能载重，渡河不如舟。舍长以就短，智者难为谋。生材贵适用，慎勿多苛求。"这首诗清楚地说明了人才使用贵在扬长避短，择长而用的道理。只有根据每个人的特长、志趣、气质、能力，让每个人去干自己最擅长的工作，使人尽其才，才尽其用，才能充分施展每个干部的才能和提高机关工作的整体效能。

（4）掌握正确用人的艺术，要做到用人不疑，疑人不用。对部下以充分的信任，放手大胆地使用，使他们有职有权地开展工作，这样才能调动部下的主动性、积极性和创造性，切不可包办代替下属的工作，或者对下属职权范围内的事横加干涉，更不能任而不用，用而不信。当部下在工作中出现某些失误时，既要严格要求，诚恳纠正，又要勇于承担领导责任,帮助他们总结经验教训,不断提高其工作能力。信任部下还应表现在敢于用那些才干超过自己的人。在这方面,有的领导缺乏勇气和信心,对他们手下那些才干超群的人,总感到不好驾驭,在使用上有种种限制,宁肯将职权给那些平庸之辈,而不愿交给超过自己的人。真正有作为的领导者应当充分信任和使用那些才干超过自己的人,这样在他领导的机关,就能造成人才荟萃、生机勃勃的局面。所以,政治机关首长不一定样样才干都强过别人,也不可能样样才干超过别人,但必须具有超群的用人艺术,尤其对那些具有强烈的革命事业心和责任感、头脑清醒、意志坚定、自尊自信、敢想敢干、有开拓创新精神的干部更应大胆起用,从而增强政治机关工作的活力,更好地发挥政治机关的职能作用。

(5)掌握正确用人的艺术,在用人的同时还应注意育人。一个具有远见卓识的政治机关领导,不仅要善于选拔使用现有的能人,而且要坚持用、养并重的原则,重视培养和造就人才。对人才只使用不培养,就会造成人才枯竭,现有人才也会越来越变得不适用。政治机关首长不能目光短浅,只顾自己任职期间的利益。要放眼长远,重视育才。一方面要注意在实践中培养锻炼机关干部;另一方面要舍得放手让有发展前途的干部离职深造,让他们系统地接受专门教育,从而为长期有效地使用人才提供保证。

4. 激励部下的艺术

所谓激励艺术,就是通过激发和鼓励,对部下的思想给予积极刺激,以引发积极行为的一种艺术。心理学家认为,激励是人类心理活动的一种心理过程,一切行为都是受到激励而产生的。正确运用激励艺术,就能充分挖掘部属的潜力,更好地提高机关工作效率。对部属激励的方式很多,主要的有以下几种。

(1)目标激励。通过制定明确可行的奋斗目标,使部下接受进步目标的挑战,用目标规范自己的言行,就可激发部下的动机,在实现目标中大显身手。目标激励量的大小取决于目标的价值性、挑战性和可能性。目标实现的客观价值越大,激励量越大;目标越富有挑战性和可能性,其激励量越大。因此,要达到目标激励的目的,必须将目标的价值性、挑战性和可能性有机地统一起来。

(2)参与激励。民主制度是我们的优良传统,由此决定了政治机关首长必须发扬民主作风,把参与机制引入自己的领导活动之中,使部下有权参与本机关职权范围内重大问题的决策和提出建议。这样,会大大激发下属的责任感和主人翁精神。

(3)尊重激励。自尊自重自信是人的一大特征。从一定意义上说,尊重与信任是联结领导与部下的"黏合剂"。领导者对部下的认可与尊重,往往能使部属在心理上得到满足,精神上受到鼓舞,减弱或避免逆反心理,强化顺从心理,从而把本机关的全体成员紧紧吸引在自己的周围。

(4)情感激励。积极健康的情感会催人奋起,消极情感会使人落伍掉队,通过感情"投资",能融洽关系,维系人心,减少内耗,上下齐心。为此,政治机关首长要主动关心部属疾苦,尽力帮助解决那些能够解决的实际困难,对他们的合理要求和建议应予以充分的重视,把"爱"的温暖送到每个部下的心坎上,就会激发他们的献身精神,尽职尽责地做好本职工作。

(5) 竞争激励。把竞争机制引入政治机关的工作活动中,是政治机关首长激励下属的重要艺术之一。它是根据人们不甘落后、积极上进的心理,让被领导者在竞争中维护自己有意义的地位,从而焕发一种高昂向上的动力。正确运用竞争激励的艺术,能给部下造成一种压力和紧迫感,能增强集体中每个部属的心理内聚力,使大家思想更加统一,行为更加协调。

(6) 反馈激励。部属在实施每一项工作时不可能事事处处都拿出自己的全部"心血"来表现自己,往往都是在遇到比较重要或适合自己特长的工作时,容易全力显露自己。这就要求政治机关首长在抓工作中,做到有始有终,正确运用反馈激励的艺术,对部下的行为结果作出客观评价,并采用恰当的形式反映出来,以鼓励先进,造成一种比学赶帮、竞相进步的氛围。

运用激励艺术,既要掌握激励方法,更要把握激励时机。最佳时机的选择通常是:当部下进入新的人际环境时,应及时激励;当部下有某种需要时,应及时激励;当部下对过错有悔改之意时,应适时激励。

激励部下,领导者必须以实际行动影响部下,以身作则,为人师表。政治机关首长作表率,对整个机关人员具有极大的示范作用、导向作用和带动作用。因此,领导者对于自己决策的目标,制定的规范和纪律,必须带头执行,身体力行。这样,被领导者才会心悦诚服地接受领导,跟着领导者积极行动起来,自觉完成各项工作任务。

二、政治机关干部的任职资格和素质要求

政治机关干部整体素质的强弱,直接影响机关工作的效率、质量和威信。所以,对他们任职的基本条件、素质要求和如何履行岗位职责等方面,《国家综合性消防救援队伍政治工作暂行规定》作出了明确规范。

(一) 政治机关干部的任职资格

《国家综合性消防救援队伍政治工作暂行规定》明确指出,各级政治机关干部的任职必须具备以下三个基本条件:

(1) 政治机关干部必须是中国共产党党员,具有履行职责所需的综合素质和实际能力。

(2) 总队、支队政治机关干部,应当担任基层干部2年以上;国家消防救援局政治机关干部,应有总队或支队机关工作经历2年以上。

(3) 院校、训练机构政治机关干部的任职经历要求,参照上述规定执行。

以上三个基本条件,分别就政治机关干部的业务能力、工作经验和政治素质等方面作出了具体规定,这是根据政治机关的性质和担负的任务而提出来的。

(二) 政治机关干部的素质要求

政治机关干部的任职资格，只是选拔任用政治机关干部时所具备的基本任职条件。即使具备上述条件，且已被调入政治机关，但要真正成为一名称职的、优秀的政治机关干部，还必须具有更具体的素质要求。对此，《国家综合性消防救援队伍政治工作暂行规定》明确指出，政治机关干部应当做到：

（1）认真贯彻执行党的路线、方针、政策，严守国家的宪法、法律和国家综合性消防救援队伍的法规制度，执行上级的决议、命令、指示。一是要带头讲政治，始终保持清醒的政治头脑。二是要带头讲纪律，自觉坚持党性原则。政治机关干部，必须严守党的纪律，坚持原则，秉公办事。决不能借工作之便假公济私，更不能拿党的原则拉关系，搞交易，捞好处。

（2）努力学习党的科学理论，理想信念坚定，对党绝对忠诚。马克思列宁主义、毛泽东思想和中国特色社会主义理论体系、习近平新时代中国特色社会主义思想既是政治工作的理论基础，又是政治工作的核心内容；政治工作知识是政治机关干部的本职业务和专业技能。一是要加强政治理论学习，提高政治机关干部自身的理论素养。二是要加强政治工作业务学习，提高政治机关干部的专业素质。三是要加强现代军事、科技知识学习，提高政治机关干部掌握和运用现代科技的能力。

（3）热爱政治工作，忠于职守，精通业务，勤奋刻苦，具有履行职责所需的理论水平、政策水平和专业知识。各级政治机关干部必须从讲政治的高度，强化首位意识，牢固树立政治工作是消防救援事业生命线的观念，真正把政治工作当作革命事业来做，全身心地投入政治机关各项工作和专业技能的学习钻研之中，在精通本职业务，提高专业技能和综合素质上下功夫。

（4）会调查研究、会组织协调、会参谋指导、会文字表达、会开展遂行任务政治工作。作为政治机关干部必须严格遵循调查研究的基本原则；善于协调各方面的关系、解决矛盾，创造和谐的内部环境和外部环境；同时能够运用正确的逻辑思维方式和文字表达形式形象表达思想情感、政治观点；同时，要熟练掌握遂行任务政治工作的开展方法和有效途径。

（5）自身要求严格，公道正派，廉洁自律，品行良好。要以自己的良好道德形象维护党的威信，维护政治机关的声誉，真正把各级政治机关建设成为队伍精神文明建设的排头兵，建设成为深受广大基层指战员拥护、敬重的政治工作的领率机关。

第二节 政治机关干部队伍建设的主要内容

加强政治机关干部队伍建设，是充分发挥机关职能作用的前提条件，直接关系到基层建设的质量和水平，有利于维护党委和首长的形象与威信。努力建设对党忠诚、纪律严明、赴汤蹈火、竭诚为民的政治机关和政治干部队伍，这是加强政治机关和政治干部队伍建设新的目标要求。政治机关自身建设，主要包括六个方面内容，即政治建设、思想建设、组织建设、业务建设、纪律建设和作风建设。政治机关干部要强化政治意识、大局意识、核心意识、看齐意识，坚持原则、敢于担当，真抓实干、埋头苦干，确保各项政治工作有效落实。

一、政治机关干部队伍的政治建设

旗帜鲜明讲政治是我们党作为马克思主义政党的根本要求。党的政治建设是党的根本性建设，决定党的建设方向和效果，事关统揽推进伟大斗争、伟大工程、伟大事业、伟大梦想。建设对党忠诚的政治机关干部队伍，必须加强政治建设。

（一）坚决做到"两个维护"

事在四方，要在中央。坚持和加强党的全面领导，最重要的是坚决维护党中央权威和集中统一领导；坚决维护党中央权威和集中统一领导，最关键的是坚决维护习近平总书记党中央的核心、全党的核心地位。

（1）要教育引导党员干部从历史和现实、理论和实践、国内和国际的结合上深刻认识、强化认同，不断增强拥护核心、跟随核心、捍卫核心的思想自觉政治自觉行动自觉，始终同以习近平同志为核心的党中央保持高度一致，做到党中央提倡的坚决响应、党中央决定的坚决执行、党中央禁止的坚决不做。

（2）要以党章为根本依据，不断完善保障"两个维护"的制度机制，严格执行《关于新形势下党内政治生活的若干准则》《中国共产党重大事项请示报告条例》《中共中央政治局关于加强和维护党中央集中统一领导的若干规定》等党内法规，加强对贯彻执行党的路线方针政策和决议情况的督促检查，完善党中央重大决策部署和习近平总书记重要指示批示贯彻落实的督查问责机制。

（3）要以正确的认识、正确的行动坚决做到"两个维护"，坚决防止和纠正一切偏离"两个维护"的错误言行，不得搞任何形式的"低级红""高级黑"，决不允许对党中央阳奉阴违做两面人、搞两面派、搞"伪忠诚"。

（二）坚定执行党的政治路线

党在社会主义初级阶段的基本路线作为党的政治路线，是党和国家的生命线、人民的幸福线，必须坚决捍卫、坚定执行。

（1）越是面临严峻复杂的国际国内形势，越是处于中华民族伟大复兴的关键时期，越要保持清醒头脑和战略定力，全面贯彻执行党的政治路线，把以经济建设为中心同坚持四项基本原则、坚持改革开放两个基本点统一于中国特色社会主义伟大实践，绝不能有丝毫偏离和动摇。

（2）坚持党的政治路线，必须全面贯彻实施新时代中国特色社会主义基本方略，统筹推进"五位一体"总体布局和协调推进"四个全面"战略布局，为实现"两个一百年"奋斗目标不懈努力。

（3）全党制定执行大政方针，要从党的政治路线出发；部署推进党和国家事业发展重大战略、重大任务、重大工作，要紧紧围绕党的政治路线来进行。

（4）确定工作思路、工作部署、政策措施，要自觉同党的政治路线对标对表、及时校准偏差。要坚决同一切违背、歪曲、否定党的政治路线的言行作斗争。

（三）**突出政治标准选人用人**

选人用人是政治生态的风向标，是政治机关干部队伍建设质量的根本前提。

（1）要坚持党管干部原则，贯彻新时期好干部标准，始终把政治标准放在第一位，注重选拔任用牢固树立"四个意识"、自觉坚定"四个自信"、坚决做到"两个维护"、全面贯彻执行党的理论和路线方针政策、忠诚干净担当的干部，对政治不合格的干部实行"一票否决"，已经在领导岗位的坚决调整。

（2）严格执行《党政领导干部选拔任用工作条例》，在选人用人中进一步突出政治标准，强化政治把关。制定实施《党政领导干部考核工作条例》，建立健全政治机关干部政治素质识别和评价机制，强化对干部政治忠诚、政治定力、政治担当、政治能力、政治自律等方面的深入考察考核，坚决把政治上的两面人挡在门外。

（3）匡正选人用人风气，坚持不懈整治选人用人上的不正之风，对任人唯亲、说情打招呼、跑官要官、买官卖官、拉票贿选等行为发现一起查处一起，对"带病提拔"的干部实行倒查，对政治标准把关不严的严肃处理。严格执行政治机关干部选拔任用工作纪实制度，对私自干预下级或者原任职地方和单位选人用人的，记录在案并严肃追究责任。

（四）**严肃党内政治生活**

营造良好政治生态，必须严格执行《关于新形势下党内政治生活的若干准则》，着力提高党内政治生活质量，努力在全党形成又有集中又有民主、又有纪律又有自由、又有统一意志又有个人心情舒畅生动活泼的政治局面。

（1）增强党内政治生活的政治性，强化政治教育和政治引领，让党员干部经常接受政治体检，打扫政治灰尘，净化政治灵魂，增强政治免疫力，坚决防止和克服党内政治生活忽视政治、淡化政治、不讲政治的倾向。

（2）增强党内政治生活的时代性，主动适应信息时代新形势和党员队伍新变化，积极运用互联网、大数据等新兴技术，创新党组织活动内容方式，推进"智慧党建"，使党内政治生活始终充满活力，坚决防止和克服党内政治生活不讲创新、不讲活力、照搬照套的倾向。

（3）增强党内政治生活的原则性，坚持按原则开展党的工作和活动，按原则处理党内各种关系，按原则解决党内矛盾和问题，严格执行党的组织生活制度，认真召开民主生活会和组织生活会，提高"三会一课"质量，落实谈心谈话、民主评议党员和主题党日等制度，坚持和完善重温入党誓词、党员过"政治生日"等政治仪式，使党内生活庄重、严肃、规范，坚决防止和克服党内政治生活不讲原则、平淡化庸俗化随意化的倾向。

（4）增强党内政治生活的战斗性，坚持以整风精神开展批评和自我批评，勇于思想交锋、揭短亮丑，旗帜鲜明坚持真理、修正错误，统一意志、增进团结，建立健全民主生活会列席指导、及时叫停、责令重开、整改通报等制度，坚决防止和克服党内政治生活一团和气、评功摆好、明哲保身的倾向。

二、政治机关干部队伍的思想建设

政治机关干部队伍的思想建设，主要包括政治立场、理想信念、理论和政策水平、法纪观念、品德修养、精神状态（事业心、责任心）等。

（一）始终保持坚定正确的政治方向

政治机关是"党部"，政治机关应当始终保持讲学习、讲政治、讲正气的浓厚氛围，政治机关干部的思想境界和政治素质理所当然应该高于一般干部，一言一行都应当体现讲政治、当模范的要求。

（1）牢固树立"党部"意识。政治机关时时刻刻都要从保证党对队伍绝对领导的大局出发思考问题，一言一行都必须维护党的政策、原则和利益，模范地贯彻执行党的路线、方针、政策和上级的决议、命令、指示。

（2）严格遵守党的纪律。政治机关干部应当具有很强的纪律观念和清醒的政治头脑，自觉做遵守党的纪律的模范。在涉及党的政治原则和政治纪律的大是大非问题上，必须做到立场坚定，旗帜鲜明。对自身而言，凡违背党的原则的话一概不讲，凡违反党的纪律的事一律不做；对部属而言，也不能放宽尺度，不准随意"变通"，不允许搞"下不为例"。

（3）自觉维护党委的权威。政治机关必须坚决执行党委集体作出的决议，认真贯彻党委和政治委员的意图，不允许向党委闹独立性。如果党委的决策或政治委员的指示违背了党的政策、原则，政治机关可以请求改变，或向再上一级政治机关报告，但在本级党委或政治委员的决定未作更改之前，政治机关仍然必须执行。

（二）努力提高思想理论和政策水平

厚实的理论功底和较高的政策水平是政治机关干部的"资本"，也是做好实际工作的武器。

（1）刻苦钻研马克思列宁主义、毛泽东思想和习近平新时代中国特色社会主义思想。这既是具有马克思主义信仰、共产主义觉悟和中国特色社会主义信念，确保在政治上、思想上和行动上与党中央保持一致的前提条件，也是努力掌握马克思主义的立场、观点和方法，提高理论思维能力和实际工作能力的根本途径。

（2）努力学习和掌握社会科学、人文科学等各门具体学科的理论与方法。社会科学、人文科学的各门具体学科，如社会学、心理学、教育学、政治学、伦理学、法学、哲学、历史学、文学等，都是以其独特的理论视角和方法来研究社会现象和社会问题的。政治机关干部熟练掌握和运用这些理论与方法，可以不断提高人文素养，使其眼界更开阔、思想更解放，认识问题、分析问题更全面、更深刻，解决问题的办法更多、更加得心应手。

（3）熟练掌握政治机关各专业相关的政策规定。政治机关干部必须具有较高的政策水平，成为本专业的"政策通""活档案"。

（三）树立一心一意干事业的敬业精神

政治机关干部只有把工作当事业干，敬业、勤业、精业，才能始终保持昂扬的精神状态和强烈的事业心、责任感。一方面，在新形势下，国家的历史使命是实现"两个一百年"奋斗目标和中华民族伟大复兴的中国梦，队伍必须为这个目标服务，这是队伍的使命担当，也是政治工作的使命担当。另一方面，作为领率机关的成员，政治机关干部的工作姿态和敬业精神对所属队伍有着潜移默化的示范和辐射作用。

三、政治机关干部队伍的组织建设

政治机关的组织建设，主要包括机关干部的选拔、配备、培养与轮替，人力、物力、信息、时间等各种资源的配置、组合与调度，规范机关干部行为、调动机关人员积极性的各种规章制度的建立、健全与执行等。

（一）抓好政治机关干部的选拔和配备

（1）把好"入口关"。《国家综合性消防救援队伍政治工作暂行规定》对政治机关干部的基本任职条件进行了明确，指出：政治机关干部必须是中国共产党党员，具有履行职责所需的综合素质和实际能力。总队、支队政治机关干部，应当担任基层干部2年以上；消防救援局政治机关干部，应有总队或支队机关工作经历2年以上。院校、训练机构政治机关干部的任职经历要求，参照上述规定执行。除了这些基本条件以外，政治机关干部还应当具备思想觉悟高、基层情况熟、文字基础好、办事能力强、工作作风实等良好的综合素质。

（2）拓宽选拔渠道。对于政治机关干部的选拔，应放开视野、拓宽渠道。支队政治机关干部除了从基层政治指导员中选拔以外，还可以从基层党支部委员、团支部书记以及适合做机关工作的其他军事、技术、后勤干部中挑选。选调机关干部要着眼于发展，看基础、看潜力。

（3）注意结构合理。在年龄、职务上拉开梯次，防止造成一潭死水或大进大出的现象；在能力、气质上合理搭配，防止按照一个规格选人用人而导致活力不足；在工作经历和专业特长上优势互补，防止因人员经历过于单一而难以承担各种复杂的任务。

（4）着力选配好主任（科长）。政治机关的主任（科长）是承上启下的业务工作骨干。平时，政治机关各部门大量的日常工作要靠他们去组织落实；关键时刻的重要任务要靠他们亲自干；机关干事的挑选和传帮带也要靠他们去做。从某种意义上说，一个机关的主任（科长）得力不得力，往往决定着整个机关的强弱。因此，政治机关主任（科长），一般应在基层任过政治主官3年以上，有比较丰富的组织领导工作经验，不但要具备政治机关干部的基本任职条件，还必须是本机关的业务尖子。

（二）把握好政治机关干部生长与更替的节奏

（1）对政治机关干部的进出与生长实行计划控制。把握政治机关干部的生长、流动与更替，要把握好节奏，确保相对稳定，进出有序。既要防止长期不动，死水一潭，又要防止大进大出，更新过快。根据队伍的经验，政治机关干部流动和更替的数量，通常每年控制在其编制定额的 1/3 左右为宜。师级政治机关的干部一般要稳定 3 年以上，团级政治机关的干部至少也应当稳定 2 年以上。

（2）注意保留骨干和培养"接班人"。更应当有长远的打算和切实的人才培养计划，做到未雨绸缪。在这方面，有些单位曾作过一些尝试，他们除了注意保留业务骨干以外，还随时注意物色和培养"接班人"。例如，有意识地把有发展潜力的年轻干部或院校毕业生放到实践岗位上锻炼，让他们参与团支部、党支部建设工作，担任基层单位思想教育工作骨干，安排搞新闻报道等。待时机成熟后，即按照干部任免程序把他们调入机关。

（3）适时进行换岗交流。一方面，把机关干部放到基层去锻炼提高，之后再调回机关；同时，把适合做机关工作的基层主官调到机关来，让他们也得到全面锻炼的机会。经过"基层—机关—再基层—再机关"的几次反复，可以全面提高干部的各种能力，大大增强干部的后劲。同时，有利于机关干部与基层干部之间的换位思考和互相理解，有利于政治机关干部更加实事求是地认识和处理问题，有利于防止和克服官僚主义、形式主义等不良作风。

（三）合理地组织和使用政治机关人力资源

在政治机关内部，人员成分新老不一，能力和素质参差不齐，兴趣爱好和个性特征千差万别，这些问题都是客观存在的。如果组织、使用不当，不仅容易出现苦乐不均和"内耗"现象，影响机关干部的积极性，也不利于后备力量的锻炼成长，进而影响政治机关的长远建设。解决这个问题的方法，就是要科学地组织和使用机关力量。

（1）科学组合人力。凡是遇有需要集体合作才能完成的任务，要注意对人员力量进行科学的配置和组合，做到新老搭配、强弱互补，从而实现以老带新、以强带弱，在互帮互学中不断提高政治机关干部的素质。

（2）合理调配工作。只要不影响完成任务的时限，就要尽量把工作任务分摊开，使大家都有事可干。特别是对新成员和能力较弱的干部，要尽量多压担子，多为他们提供锻炼机会，以使其在实践中增长才干。

（3）坚持用人所长。对政治机关干部，既要使他们得到全面锻炼、全面发展，正确对待领导的分工，同时，也要注意尊重每个人的兴趣、爱好和特长，在充分了解每个干部的素质、能力和特长的基础上，尽可能把他们放在最能发挥个人特长和积极性的岗位上去。特别是对那些"照顾性""安置性"和"过渡性"的干部，更要千方百计发挥他们的特长，给他们分配适当的工作。这样有利于化消极因素为积极因素，把"包袱"变成"动力"。

（四）严格政治机关党的组织生活制度

严格政治机关党的组织生活制度，一要提高认识，教育全体机关干部牢固树立"党管干部"的观念，自觉地把自己置于党组织的管理之下，积极参加党的组织生活。要正确处理机关党组织的工作与行政领导工作的关系，该由机关党组织负责的，机关党组织就要切实履行职责；该由行政领导管理的，就放手让行政领导去抓。两者不能混淆，不能互相取代。二要坚持按照机关工作的特点落实党的组织生活制度，着重抓好党员的教育、管理和监督，积极开展批评和自我批评，适时进行思想整顿，抵制歪风，弘扬正气。

（五）重视做好本机关内部的建章立制工作

规章制度具有教育引导功能、约束规范功能和惩戒警示功能。运用不断完善的规章制度来规范工作、规范行为，既是"依法治军"的应有之义，也是新形势下的队伍建设和机关建设的现实要求。贯彻从严治军方针，依靠法规制度的调节、规范和强制作用是有效途径。

（1）坚持用规章制度来规范工作秩序。从本单位的实际出发，按照编制员额和工作需要，理顺内部关系，明确工作流程，规范工作秩序。要从健全规章制度入手，切实防止擅权越位和相互扯皮的现象，使各项工作都有章可循、有条不紊。

（2）依据规章制度来规范和激励个人行为。机关干部干好干坏一个样、晋职晋衔"齐步走"、评功评奖搞平衡、提升使用论资排辈的现象还比较普遍，直接导致一些人积极性下降，工作热情不高。对政治机关干部也应当像对专业技术干部的考评那样，有一套科学、健全的标准和程序，并定期进行。这样就可以有效地对政治机关干部的行为进行导向、规范、整肃和限制。要通过不断地摸索和总结，把每一个机关干部应当干什么、怎么干，如何进行考评和激励等，逐步规范化、制度化。

（3）按照与时俱进的要求不断健全和完善规章制度。改革和完善法规制度，既要积极，又要稳妥。凡是不合时宜的，要坚决废止；经过较长时期检验是切实可行的，要尽快形成新的法规制度。同时，要有制度执行的反馈机制。每一项规章制度的执行都必须要有一定的反馈渠道和途径，根据反馈情况，对制度进行适当的调整和修正，进行不断完善和健全，只有更加完善的制度才能更好地推动工作的开展。

四、政治机关干部队伍的业务建设

政治机关的业务建设，大致可以概括为两个方面：一是硬件建设，即政治机关开展业务工作所必须具备的物质条件，如各项业务工作程序和规范、信息资料、办公设备和设施等。二是软件建设，主要指政治机关干部的业务水平和工作能力。这里着重强调以下几个方面。

（一）着力提高政治机关干部的业务水平

政治机关的业务工作大体上可分为两类：一类是日常事务性工作，又称为文秘性工作。具体包括公文写作和文书处理、会议的组织与服务、信访与接待工作、值班与随从活动等。这是政治机关各部门和各类人员都应当熟悉和处理的工作。另一类是专业性工作，又称为职能性工作。具体指由某一个业务部门甚至由某一个机关干部独立负责的专业工作，如党委和支部建设工作、干部任免与调配工作、思想政治教育工作、预防犯罪与刑事侦查工作、群众工作等。要提高政治机关干部的业务水平，就应当使他们熟悉有关的法律、法规和政策，切实掌握每一项业务工作的基本知识、基本程序和基本技能。同时，政治机关干部要全面提高综合素质和实际能力，政治工作要成为行家里手，消防救援相关工作也要成为行家里手，从而顺利履行自己的职责。

提高政治机关干部的业务水平，除了个人努力学习和刻苦钻研外，从组织领导的角度来说，应当着重抓好以下几个方面。

（1）进行系统的专业训练。政治机关干部上岗前先经过专业培训必须常态化。

（2）加强在职业务培训。按照"缺什么，补什么"的要求，有计划地进行业务培训。培训中，首先应当解决好师资力量问题，这是保证培训质量的关键。可以让本机关领导、有经验的老干事讲课，也可以请上级机关的人员上课，还可以请驻地附近的高校老师授课。除了课堂讲授外，还要采取个人自学、大会讨论、作业演练和难题会诊等多种方法，做到培训方式丰富多彩、生动活泼。

（3）搞好业务骨干传帮带。政治机关的业务工作通常都有很强的技能性和操作性，运用传统的"师傅带徒弟"的办法，对于提高机关干部的业务能力仍然是一项十分有效的措施。因此，无论是给上级领导当参谋，还是指导基层建设，无论是办理日常事务，还是撰写文字材料，都要有目的、有计划地搞好传帮带。

（4）实现信息资源共享。政治机关干部的业务能力强不强，很重要的是看其对信息资源的占有量。有的政治机关为了使大家了解尽可能多的信息，真正做到胸有全局，采取多种措施帮助大家实现信息资源的共享。

（5）注重实践中锻炼才干。实践出真知，实践也是增长才干的最可靠的途径。政治机关的领导应当清醒地认识到，只有大胆地给机关干部压担子，让他们放开手脚接受实践锻炼，经风雨，见世面，才能使他们的工作能力迅速得到提高。

（6）开展应用性政工研究。结合业务工作开展应用性研究的具体做法，大致有三条：一要发动群众人人动手，并且要因人制宜地提出指标性要求和相应的考核、激励措施；二要突出应用性，紧紧围绕不同专业的特点、工作重点和干部战士普遍关心的难点、热点问题选择研究课题，取得的研究成果还应当用于指导工作实践；三要持之以恒，常抓不懈。结合实际工作搞研究，必须舍得下苦功夫、慢功夫，坚持数年，必有好处。特别要与慵惰行为作斗争，防止紧一阵、松一阵或虎头蛇尾现象。

（二）加强信息资料和档案建设

信息资料是政治机关干部开展工作的"原材料"，信息资料工作是政治机关的一项基本建设。无论是开展政治教育、总结工作经验、组织各项活动、撰写各类文书等，都必须以掌握一定的信息资料为前提。离开了信息资料，政治工作便成了无米之炊、无源之水，寸步难行。有的政治机关不注意资料的积累和利用，当新同志接替老同志工作时，一切从零开始，机关工作总是在低水平上打转转。改变机关工作的被动局面，必须从资料建设抓起。政治机关的工作应该不断地有所前进，有所创造。资料是前进的起点，是创造的基础。政治机关的全体工作人员都必须确立资料就是财富的观念，努力做好资料工作。

档案工作是政治机关工作的组成部分，是提高政治机关工作效率和工作质量的必要条件，是维护政治机关历史真实面貌的一项重要工作。政治机关干部部门必须严格遵守国家和队伍有关法律法规，贯彻执行党和国家的保密、保卫制度，依据档案管理有关原则、规定，实行集中统一管理，确保档案和档案机密的完整与安全。为了进一步提高政治机关档案建设水平，政治机关干部部门应视情况酌情加大投入配备设施，运用计算机网络等现代化科技手段管理档案，广泛运用计算机检索，逐步实现政治机关档案管理的规范化、制度化、科学化、现代化。

（三）抓好办公信息化建设

所谓办公信息化，具体来讲，就是借助信息技术、网络技术、通信技术、数据库技术等来搜集、处理和传递信息。加强政治机关办公信息化建设，能够大大增加政治工作的覆盖面和影响力，大大提高政治机关的工作质量和效率，有利于实现人与武器的最佳结合，甚至可以大大促进政治工作向中心任务的渗透，实现政治工作和消防救援指挥的联动。加强办公信息化建设，应当从以下两个方面着手。

一方面，要构建新型信息化办公平台，购置和更新信息化办公设备。以计算机和网络技术为核心的信息化办公设备，如计算机、数码摄像机、打印机、复印机、传真机、扫描仪、投影仪等，已经成为政治机关实现办公信息化的必备条件。总队和支队政治机关由于受资金限制，在办公信息化设施和设备的建设上，要想一步到位几乎是不可能的。但可以分阶段实施，逐步发展完善。

另一方面，要在政治机关干部中普及信息化办公设备的学习和运用。政治机关的每一个干部都应当熟练地掌握计算机操作技能，不仅能使用计算机进行一般的文档处理，而且要善于运用网络技术去查询资料、传递信息。此外，还应当学会对现代化办公设备使用中出现的一般故障的维修技能。由于计算机和网络技术的迅速发展，政治机关干部应当不断地进行知识更新，积极跟踪最前沿的技术。即使有的单位目前尚未配备先进的办公设备，也应当先抓紧人员培训工作，做好相关理论知识的准备。

五、政治机关干部队伍的纪律建设

加强党的纪律建设，必须把营造风清气正的政治生态作为基础性、经常性工作，浚其源、涵其林、养正气、固根本，锲而不舍、久久为功，实现正气充盈、政治清明。

（一）严明政治纪律和政治规矩

政治纪律是党最根本、最重要的纪律，是净化政治生态的重要保证。

（1）要把坚决做到"两个维护"作为首要政治纪律，在全党持续深入开展忠诚教育，开展"守纪律、讲规矩"模范机关创建和先进个人评选活动，教育督促党员干部始终对党忠诚老实，决不允许在重大政治原则问题上、大是大非问题上同党中央唱反调，搞自由主义。

（2）严格执行《中国共产党纪律处分条例》，严肃查处违反政治纪律的行为，通过严明政治纪律带动党的其他纪律严起来。坚持"五个必须"，必须维护党中央权威，决不允许背离党中央要求另搞一套；必须维护党的团结，决不允许在党内培植个人势力；必须遵循组织程序，决不允许擅作主张、我行我素；必须服从组织决定，决不允许搞非组织活动；必须管好领导干部亲属和身边工作人员，决不允许他们擅权干政、谋取私利。

（3）严肃查处"七个有之"问题，把政治上蜕变的两面人及时辨别出来、清除出去，坚决防止党内形成利益集团攫取政治权力、改变党的性质，坚决防止山头主义和宗派主义危害党的团结、破坏党的集中统一。

（二）发展积极健康的政治文化

营造良好政治生态，离不开党内政治文化的浸润滋养。

（1）坚持"三严三实"，大力弘扬忠诚老实、公道正派、实事求是、清正廉洁等价值观，充分利用各类爱国主义教育基地和党性教育基地对广大党员干部进行教育和熏陶，增强党员干部的政治定力、纪律定力、道德定力、拒腐定力。

（2）大力倡导清清爽爽的同志关系、规规矩矩的上下级关系、干干净净的政商关系，弘扬正气、树立新风。推动中华优秀传统文化创造性转化、创新性发展，培育党员干部政治气节、政治风骨。

（3）发扬革命文化，传承红色基因，弘扬革命精神，教育党员干部正确处理公和私、义和利、是和非、正和邪、苦和乐的关系。弘扬社会主义先进文化，推进社会主义核心价值观宣传教育，引导党员干部带头做社会主义核心价值观的坚定信仰者、积极传播者、模范践行者。

（4）坚决抵制庸俗腐朽的政治文化，自觉抵制商品交换原则对党内生活的侵蚀，狠刹权权交易、权钱交易、权色交易等不正之风，破除关系学、厚黑学、官场术等封建糟粕，坚决防止和反对个人主义、分散主义、自由主义、本位主义、好人主义，坚决防止和反对宗派主义、圈子文化、码头文化。

（三）永葆清正廉洁的政治本色

坚决反对腐败，建设廉洁政治，是涵养政治生态的必要条件和重要任务。

（1）强化不敢腐的震慑，坚持反腐败无禁区、全覆盖、零容忍，坚持重遏制、强高压、长震慑，运用监督执纪"四种形态"，重点查处党的十八大以来不收敛、不收手，问题线索反映集中、群众反映强烈，政治问题和经济问题交织的腐败案件，严肃查处违反中央八项规定精神的问题，持续保持反腐败高压态势。

（2）扎紧不能腐的笼子，健全党和国家监督体系，加强对权力运行的制约和监督，通过改革和制度创新切断利益输送链条。特别要针对管人管钱管物管项目的单位和岗位，查找廉政风险点，通过科学管理、严格监督和发挥巡视利剑作用，切实管住权力，坚决反对特权行为和特权现象，让人民群众真正感受到清正干部、清廉政府、清明政治就在身边。

（3）增强不想腐的自觉，领导干部特别是高级干部要带头加强党性修养，知敬畏、存戒惧、守底线，坚决防范被利益集团"围猎"，持之以恒锤炼政德，明大德、守公德、严私德，带头遵守《中国共产党廉洁自律准则》，注重家庭家教家风，自觉做廉洁自律、廉洁用权、廉洁齐家的模范。

六、政治机关干部队伍的作风建设

政治机关干部队伍的作风建设，不仅指思想作风的锻炼与养成，也包括工作作风和生活作风的锻炼与养成。它既是一项事关提高政治机关综合素质的"基础工程"，又是一项事关加强政治机关职能与威信的"形象工程"。《国家综合性消防救援队伍政治工作暂行规定》提出："国家综合性消防救援队伍政治工作的根本作风和方法是实事求是和群众路线。"因此，在抓政治机关作风建设时，要坚持做到以下几个方面。

（一）实事求是，敢于负责

实事求是，是无产阶级世界观的基础，也是中国共产党的思想路线的集中体现。坚持实事求是的思想作风和工作作风，就要努力做到以下几个方面。

（1）坚持深入实际，调查研究。深入实际，调查研究，是坚持实事求是的前提。在此基础上，还应当进一步求真务实，讲实话、报实情。尤其要敢于揭短亮丑，盯着问题做工作。政治机关干部如果满足于办公室里想点子、打电话找例子、关起门写稿子，势必会产生官僚主义。

（2）办实事、使实劲、求实效。要在机关干部中倡导"铁锚"精神。"铁锚"精神的核心或精髓是"深入""务实"，它从不漂浮在水面，而是下得去、蹲得住。要牢固树立为队伍、为基层服务的思想，做到心往基层想、人往基层走、劲往基层使、钱往基层花，把基层建设的质量作为衡量自己工作成绩的一面"镜子"。

（3）把对上负责与对下负责一致起来。一方面，要坚决执行上级机关和首长的命令、指示，圆满完成上级交给的任务；另一方面，在开展工作时要充分考虑下级的具体情况，特别是基层的需要和实际承受能力。

（二）坚持原则，弘扬正气

（1）用好手中的权力。机关各职能部门多多少少都掌握着一定的人、财、物的调整和使用权。要把这些权力行使好，真正做到让党委放心、让队伍满意、让指战员服气，就必须秉公办事、公道正派。要坚决反对以权谋私、以职谋私，反对权钱交易，经受住"灯红酒绿"的考验。

（2）强化"正气"意识。讲正气是共产党员的立身之本、做人的原则。良好的风气，似乎看不见、摸不着，而实际上它实实在在地影响着人们的思想和行为。同样一件事，在不同的单位会有不同的反映。例如：调整级别、提升职务这类事，风气好的单位，如果有人想不通，发牢骚，大家会主动规劝、开导，帮助其解开思想疙瘩；而正气不足、风气不好的单位，情况则完全不同，遇到有人不满意，不但没有人规劝、开导，帮助其解开思想疙瘩，甚至还有人"火上浇油"，无中生有，说三道四，弄得沸沸扬扬，搞得鸡犬不宁。

只要我们每个同志有强烈的自我约束意识，有一股浩然正气，就一定能够创造出舒畅良好的环境氛围。

（3）勇于开展积极的思想斗争。扶正压邪，坚决抵制不正之风，同违法乱纪行为做坚决斗争。党章中提出"切实开展批评和自我批评，勇于揭露和纠正工作中的缺点、错误，坚决同消极腐败现象作斗争"，进一步明确了开展积极思想斗争的重要性。

（三）心系群众，服务基层

政治机关干部必须把为基层服务、为基层指战员谋利益作为自己开展工作的出发点和归宿点。在与基层指战员的交往中，要注意贯彻尊重人、理解人的方针，时时处处注意尊重别人，遇事多用关心、商量的口气。对于来政治机关办事的同志，不管工作多忙，都应当热情接待，主动做好服务工作。要坚决反对衙门作风，彻底改变"门难进，脸难看，事难办"的现象。

下基层时，既要善于发现问题，积极帮助基层解决问题，又要防止口大气粗、好为人师。尤其要防止自我膨胀，借首长和机关的"令箭"摆自己的威风。要学会适时地"放大"和"缩小"自己，在思考队伍工作时，要"放大"自己，从全局上考虑问题，积极为党委、首长当好参谋；在行使个人职权时，要"缩小"自己，当好服务员，切不可高高在上，指手画脚。

（四）雷厉风行，快捷高效

（1）政治机关干部队伍作风"四条要求"，即"胆大包天、心细如发、案无积卷、守口如瓶"。"胆大包天"，要求机关干部工作责任心要强，要敢于负责；"心细如发"，要求机关干部做工作要一丝不苟，细致、准确，消灭错、忘、漏；"案无积卷"，要求机关干部做工作要雷厉风行。办事效率要高；"守口如瓶"，要求机关干部严格保守秘密，不该透漏的消息绝对不能乱传。这些要求对政治机关干部也是完全适用的。

（2）政治机关干部队伍作风"五字诀"要求，即：快、准、严、细、实。"快"，就是要求政治机关干部办事反应快，行动快，干净利索，雷厉风行。有了事情，要分清任务的轻重缓急，对首长交代的事、上级交代的事、明确时间的事，都要快办，按时按质完成。"准"，就是要求政治机关干部必须准确掌握和反映情况，正确领会党委、首长的意图。"严"，就是要求政治机关干部明确办事要依令行事，按规矩办事。要求机关干部做的任何一件事都有规矩方圆，不可自作主张，耍小聪明，必须严格按政策规定办事，严于律己。"细"，就是要求政治机关干部办事心要想得细、事要做得细，不忘事、不漏事、不误事。"实"，就是要求政治机关干部工作扎实到位，不搞花架子。

（3）政治机关的作风"两个基本条件"。一要有娴熟的业务技能。业务娴熟，就能像工厂里的工人一样，少出废品和次品，减少返工的次数，以高质量求得高效益。二要有只争朝夕的紧迫感。一旦接受了任务，就要马上行动。任务完不成，就吃不下饭，睡不好觉，加班加点也要赶出来。

(五) 准确细致,一丝不苟

政治机关工作涉及队伍全局,一旦发生差错,就可能危及党的利益和广大指战员的利益,也会损害机关自身形象。无论办事情、写材料,都必须坚持高标准、严要求,精益求精。

作为掌握政策、发布命令的领导机关,无论从哪个方面讲,都必须养成准确细致、一丝不苟的作风。不然的话,不仅会给工作带来被动,严重的还会给队伍建设造成损失。政治机关干部养成准确细致、一丝不苟的作风是十分重要的。

在上述四个方面建设中,思想建设、业务建设和作风建设,主要是对政治机关干部个体的要求,应当从政治机关的每一个成员抓起。即通过个人的刻苦学习、修养和实践,努力使自己成为能够胜任本职工作、综合素质较高的政治机关干部。而组织建设则主要是对政治机关整体的要求,政治部主任和各个业务部门的负责人应当重点筹划,并切实抓好落实。

第三节 政治机关干部队伍建设的主要方法

2015年,中央军委印发《关于建设对党绝对忠诚、聚焦打仗有力、作风形象良好政治机关和政治干部队伍的意见》,有力推动了政治机关干部队伍整体水平不断提升。消防救援队伍政治机关干部队伍建设事关党的执政能力、执政基础、执政地位,政治机关队伍建设要坚持把政治建设放在首位,坚持以发挥整体效能为目标,坚持以做好业务工作为抓手,坚持以基层建设成效为检验标准,坚持以创新精神为动力。

一、坚持把政治建设放在首位

在新时代,必须始终把党的政治建设摆在首位,把准政治方向、坚持政治领导、夯实政治根基、涵养政治生态、防范政治风险、永葆政治本色、提高政治能力,以党的政治建设为统领加强政治机关干部队伍建设。

(一) 坚决做到"两个维护"

坚持和加强党的全面领导,坚决维护习近平总书记党中央的核心、全党的核心地位,坚决维护党中央权威和集中统一领导。加强党的政治建设,必须牢固树立"四个意识",严守政治纪律和政治规矩,始终在思想上政治上行动上同以习近平同志为核心的党中央保持高度一致,确保党中央各项决策部署落地生根。

(二) 严肃党内政治生活

严肃党内政治生活既是党的政治建设的重要内容,又是加强党的政治建设的基本途径。加强和规范党内政治生活,其中一个重要方面就是要从营造讲真话、说实话的良好氛围抓起,保护和重视讲真话的同志,善待和厚待讲真话的同志,不能让讲真话者因讲真话而吃亏。

（三）重干部政治能力提高

政治能力是干部第一位的能力，提高政治能力，是加强党的政治建设的关键。党员干部不仅要有政治意识、政治态度，更要提高政治能力，面对错误言行敢于斗争、善于斗争。提高政治能力，既需要领导干部勇于以自我革命精神锻造自己，也需要党组织的培养教育管理监督。

（四）建设风清气正政治生态

政治生态是政治建设成效的检验标尺。一个单位政治生态好，党的优良作风就能得到弘扬，干群就心齐气顺，单位建设发展就会又好又快。涵养政治生态，关键是要营造一个良好的干事环境。要旗帜鲜明地为实干者鼓劲撑腰、为担当者担当、为负责者负责。要依法依规打击制造谣言、告黑状。

二、坚持以发挥整体效能为目标

加强政治机关干部队伍建设，说到底就是要使每一级政治机关都成为精干高效、服务优良、运转协调的战斗集体。对上，应当是合格的参谋和助手；对下，应当成为集管理者、引路人和服务员于一身的出色的政治工作指挥部。

（一）必须有自上而下的统一领导

政治机关干部队伍建设应当有计划、有步骤地进行。通常由政治部副主任专管，由秘书部门或组织部门具体组织实施（包括拟定计划，抓好落实）。政治机关各业务部门的负责人也都责无旁贷。政治部主任要亲自过问，具体指导。政治委员也要给予足够的关心和帮助。

（二）充分发挥每一个机关干部的主动性

要搞好政治机关自身建设，发挥好政治机关的整体效能，仅靠领导或组织上一个方面的积极性还不够，还要调动和发挥好每一个机关成员的积极性。"众人拾柴火焰高"。只有人人参与，大家都具备主人翁的态度和较高的素质，才能使这个战斗集体保持勃勃生机和最佳状态。反之，如果认为抓机关自身建设只是领导和组织上的事情，自己却冷眼旁观，那就会消极、被动地等待别人督促和检查。

（三）不断增强政治机关内部的凝聚力

一方面，要热情关心和体贴机关工作人员，帮助他们排忧解难。兢兢业业地做好本职工作，坚决完成上级赋予的各项任务，是政治机关干部必须履行的职责。但是，每一个机关干部也都有其个人的需要、愿望和实际问题。有的属于物质生活方面，有的属于精神生活方面。当这些需要和愿望能得到适度的满足，个人的实际问题能得到妥善的解决时，个人的积极性才能充分发挥出来，对于组织就会更加依赖和信赖，组织的凝聚力和向心力就会大大增强。另一方面，要在政治机关内部努力营造健康、和谐的人际关系氛围。在任何一个集体中，不同的人员在脾气、性格上总会存在差异；在人们日常交往或从事共同活动中，难免会产生矛盾和冲突。如果处理不好，就可能导致相互之间的误会和隔阂，进而影响集体的团结,削弱组织的凝聚力。所以,政治机关必须大力加强群众性思想工作,及时协调和化解影响团结的矛盾与纠纷。

三、坚持以做好业务工作为抓手

政治机关干部队伍建设和政治机关业务工作之间,本来就有不可分割的内在联系。两者能够互相渗透、互相促进。抓好机关干部队伍建设是为了保证业务工作的正确方向,并为做好业务工作提供动力;做好业务工作又能够为加强机关干部队伍建设提供研究课题和抓手,并且能准确地反映和体现政治机关干部队伍建设的成果。一方面,要坚持以高水平的队伍建设带动高质量的业务工作,防止脱离业务工作空谈自身建设的倾向;另一方面,要以高质量的业务工作来促进和检验队伍建设的水平,防止埋头于具体业务工作而忽视自身。

四、坚持以基层建设成效为检验标准

以基层的建设成效作为检验政治机关干部队伍建设的尺度,具体应当把握以下几点:一是机关在反映情况、总结工作时,要以基层建设的实绩为主,不能只讲自己的计划如何周密,工作如何具体,作风如何深入。二是在基层出了问题时,机关不但要帮助他们查找原因,而且要认真反思自己的责任,查找工作指导上的失误和薄弱环节。三是在评比先进处、科和优秀干事时,不能只看撰写和被上级转发的文电材料有多少,而应主要看其业务工作是否落实到基层,基层指战员是否满意。

五、坚持以创新精神为动力

在中国共产党第十九次全国代表大会上,习近平总书记强调指出:"创新是引领发展的第一动力。"① 抓好政治机关干部队伍建设,不能墨守成规,故步自封,也不能消极等待,一味依靠上级拿办法。相反,它需要与时俱进地提出新思路和新举措,不断推进政治机关干部队伍建设的步伐。

(一)强烈的创新意识

党的十八大以来,我们党勇于进行理论探索和创新,以全新的视野深化对共产党执政规律、社会主义建设规律、人类社会发展规律的认识,取得了重大理论创新成果。党的二十大提出我们要坚持"全面提高人才自主培养质量,着力造就拔尖创新人才,聚天下英才而用之"。这不仅为我们提供了宽松、和谐的政治环境,也为我们提供了改革创新的强大动力。观念一变天地宽,思路一改办法多。有了强烈的创新意识和责任感,才能有创新的思路和举措。

---

① 中共中央文献研究室. 习近平关于科技创新论述摘编[M]. 北京:中央文献出版社,2016.

（二）广阔的视野

搞好政治机关干部队伍建设的新思想、新思路、新举措不能靠闭门造车，不能靠拍脑袋，也不能一味依赖上级。"他山之石，可以攻玉"。最好的途径是广泛学习和借鉴别人的经验和教训，取人之长，补己之短。例如，友邻队伍、军警种、地方企事业单位乃至外国、外军等，凡是在培养人才、加强团队建设方面的好理论和好经验，都可以采取"拿来主义"，主动地进行借鉴、移植或改造。

（三）敢于打破常规，大胆地试、大胆地闯

创新不能停留于纸上谈兵、坐而论道，必须有实际的行动和举措。例如，要改变目前仍然存在的"干与不干一个样，干好干坏一个样"的状况，就应当积极探索优胜劣汰的激励方法，大胆引进任期考评制、末位淘汰制等良性竞争机制；要改变政治机关自身资源不足的状况，就应当善于借用外力，积极调动和利用各种外部资源，如依托驻地高等院校、科研院（所）及上级机关的师资力量对机关人员进行培训，与友邻单位开展信息交流、工作研讨和疑难问题会诊等。

（四）根据政治机关的特点抓好干部队伍建设

从一定意义上说，抓住特点就是创新。以国家综合性消防救援队伍为例，总队和支队政治机关的特点包括两方面含义。一方面，要把总队和支队政治机关与国家消防救援局上级领导机关的差别搞清楚。相对于上级领导机关，总队和支队政治机关的工作职责更为具体，在工作方法上更强调深入基层，实行面对面领导。因此，必须从这个特点出发，明确干部队伍建设的具体内容和标准。另一方面，要把每一个具体单位的总队和支队政治机关自身的特殊性分析透彻。具体到每一个单位的政治机关，由于所在队伍担负的任务不同、所处的环境和历史传统不一样、编制员额和人员素质参差不齐等，自身建设的具体内容和标准也应当各有侧重。

思考题

1. 阐述政治机关干部队伍建设的地位和作用。
2. 阐述加强政治机关干部队伍思想建设的着力点。
3. 阐述衡量政治机关干部队伍建设的检验标准。

第九章 消防政治机关文书写作

公务文书是各机关、团体、企事业单位在处理公务活动中形成和使用的具有特定效力和规范体式的书面文字材料,是各单位履行职能的重要工具。政治机关文书写作是机关各职能部门、业务处室为适应某项工作的需要,按照特定的要求,运用书面文字材料表达意图的实践活动;是撰写人以职能部门、业务处室法定作者的身份,为满足各级单位工作需要,根据有关要求,并充分体现领导和机关、单位意图的一种艰苦的创造性的实践活动。

第一节 消防政治机关文书写作概述

消防政治机关文书,泛指消防救援队伍各级组织在实施政治工作过程中形成和使用的文字材料。在范围上,它不仅适用于消防救援队伍各级政治机关,而且适用于消防救援队伍一切基层组织;在内容上,它必须是用于处理消防救援队伍各级政治机关工作各项事务;在形式上,它必须是一种有特定体式的书面文字材料;在本质上,它是消防救援队伍各级政治机关工作组织行使职能的一种重要手段。

一、消防政治机关文书的作用与种类

(一)作用

1. 沟通政工信息

消防救援队伍政治机关文书作为各级政治机关开展工作的重要工具,起着上情下达、下情上报、互通情况的作用。上情下达,是指上级机关制发的政工文书,将党中央、应急管理部的方针、政策及时准确地传达到基层;下情上报,是指下级政治机关制发的政工文书,将基层的情况及时准确地反映给上级机关;互通情况,是指平行机关和不相隶属的机关之间通过制发政工文书,沟通信息,加强联系,商洽工作。总之,通过政工文书,可以起到沟通政治工作信息,掌握政治工作情况的作用。在现代社会中,沟通政工信息的渠道和手段虽然很多,但是,政工文书仍是一种最重要、最可靠、最权威的信息沟通媒介。

2. 进行宣传教育

消防救援队伍政治机关文书不仅是处理政治工作事务的工具,更是对消防救援队伍进行宣传教育的有力武器。由于许多政工文书是直接传达党中央、国务院的方针、政策,具有很强的政策性、权威性。因此,它在广大消防救援人员中具有很高的可信度,消防救援人员的许多思想认识问题,一经传达学习应急管理部或消防救援局的"红头文件",便如

云开雾散，迎刃而解了。特别是一些重要的指导性文件，不单是传达上级的政策和意图，告诉广大消防救援人员怎样做，而且说明为什么要这样做，有根有据，有条有理，具有很强的说服力和感召力。

3. 指导政治工作

消防救援队伍政治机关文书的指导作用主要表现在两个方面，一是传令，如上级机关发布的指示、命令、通知、批复、讲话等，就是用来传达上级意图和指示精神的，具有很强的约束力，下属机关必须坚持贯彻执行；二是明法，消防救援队伍政治机关还经常以政工文书的形式申明消防救援队伍或某一系统必须遵循的事项。通过传令和明法，可以有效地指导政治工作，加强消防救援队伍思想政治建设。

4. 辅助领导决策

消防救援队伍政治机关文书不仅是指导消防救援队伍开展政治工作的工具，还是辅助领导科学决策的手段。各消防救援队伍在政治工作中形成的大量政工文书，既是消防救援队伍政治工作活动的真实记录，又是领导机关进行政治工作决策的参考依据。特别是政工信息、调查报告、政工论文等文书，在领导机关进行政治工作决策中起着举足轻重的作用。随着领导决策科学化、民主化程度的提高，政工文书在领导决策中的地位和作用将越来越重要。

5. 总结交流经验

消防救援队伍政治机关文书还具有总结交流政治工作经验的作用。如政治工作总结、典型材料等，是召开各种政工会议经常使用的文书。这些文书材料，对于总结交流政治工作经验，推动政治工作的开展，具有十分重要的作用。在新的历史条件下，需要我们根据变化的新情况，不断总结交流政治工作的新经验，而这一切，最终要以政工文书的形式反映出来。

（二）种类

消防救援队伍政治机关文书的种类包括分类和文种两个方面。

1. 正式公文与非正式公文

按消防救援队伍政治机关文书的法定效力划分，可分为正式公文与非正式公文。正式公文，是消防救援队伍各级机关处理公务活动中形成和使用的具有法定效力和规范体式的书面文字材料，是消防救援队伍各级机关行使职能的重要手段。在使用范围上，这些文种不仅政治机关可以使用，其他机关均可使用；在产生效力上，这些文种一经发布，都具有法定效力；在制作体式上，这些文种具有规范的体式。正式公文共有十五种：决议、决定、命令（令）、公报、公告、通告、意见、通知、通报、报告、请示、批复、议案、函、纪要。

2. 综合文书与专业文书

按消防救援队伍政治机关文书的内容划分，可分为综合文书与专业文书。

综合文书，是指政治机关文书所涉及的内容比较全面、结构比较复杂、篇幅比较长的文字材料，也是政治工作中最难写好的一种文书。这些文书的写作，是政工干部特别是政治机关干部应当掌握的重点。综合文书主要有以下几种：工作计划、工作总结、调查报告、典型材料、领导讲话稿、政工信息、政工论文等。

专业文书，是指政治机关文书所涉及的内容专业性较强，写法比较特殊的文书，这些文种一般只限于政治机关业务部门或系统使用。如，组织工作文书中的决议、决定、党（团）课材料；宣传工作文书中的宣传提纲、教育方案、新闻稿；干部工作文书中的述职报告、考核材料；纪检工作文书中的案件调查报告、案件审理报告等。

3. 平时政治机关文书与遂行任务政治机关文书

按消防救援队伍政治机关文书使用的时空条件划分，可分为平时政治机关文书与遂行任务政治机关文书。

平时政治机关文书，是指消防救援队伍在和平环境中使用的政治机关文书。遂行任务政治机关文书，是指消防救援队伍在遂行任务中使用的政治机关文书。遂行任务政治机关文书与平时政治机关文书相比较，在文种使用、制作体式、文字表述、时间要求等方面，都具有特殊性。如：遂行任务政治工作指示、遂行任务政治动员令、情况通报等。

4. 上行文书、平行文书、下行文书和通行文书

按消防救援队伍政治机关文书的行文关系划分，可分为上行文书、平行文书、下行文书和通行文书。

上行文书，是指下级政治机关或组织向上级政治机关或组织发送的文书，即自下而上的行文。它是下级政治机关或组织向上级政治机关或组织汇报工作、请求指示的文书。主要有请示、报告、政工信息、调查报告等。平行文书，是指同级政治机关或不相隶属政治机关之间往来的文书，它是互通信息、商洽和联系工作的文书。如函、通知、通报、纪要等。下行文书，是指本级政治机关向所属下级政治机关或组织发出的文书，即自上而下的行文。它是用来传达领导机关意图、部署任务、指导工作的文书。如命令、决定、批复、通知、通报等。通行文书，是指发文方向和范围不受限制的文书。如通告、公告等就属于此类文书。它往往用于张贴和登报，在用纸规格、行文语言上比较特殊，阅知的人越多越好。

二、消防政治机关文书的主要特征

消防救援队伍政治机关文书写作，作为一种社会实践活动，既有一些写作的共性，又有自身写作的特征。弄清消防救援队伍政治机关文书写作的特征及其对写作者的要求，有利于政工干部把握写作特点和规律，提高写作的自觉性，避免盲目性。

（一）内容平实，应用性强

这是消防救援队伍政治机关文书写作的范畴特征。消防救援队伍政治机关文书，是在消防救援队伍政治工作中产生并用于指导政治工作的文书，它有着明确的目的性和很强的针对性，同文学作品的写作有严格区别。首先，从思维形式看，文学作品的写作主要运用

形象思维，政工文书的写作主要运用抽象思维；其次，政工文书的写作必须以客观事实为依据，不能有丝毫的虚构；再次，从表达方式上看，文学作品的写作主要采用描写和记叙的方法，政工文书的写作主要采用说明和议论的手法；最后，从语言运用来看，文学作品的写作要求语言含蓄、华丽、生动，政工文书的写作要求语言必须准确、简明、规范，在此基础上力求生动活泼。正如有人比喻的那样：政治工作者"笔下有财产万千，笔下有人命关天，笔下有是非曲直，笔下有毁誉忠奸"。也有人称政工文书写作为"严肃文字"，凡此种种，都说明政工文书写作属于应用写作的范畴。

应用性强的特征，对政工干部撰写文书提出了明确要求。一要客观公正，如实反映情况，不能主观片面，进行随意想象和情节虚构；二要深入调查，充分占有材料，不能关起门胡编瞎造；三要有的放矢，提出的任务和措施要切实可行，不能脱离实际，无法落实；四要秉笔直书，言简意赅，保持准确、鲜明、生动的文风，杜绝一切空话、大话、假话、套话和废话。

（二）命题作文，受动性强

这是消防救援队伍政治机关文书写作的思维活动特征。政工文书写作在思维启动和展开上与其他文体写作有不同的特征。任何文体的写作，都是人的思维活动的过程，但不同文体的写作，就有不同的思维启动和展开。像文艺创作的思维启动往往是自主的，作者受到一事物的触动和感染，产生了写作欲望，于是按照自己的认识和感受进行思考构思。在思想展开的过程中，不受任何框框的约束，而是张开想象的翅膀，纵情驰骋，作者可以充分表达自己的情感。但相比之下，政工文书写作就不同了，它在思维启动上受一定指令性的要求，作者的思维往往属于被动型的。一般文书材料，尤其是大的全局性的材料，都是由领导将主题、大体框架、需要注意的问题进行交代。一方面，作者的思维必须按照指令性要求，在规定的框架内进行思考、研究、表达。另一方面，作者在整个写作过程中不是完全处于被动的地位，他还有发挥主观能动性的一面。因为领导在布置任务时，只是在总的原则下讲明指导思想，提示大体方面的思路，不可能达到口述记录、整理成文的程度。需要作者充分发挥能动作用，深刻理解和把握领导意图，在规定的框架中，努力寻求最佳的表现方式和手法。可以说，整个材料写作的思维过程是明确的指令性、规定性和作者主观能动性相统一的过程。

受动写作的特征，对政工干部撰写文书提出了特殊要求。首先，要明确写作任务。发文目的——为什么要写这个文件？发文对象——这个文件是写给谁看的？发文事由——这个文件写什么内容？发文形式——这个文件用什么文种？发文时间——这个文件何时发出？明确了以上五个问题，写作任务就清楚了。其次，要领会首长意图。不同的首长给执笔人交代写作意图的方式不同。有的交代详细，有的交代简单；有的交代很清楚，有的交代较含糊；有的只交代一次，一般不会变更，有的则反复交代，而且不断变化。这就需要执笔人根据领导者的不同特点灵活处理，一定要在准确、完整地领会首长意图后再动笔撰写。再次，要吃透"两头"情况。一是吃透上头的指示精神，二是吃透下头的实际情况，并把二者有机结合起来，形成自己的思路。最后，执笔人要实现角度转换。由"要我写"转变为"我要写"，由被动写作转变为主动写作；由微观思维转变到宏观思维、系统思维上来，要站在领导者的角度思考和写作。只有这样，写出的政工文书才能克服局限性，对全局工作才具有指导意义。

（三）**写作意图，集体性强**

这是消防救援队伍政治机关文书写作的内容特征。消防救援队伍政治机关文书一般是以党组织或政治机关的名义制发的。因此，它是集体智慧的产物，不是哪一个人的意志。首先，政工文书的写作意图具有集体性。党委和政治机关所发布的正式文件，都是经过领导集体讨论通过的，它代表领导集体的意图，不代表某个领导者的个人意志，更不代表执行人的意见。其次，政工文书的写作过程具有集体性。它是领导意图、群众智慧和执笔人写作水平相互结合的产物。一些政治工作大型文字材料的起草，如工作报告、重要决议、决定、指示以及领导讲话、典型材料等，还要成立专门的起草班子，经过反复研究，广泛征求意见，多次进行修改，才能定稿。即使一般性的政治机关文书，也要由领导首先交代写作意图，执笔人写出草稿，再经部门领导、秘书部门把关审核，最后送领导者审批签发，从它的形成过程看，也是一种集体写作。应当说明，集体写作的特点并不否定执笔人的重要作用。实际上，一些政工文书的质量高低，与执笔人的写作水平有着直接的关系。这里主要指写作内容和形成过程的集体性。

集体写作的特征，对政工干部撰写文书提出了明确要求。一是要发扬民主，集思广益。广泛听取各方面的意见，善于集中群众的智慧，这样，可以避免片面性，还可以启发作者的思维，打开写作思路，从而提高写作效率和质量，千万不要闭门造车。二是要谦虚谨慎，欢迎修改。政工文书初稿写出后，作者一定要抱着谦虚谨慎的态度，请别人帮助修改或提出修改意见。这实际上是"从群众中来，到群众中去"的过程，只有过好这一关，文件正式发出后，才能经得起实践的检验。其实，判断别人修改得是否正确，主要看修改的主题是否更加突出，观点是否更加鲜明，文字是否更加精练，而不是看作者在哪段文字上下了多大功夫。有时需要作者"忍痛割爱"，千万不要固执己见。三是要遵守程序，注意协商。特别是一些正式公文的草拟，如联合行文，执笔人一定要同有关部门协商，共同研究起草办法。文件写出后，还须送有关部门会签，千万不能自作主张，单方面发出。

（四）**表达形式，规范性强**

这是消防救援队伍政治机关文书写作的形式特征。消防救援队伍政治机关文书写作的另一个显著特点是它在表达形式上的规范性。这种规范性主要表现在以下几个方面：一是文种规范。如"请示"写成"报告"或"请示报告"，这是很不规范的。二是格式规范。主要指文件的标题、主送机关、正文、发文机关、署名和附件说明等项目在文面上所处的位置和书写样式，也包括用纸规格和印装要求。格式是文件规范化的重要体现，对保证文件质量，提高文件处理效率，起着重要作用。三是行文关系规范。如上行文、下行文、平行文和通行文，在发文方向、发文范围、格式要求、语言表达等方面，都有着明显的不同。四是语言表达规范。不同类型的政工文书,在语言表述上有着不同的要求。如政治机关公文,对语言表达的要求是准确、简明、平实、严谨,而一些宣传鼓动性文书,如领导讲话、典型事迹材料、新闻、调查报告、政治教育教案等,在语言表达上则可以丰富多彩、生动活泼些。

规范性的特征,对政工干部撰写文书提出了如下要求:一是要学习党政机关公文处理条例,熟悉公文规范。许多单位文件之所以不规范,主要原因是不了解或不熟悉上级公文处理规定。二是要认真研读政工文书范例。全军有许多政工干部在从事政工文书写作,每天都会产生大量的政工文书,其中不乏典范之作。只要我们处处留心,随时搜集,悉心研究,就一定会受益匪浅。三是要注意评改各种病文。在机关生成的大量政工文书中,也有不少病文,在文种使用、行文格式、行文关系、行文语气等方面不够规范。只要我们注意观察留意,就会发现这些毛病,指出这些错误,最好试着动笔修改。长期坚持下去,写出的公文就会越来越规范。

(五)拟写过程,时效性强

这是消防救援队伍政治机关文书写作的时效特征。消防救援队伍政治机关文书写作的时效性很强。这是由消防救援队伍的特点决定的。"随时准备",充分说明了消防救援队伍最大的特点就是快速反应,任何拖延时间,就意味着任务的失败和人民的伤亡。因此,服务于消防救援队伍政治工作的遂行任务政工文书,在时间要求上是非常严格和精确的,许多政工文书都必须标明何时发出,有时精确到时分。即使在日常工作中,由于消防救援队伍经常担负急难险重任务,对政工文书写作的时限要求也很严格,许多政工文书会注明"特急""加急""急"等处理要求。起草这类政工文书,要求政工干部必须争分夺秒,加班加点,快速完成,否则,就要延误时机,造成严重后果。

时效性强的特征,要求政工干部撰写文书时必须注意以下几点:一是要理顺写作思路。动笔起草之前最好拟出详细的写作提纲,这样能大大提高写作效率。千万不要匆忙动笔。二是要调动平时积累。包括写作思路、基本观点、有关材料等方面的积累,要将它们巧妙地运用到新的文书写作中去,这样既省时省力,又能提高写作效率。三是要巧用写作"套路"。虽然古人说"文无定法",但是,任何事物都有一定的规律,政工文书也有它的写作"套路",如工作总结的写作,无非是基本情况、主要成绩、存在问题、经验教训、下步打算等几大块内容;工作报告的写作,主要有好的方面、存在问题、今后任务几大块内容;工作计划的写作,一般包括指导思想、奋斗目标、措施要求几块内容。按照这种"套路"去写,写作效率就会大大提高。四是勇于吃苦耐劳。政工文书写作是一种艰苦的脑力劳动。只有发扬不怕疲劳、连续作战的作风,才能按时完成写作任务。那种按部就班、八小时以外不工作的所谓"现代文明办公方式",是肯定不适应政工文书写作要求的。"耐得寂寞,甘于吃苦"是文书写作者的优良传统,任何时候都不能丢。六是要篇幅简短。政工文书写作最忌篇幅冗长。这样既浪费写作时间,又浪费读者的时间,达不到应有的效果。因此,在政工文书写作中应特别注意防止和克服文牍主义,尽量写短文,以提高写作时效。

三、消防政治机关文书写作的方法步骤

(一) 接受任务，弄清意图

写作消防救援队伍政治机关文书，首先要接受任务。这个任务，一般是队伍首长下达的，而任务里通常有消防救援队伍政工文书的主旨和要求。因此，写作者一定要认真听取、准确领会撰文意图。这是写好消防救援队伍政治机关文书的根本前提，须臾不可忽视。

首长布置政工文书写作任务的方式往往不一，布置写作任务的首长特性亦各不相同，接受文书写作任务者就必须采取不同方法，因人"受命"，达到弄清意图的目的。

第一种情况，首长简单地出一个题目，提一下要点。这时，文书写作者应当集中精力倾听，随手奋笔疾书。没有领会的问题要大胆地询问，不必拘谨惮问。如某部组织干事接受了政治部主任交代的一份政工文书的写作任务，由于他当时没有迅速地记下要点，对疑惑处也不好意思去问，写作时只能凭想象，好像很体贴首长，怕影响了他的工作，结果在消防救援队伍进行演习时，因所拟政工文书不合要求而返工，延误了演习时间。实际工作表明，凡是在接受政工文书写作任务时问清了意图的同志，写作就顺利，首长多为满意；凡是不弄清意图就动笔的同志，政工文书改写返工，影响工作，甚至耽误大事。有经验的政工文书写作者，往往是一边接受任务，一边考虑在执行中可能出现的诸种情况和问题，等首长交代完，马上提出来请首长明确。这种才能不仅要靠聪慧的头脑、敏捷的思维，而且须有对队伍实际情况的谙熟和体察，以及丰富的实际工作能力。由此可见，若想写好队伍政工文书，绝非仅有一支妙笔所能奏效，一如陆游示子诗所咏："汝果欲学诗，工夫在诗外。"

第二种情况，首长详细交代写作意图和思路。亦即首长已经酝酿好政工文书的大致提纲和材料安排。遇此情况，政工文书写作者应当毫不迟疑地详细记录，并且大体不动地按照首长的思路和提纲去写。一般来说，如此详尽交代写作任务的首长，大多有着较高的写作水平，对于欲写之文书大抵已有较成熟的构思和见解。因此，接受文书写作任务的同志，应当更多地在首长的意图和思路之上循其大势而作。

第三种情况，首长布置的写作任务是通过他人转述的。遇此情况，政工文书写作者应确实弄清意图。因为首长的意图经他人一传或几传，可能会走样，或有遗漏。如不能确实弄清意图，便会白费气力，贻误工作。

此外，首长布置文书写作任务时可能会因种种原因而有不尽周全之处，政工文书写作者应各抒己见，取得一致。这样做，有利于整个文书写作任务的顺利完成。一位有政工文书写作经验的科长说："写政工文书首先是正确理解首长意图，没有搞清楚之前，绝对不能动笔。有时首长的意图开始是不完整的，就是说，首长的意图在开始形成时不是很稳定，所以一定要反复把首长的意图弄清。"

对消防救援队伍政治机关文书写作的第一个步骤，可作如下归纳：第一步，接任务。

仔细听，领意图；交代细，记清楚；未弄清，问清楚；意图明，文不误。

（二）搜集材料，提炼主题

弄清了写作意图后，就应立即搜集材料。不同类别的政工文书应搜集不同的材料。

指示类文书是向所属队伍下达命令、发布指示、布置任务、交代事项的，故应搜集上级和首长对此问题的指示，党委和机关对有关此问题的决议。指示类政工文书关系到消防救援队伍的政治工作方向和日常工作，关系到党委、机关和首长的威信，所以搜集这类材料一定要准确无误。

通报类文书是介绍、宣扬、报知、反映情况的，故应搜集所要通报和报告的情况的全过程材料，力求全面、准确，否则就达不到应有的作用。

请示类文书，是向上级机关和首长申请解决或批准某事项的，故应搜集缘由材料。缘由，就是原因和理由、目的等。比如，请求上级解决文体活动器材问题，那就要弄清消防救援队伍现有什么文体活动器材，数量各为多少，为何不够，多少才能满足文体活动需要。搜集这类材料，要实事求是，不夸大困难面，也不应向上级提出不切实际的要求。

总结类文书，是将一定阶段、范围内各项政治工作取得成功或失败的经验教训，进行分析研究，提高为原则性的结论，以便今后参考和改进的文书，故应搜集方方面面、点点滴滴的材料，以便从丰富的材料中精选、提炼。

搜集材料应掌握三个要点：一是广泛。只要与政工文书写作有关的材料，不论是整块还是零碎，不管是事例，还是一个数字，都在搜集之列。二是准确。政工文书是消防救援队伍在平时和遂行任务组织政治工作方面的上呈下达和协同动作的一切行文，不能像文艺作品那样对材料进行来源于生活高于生活的加工组合，不能仅凭道听途说，更不能随意编造，必须丁是丁，卯是卯，有根有据。三是取舍。广泛而丰富的材料不能一股脑儿都用，必须权衡取舍，选择最可靠、最合适、最有说服力的材料。

消防救援队伍政治机关文书写作的第二个步骤，可作如下归纳：第二步，搜材料。大与上，都算数；选准确，弃模糊；材料广，利取除；取材准，文牢固。

（三）拟写纲目，分条列项

明确了写作意图，搜集了写作材料，接着就应拟写纲目。

"凡事预则立，不预则废"。消防救援队伍政治机关文书的预先"设计"，就是指编拟写作提纲。编拟提纲，就是把脑中酝酿的文书整体结构，用文字形式简明扼要地体现出来，作为写作"工程"的"蓝图"。我们每个同志都希望自己的政工文书写作又快又好，欲达此目的，编拟写作提纲是个极好的办法。陶铸同志曾多次提过编写提纲的好处，总结起来主要有三点：一是可以帮助你组织材料；二是可以使你想问题更周到；三是免得一面写一面想，写时吃力不讨好，又可免遗漏。许多有成就的作家都有编写写作提纲的习惯，可见这是"不可缺少的酝酿过程"。

消防救援队伍政治机关文书的提纲可分"粗纲"和"细纲"两种。粗纲比较简略，只显示内容的层次、主要的论点论据和选用的材料出处。粗纲要求把全篇的"大意大势"

表现出来，起到描画轮廓、帮助记忆的作用。写作能力强的同志或者内容简单的公文，可采用粗纲。细纲则比较详尽、具体。重要的思想、观点、目的、要求、方法、措施等要推敲出明确的文字，甚至连段落、过渡等也必须有所考虑。有些细纲甚至就是最初的草稿，文书的雏形。写作能力弱的同志或者内容重要、篇幅较长的政工文书，可采用细纲。

总之，编拟消防救援队伍政治机关文书提纲的过程，是一个构思的过程，是一个把摆在面前的材料条理化的过程，是一个把许多笼统、零散的想法和问题具体化、升华化的过程。这一步可作如下归纳：第三步，拟纲目。构轮廓，似盖屋；分题前，先定部；分题后，细拉目；纲目起，文形出。

（四）草拟初稿，一气呵成

草拟初稿，是消防救援队伍政治机关文书写作全面展开的阶段。总的要求是，集中精力，按照纲目一鼓作气地写下去。凡有写作经历的同志可能会有这样的体验：有时写到一半，对某部分、某问题又冒出了一个新的写作思路或表述方式。遇此情况，一般不要打乱原来思路，先按已定思路（即提纲）写下去，争取一气呵成。即便写作过程中冒出来的新思路、新内容确定需要写，也最好等到初稿写完后，再全面衡量、斟酌是否需要增删改动。倘若边写边改，瞻前顾后，踌躇不前，很容易破坏写作的情绪。

草拟初稿过程中强调一气呵成，包括两个含义。一是按已定提纲一直写下去，二是先把内容写出来，不要把精力和工夫花在文字技巧上。这一点，鲁迅先生有着深刻的见解，他曾写信给一个青年作者："你还是休息一下好。先前那样十步九回头的作文法，是很不对的，这就是在不断地不相信自己——结果一定做不成。以后应当立定格局之后，一直写下去，不管修辞，也不要回头看。等到成后，搁它几天，然后再来复看，删去若干，改换几字。在创作的途中，一面练字，真要把兴趣打断的。"鲁迅强调，写作时"立定格局之后"，就要"一直写下去，不管修辞，也不要回头看"[①]。我们有的同志成文滞缓，初稿不合意愿，写写停停，边写边改是一大病因。

消防救援队伍政治机关文书写作的第四步，可作如下归纳：第四步，写初稿。将材料，填入目；重内容，疏词符；按纲写，路勿阻；一气呵，成文速。

（五）反复修改，审核定稿

消防救援队伍政治机关文书写作一气呵成后，仅是一份草稿、初稿，离定稿还有一段距离。定稿须经两个关口，一是写作者修改定稿，二是首长审改定稿。

有的同志往往忽视修改，写完政工文书便觉"大功告成"，说改也无从下手，这正应了谢觉哉同志所说的："写文章的人喜欢人家说好，不喜欢人家说坏，人家也就逢迎着说好。其实，说好，对写的人无帮助；说坏——指出哪点不够，哪点错了，对写的人有帮助，他可依照人家所提的意见，考虑修改。文章需要改，重要的文章要多次改，改一次要好一次，常常改比写要费时费力。但费的时与力是值得的，不经过反复改，写的能力不会

[①] 鲁迅全集（第十卷）[M].北京：光明日报出版社，2005.

提高。"老舍说得更直率："写完了，狠心地改，不厌烦地改。字要改，句要改，连标点都要改，毫不留情。对自己的宽大便是对读者不负责。"①

消防救援队伍政治机关文书是指导消防救援队伍政治工作的文书，写作者必须以高度的责任感来修改文书初稿。消防救援队伍政治机关文书的修改包括两个方面，一是内容上的修改，内容上的修改，就是检查政工文书中心思想（主题）是否同写作意图相符；主题是否突出，有无跑题现象；内容是否完整，有无遗漏之处；观点提法是否正确，有无错或欠妥之点；事例是否真实恰当，有无失真掺假之弊；数字是否准确，有无疏忽错误之嫌。二是技术性修改，就是审查文件的种类、格式有无错误；遣词造句是否恰当、精练；标点符号是否正确等。一句话，就是修改细小的、技术性的问题。

消防救援队伍政治机关文书初稿写成后，只要时间允许，可过些时候再进行复改，这样往往能看出问题，修改得更好。但是，拟写消防救援队伍政治机关文书的第一条基本要求就是"迅速及时"，所以消防救援队伍政治机关文书的修改也应迅速及时，并送有关部门审核，报首长审批签发。

消防救援队伍政治机关文书写作的第五步，可作如下归纳：第五步，做修改。一内容，二技术；从头审，查大误；逐字审，删调补；细推敲，文精妩；再送审，等签发。

第二节 消防政治机关文书写作的基本要求

不同种类的政工文书，有不同的具体要求和写作方法。但是，不论哪一类政工文书，都必须力求达到如下基本要求。

一、符合政策规定

消防救援队伍政治工作，是以贯彻执行党的路线、方针、政策，贯彻执行国家和应急管理部的法规及有关规定，贯彻执行上级有关指示精神为中心开展的。政治机关拟制的各种文书，都是为了解决在贯彻执行中的各种实际问题而拟写的，都要受到现行政策和规定的约束。因此，起草政工文书，首先在指导思想上要始终把现行的政策规定，作为思考问题的出发点和归宿，要有严格遵循政策规定拟制文书的自觉精神。要善于使党的方针政策、国家和应急管理部的法规及有关规定、上级的指示精神与本单位的制文意图统一起来，使所拟的文稿观点正确，能完整准确地使各项政策规定见诸书面，使文书表达的意图与要求，反映的情况与问题，总结的经验与教训，都体现出有关政策规定的基本精神。

二、符合客观实际

消防救援队伍政治机关文书是各级政治机关指导队伍思想政治建设的手段之一。它必

---

① 松世勤. 文书学参考资料［M］. 北京：中央广播电视大学出版社，1984.

须从消防救援队伍建设的客观实际出发，内容务实，才能在指导消防救援队伍建设中发挥思想政治教育应有的作用。周恩来曾指出："我们必须坚决反对那些空洞的不提出问题、不解决问题的文牍。"① 因此，起草队伍政工文书，必须坚持实事求是的思想路线，紧密结合本单位的实际，言之有物，言之有理，事实可靠，数字确实，结论符合实际，办法切实可行，不能凭空落笔，拟写空洞说教的官样文章。要注重调查研究，使队伍政工文书的内容，有情况、有分析、有结论、有措施，能有针对性地提出问题，解决问题。要精通本行业务，不说外行话，要说到点子上，这样才会有实用价值，才能达到有力地推动工作的目的。坚决反对敷衍塞责、按估计反映情况、脱离实际、空话连篇的文风。

三、观点材料统一

观点是文章的灵魂。一份政工文书写得好不好，很重要的是看观点是否正确和鲜明。必须围绕主题，提出问题，分析问题。通过叙事、说理，揭示事物的内部矛盾，提出解决问题的办法。如果没有明确的主题，主次不分，读起来就觉得文章乱七八糟，不知所云，搞不清该文的意图和目的。所谓"意在笔先"，就是强调首先要明确主题观点。除主题观点外，具体观点和具体提法也要力求鲜明。

材料是用来说明观点的情况、数字、引语等。观点是在材料的基础上形成的，并且靠材料来说明。是否占有详尽充实的材料，是政工文书是否具有科学性、说服力、表现力，能否正确反映与解决实际问题的关键。起草政工文书，不能单靠几个秀才闭门造车，也不能照抄照搬上级公文或外单位经验。在政工文书起草前，要围绕所要说明的主要问题，充分掌握情况，占有大量的材料，在这个基础上进行鉴别、选择，并恰当地加以运用。

所谓观点和材料的统一，一是讲观点是在辩证唯物主义指导下从材料引出的观点；二是讲材料能够说明观点。如果观点是观点，材料是材料，观点不是从材料中必然引出的结论，材料不能说明观点，这样的政工文书，虽然观点、材料齐备，但没有做到观点和材料融为一体，就不能算是有说服力的好政工文书。

四、结构层次清楚

起草消防救援队伍政治机关文书必须眉目清楚，不能眉毛胡子一把抓，使人看了糊里糊涂。《中共中央关于纠正电报、报告、指示、决定中的文字缺点的指示》指出："一切较长的文电均应开门见山，首先提出要点，即于开端处，先用极简单的文句，说明全文的目的或结论，唤起读者的注意，使读者脑子里先有一个总概念，不得不继续看下去，长的文电分为几段时，每段也宜采用此法。"一份政工文书往往有几个部分，有时每个部分有几个小部分，必须注意条理，分清层次，或以数字标明段落和项目。各部分应该有严密的逻辑关系，构成一个有机整体，但每一部分又应该有其相对的独立性。

---

① 政府工作报告 [N]. 人民日报，1954-09-24.

在分层次的时候，一般要用同一个标准，母概念不能与子概念并列。段落要区分清楚，一段只能有一个意见，不要把一些互不相干的意思混杂在一个段落里，也不要把一个完整的意思表述得七零八落。每一部分的内涵和外延要清楚，尽量避免交叉重复。

政工文书中的结构层次序数的写法，通常是第一层为"一"，第二层为"（一）"，第三层为"1."，第四层为"（1）"

五、文字表达准确

准确使用语言，做到文如其事，恰如其分，这是起草消防救援队伍政治机关文书最基本的要求。起草消防救援队伍政治机关文书首先应该讲究提法、分寸。比如最常用的一些表示程度的词语，像"基本上、大体上、普遍、个别、有所、一定、比较、适当"等，要求使用时能准确地反映客观实际，不能随便拿来就用。使用这类词语，必须以事物的实际数量与具体程度为根据，也就是说要有个数量概念。一件工作只完成一半，就不能说"基本上完成"；一项活动多数人不参加，就不能说是"普遍参加"。人名、地名、时间、数字、引文，务求准确无误。引用公文一般应写明发文机关、标题、发文字号。政治机关公文中必须使用国家法定计量单位。一份公文中的数字，要求做到"分"与"合"相符，若干分数之和要与合数一致，如几个相关的百分数加起来应当是百分之百，而不应超过或不足百分之百。准确使用语言，在消防救援队伍政治机关文书中还要求对事物态度鲜明，提倡什么、反对什么，必须十分明确，切勿模棱两可，含混其词，以致产生歧义。

标点符号是现代书面语言的有机组成部分。它有助于分清句子结构，辨明语气。标点符号使用不当，会影响文件的准确性，一点之差会把思想搞错，甚至给工作造成损失。目前在一些政工文书中，乱用标点符号的情况时有发生，往往有害文意的正确表达，必须切实加以改正。

六、讲究语法修辞

起草消防救援队伍政治机关文书要遵守语法规则。句子结构要完整，必要的主语、谓语、宾语及附加成分应完备。单句、复句必须分清。违背了语法规则，就会出现种种文理不通的现象，影响消防救援队伍政治机关文书内容的表达。

起草消防救援队伍政治机关文书，说理论证要符合党的方针、政策和国家、应急管理部的法规以及有关规定，使用语言、词汇要注意严肃性，避免过于华丽的辞藻和文学化的带有抒情色彩的描写。起草消防救援队伍政治机关文书，能够使用行业语言的地方，都应使用行业语言。但是这并不是说消防救援队伍政治机关文书语言不讲求生动性。拟写消防救援队伍政治机关文书同样要求内涵丰富，叙事说理时文笔善于变化，灵活得体，善于根据内容需要选择合适的句式和修辞手段，使用丰富的语汇、词汇，显示出事理分寸程度的不同。比如，一位领导同志强调做好保密工作时说，保密工作做到守口如瓶还不行，因为瓶毕竟有口，应该像球，球是密封的。这段话读起来就很生动、形象。消防救援队伍政治机关文书运用词语还要客观冷静，全面公正，不带强烈的主观感情色彩。有些消防救援队伍政治机关文书，也可适当运用"排比""对偶""反复"等修辞手段，以增强文势，显示事理程度上的差异。

七、篇幅力求简短

毛泽东一直提倡写短文，他在《关于建立报告制度》中规定："报告文字每次一千字左右为限，除特殊情况外，至多不超过两千字""综合报告内容要简要，文字要简练，要指出问题或争论之所在"[①]。起草消防救援队伍政治机关文书最突出的问题是空话连篇，文字冗长，这是必须克服的。消防救援队伍政治机关文书是用来解决实际问题的，要言之有物，不讲废话。有些政工文书是要务虚的，但必须有的放矢，避免泛泛而谈，空话连篇。简短是起草公文的一个基本要求，也是起草消防救援队伍政治机关文书的一个基本要求。要"惜墨如金"，贵在精粹，可有可无的话尽量不说。要对所写的内容有深刻的了解和仔细的研究，抓住事物的本质，能从纷繁复杂的材料中摄取重要内容，经过分析综合，抽象概括，把制文意图表达得深入浅出，简明扼要。

第三节　消防政治机关专用文书

消防政治机关拟制的各种文书，是以贯彻执行上级有关指示精神为中心开展的，是为了解决在贯彻执行中的各种实际问题而拟写的。因此，政治机关工作文书除各机关"通用"的文书外，还有一些只适用于各业务部门的"专用"文书。

一、组织工作文书

组织工作文书，是组织部门在其日常工作中形成的承担和发挥本部门工作职能的文字材料。在党组织的各种文书当中，包括的种类很多，如决议、决定、通知、通报、请示、报告、调查报告、计划、总结、典型材料、党员鉴定、党团课教育材料、证明等。下面仅介绍决议、决定、典型材料、党团课教育材料及证明材料等几种常用文书。

（一）决议

决议是发布经过会议讨论通过并要求贯彻执行的重大决策事项时使用的文件。决议要求有关部门和人员必须贯彻执行，所以起着统一思想，推动工作的重要作用。

1. 决议的特点

决议的特点主要体现在：一是决议的议题，必须经党组织的法定会议进行集体讨论；二是议题讨论的结果，必须由党组织的多数表决通过；三是表决通过的议题讨论结果，必须形成正式文件，并以会议名义在一定范围内公布。

---

① 关于建立报告制度．毛泽东选集（第四卷）[M]．北京：人民出版社，1991．

2. 决议的撰写

决议通常由标题和正文两部分组成。

（1）标题。标题包括会议名称、事由、文种等，如《×××支部党员大会关于接收×××同志为中共预备党员的决议》，并要在标题下注明作出此决议的时间、何种会议通过，如×年×月×日，党组织大会或党组织委员会通过。

（2）正文。正文包括决议引据、决议事项、决议号召。决议引据要写明通过此决议的依据或原因；决议事项要写明此决议通过了什么事，一般要回顾和总结前一时期在这方面的工作情况、对今后这方面工作的基本部署和要求等；决议号召是写明党组织对此决议所决定事项的鼓动性号召。

3. 决议的写作要求

决议在写作方法上的一般要求是：一要正确运用决议文种，即必须是经过会议讨论和通过的重要文件或事项，凡未经过会议讨论或虽经会议讨论但未获得通过的，甚至个人决定的文件或事项，均不可使用决议文种；二是决议的内容要详略得当，行文要层次分明；三是选词用语要恰当、概括、凝练，要讲究语言的运用和文字的推敲。

（二）决定

决定，是对重要问题或重大行动作出安排及决策时使用的文种。对于党组织来说，如支部党员大会或支委会决定的事项，可以用决定的形式来发布。

1. 决定的撰写

决定在写作上的行文格式一般由标题、正文两部分组成。

（1）标题。主要写明作出决定的机关、决定的事项、文种，如《×××党组织关于开展向×××学习的决定》，并在标题下注明作出决定的具体日期。

（2）正文。包括决定缘由和决定事项。决定缘由，要写明对某一重要问题或重大活动作出决定的原因或依据，写法上要开门见山、简明扼要。决定事项，要写明决定的内容，即决定了什么就写什么，语言文字要准确，切忌模棱两可，含糊其词。一般在正文的最后还要简短地写上一些号召性的内容。

2. 决定与决议的区别

决定与决议是两个文种，二者之间有明显的区别。主要是：一是决定既可以由法定的会议讨论通过后公布，也可以由领导机关直接形成后公布，而决议是只能由法定的会议讨论，并按照少数服从多数的原则表决通过形成文件，之后以会议的名义公布；二是决定有的要求下级执行，有的则只起知会作用，并不要求执行，而决议则要求下级必须执行；三是决定一般适用于具体的规定和要求，履行法定权利，而决议用于表示肯定或否定的意见，履行法律程序；四是决定在写法上多是着重提出要求和措施，而不注重理论上的阐述，写得具体、明确，而决议一般要对有关问题做理论上的阐述。

（三）典型材料

先进典型材料是为表彰、奖励和宣传先进事迹、先进典型的事迹或经验而撰写的书面材料。一般分为先进事迹材料和典型经验材料两类。

1. 先进事迹材料的撰写

先进事迹材料由标题、正文和署名组成。

（1）标题。写明先进个人的姓名或先进集体的名称，概括先进事迹的性质或材料的用途，如"×××党支部端正党风的事迹""关于评选×××同志为优秀共产党员的材料"等。

（2）正文。正文的开头一般用第三人称表述，写明先进个人的姓名、性别、年龄、工作单位、职务、政治面貌、曾获得的荣誉或奖励等情况，对先进集体还要简要说明其事迹内容。正文的主体写明先进人物或先进集体的主要事迹。

（3）署名。写明撰写先进事迹材料的单位名称。

2. 典型经验材料的撰写

典型经验材料由标题、正文和署名组成。

（1）标题。标题要把典型经验加以高度集中概括，可用第三人称表述，也可用第一人称表述。

（2）正文。正文的开头一般展示典型经验的背景材料和突出成果。正文的主体，对典型经验具体展开，服务标题，说明标题；既要有思想，又要有具体做法或实例；既要有面上综合情况，又要有点上具体情况和事例。

（3）署名。写明撰写典型经验材料的单位名称或个人姓名。

3. 典型材料写作要求

撰写先进典型材料使用的素材要真实、准确、可靠，不要夸大或缩小，不要人为拔高，对尚未核实的材料不要写进去。措辞要有分寸，注重效果，摆正先进人物与周围群众的关系，不要讲过头话。文字简洁朴实，切忌空话、套话和言过其实的形容词。撰写先进典型材料要体现"先进"和"典型"的真谛，文章写法可平铺直叙或采用小标题的写法，通过归纳和具体事例的展示，使"先进"和"典型"树得起、立得住，能起到示范和表率的作用。

（四）党团课教育材料

党团课教育材料的主体内容都是围绕某些重要理论或思想问题展开的。这些内容既有对重要理论的阐述，又有密切结合实际的说明，使受教育者既能学到先进的理论知识，又能够受到现实生活的教益，从而全面提高思想觉悟和认识水平，更加自觉地同党中央保持高度一致。

党团课教育材料主体内容的编写方法通常采用专题式的写法，即把教育内容分为不同的专题逐一进行阐述，每个专题再分解成若干个彼此联系的问题进行详细的说明。在表达方法上，要求综合运用叙述、言论、说明等手法，有时还要适当地运用描写和抒情，以增加内容的说服力和感染力。从文体形式上看，党团课教育材料由于其理论性、现实性突出，加之其表达方法的多样化，使之兼有议论文、政治课讲稿和演讲稿的文体特点。

党团课教育材料写作的要领和要求主要体现在以下几个方面。

1. 突出理论色彩，注意正面阐述

党团课教育材料是进行党内（团内）教育的手段，而不是时事问题的讲解，所以一定要突出它的理论色彩。实际上，即使是对时事问题的讲解，也离不开进行理论上的分析。这种理论特色是党团课教育材料的灵魂，缺少它，党团课教育就难以发挥党的思想教育优势。对先进理论的阐述，要注意从正面入手。虽然我们不反对对一些错误观点的批驳，但正面教育的效果往往更直接、具体和明显。

2. 理论结合实际，增强教育效果

任何先进的理论都是从实践当中总结出来的，它还要回到实践中去发挥指导作用。党团课教育材料的编写固然是按照上级的指示和安排来进行的，要着眼于全局。但是，每一位编写党团课教育材料的政治干部则是处于具体的工作单位和工作环境中的，应当注意结合自己身边的实际，恰当地把自己身边的先进人物或事迹编入党团课教育材料中，避免空洞的理论说教，做到让事实说话，同时在本单位范围内进行宣传，使受教育者倍感亲切，引起共鸣，从而收到更好的教育效果。

3. 选择适当的表达方式，发挥最佳效用

党团课教育材料是一种相当复杂而又相对独立的应用文体。在编写主体内容时就要注意选择最恰当的表达方式，以求得最佳的表达效果。如进行理想与信念教育，就应该多选用一些寓意深刻、发人深省、说服力强、感召力大的词句；如进行理论知识的辅导，就应选用那些含义明确、思路清晰、逻辑严密、色彩庄重的词句。总之，表达方式是否恰当，是判断党团课教育材料是否编写成功的重要标准之一。

4. 编写下发及时，配合教育得力

党团课教育材料的编写下发，有较强的时效性。因为客观现实在不断发展，党的教育重点也在不断变化。只有密切配合党的中心工作，党团课教育材料才能发挥有效的作用，体现出最大的价值。如果编写下发工作不及时，就会拖实际工作的后腿，这是每一位编者都应极力避免的。

（五）证明材料

证明材料是指由组织或个人出具的证明有关人员和事件的真实情况的书面材料，通常称证明信、证明书。这是在政治审查中常用的一种文体。

1. 证明材料的撰写

证明材料由标题、正文、署名和主送单位组成。

（1）标题。一般把所要证明的主要内容作为标题，如"关于×××攻读博士学位情况的证明"。不要只写证明材料或证明信、证明书几个字，因为这会给对方单位以后查找、使用这些材料带来不便。

（2）正文。这是证明材料的主体部分，应把需要证明的有关人员或事件的真实情况写清楚。如系调查证明材料，还可以提供有关调查线索。

（3）署名。证明材料写好后，要将提供证明材料的单位名称或个人姓名写在证明材料的右下方,并注明证明的日期。

(4) 主送单位。有些证明材料有明确的主送单位,就要在证明材料的开头顶格写明主送单位的名称,有些通用证明材料也可以不写主送单位。

2. 证明材料写作要求

证明材料撰写中要注意以下几点。

(1) 写证明材料的人,应当以对党、对被证明人高度负责和严肃认真的态度,坚持实事求是的原则,不得徇私情而出具与事实不符的证明,更不能做假证明。

(2) 证明材料的语言要十分明确、肯定,不能含含糊糊、模棱两可,不能用"大概""可能""据分析"之类的词语。

(3) 证明材料,应经本单位负责人审阅并加盖公章。由个人出具的证明材料,本人要签名盖章(或留指印),单位要在证明材料上注明证明人的职务、政治面貌等(一般不要加注"可靠""仅供参考"之类的断语)。

二、人事工作文书

人事工作文书是政治机关人事部门工作中常用的书面文字材料,是进行人事工作必不可少的重要工具。人事工作文书主要包括两大部分:一部分是由人事部门经办的,党委、首长和政治机关(包括与其他机关联名)发出的,有关人事问题或人事工作的命令、决定、通知、通报、请示、报告、计划、总结等;另一部分是人事工作的专业文书,如述职报告(由干部个人撰写、人事部门指导和管理的文书)、考核材料、组织鉴定等。下面只介绍人事工作的专业文书。

(一) 述职报告

述职报告是一种自我述评性的应用文体,是各级领导干部、机关人员或专业技术人员根据制度规定或工作需要,定期或不定期向上级机关、主管部门以及本单位职工群众陈述本人在一定时期内履行岗位职责情况的书面报告。其分类大致有如下几种:从报告时限分,有年度述职报告、任期述职报告和临时述职报告;从报告内容分,有专题述职报告和综合述职报告;从报告制度分,有定期例行性述职报告、不定期指令性述职报告和个人或集体的应急述职报告。

1. 述职报告的作用

述职报告的作用主要体现在三个方面。

(1) 鞭策作用。通过对自身职责的回顾、对照、反思,以及上级和群众的评议,使领导干部、专业人员对自己的职责有更深入的认识把握,提高自身能力素养,鞭策自己恪尽职守,完善自我。

(2) 考察作用。述职是上级主管部门考核、评估、任免、使用干部的重要依据。在岗位职责明确的前提下,要求担任一定领导职务的干部定期撰写述职报告,便于干部管理部门全面细致地了解领导干部的水平,以此为参考进行考核评议,有助于干部管理工作制度化、规范化。

（3）沟通作用。述职是领导干部与所属单位群众之间一个沟通思想感情和交流工作见解的有效渠道。它可以使领导干部有效倾听群众的意见，克服只对上不对下的官僚主义作风；还可以帮助群众了解自己的领导增进理解、消除隔阂，进而形成合力、推进工作。

2. 述职报告的特点

述职报告的特点突出表现在以下几个方面。

（1）实绩的呈现性。述职主要是陈述履职情况。围绕工作实绩这个重点，从德、能、勤、绩四个方面说明做了些什么、怎么做的、效果如何。实绩不仅包括管理工作、业务工作的质量数量，还要将思想政治工作、队伍建设工作以效果、以量化的实绩表现出来。

（2）陈述的确定性。述职的对照目标必须明确。即任职以来的岗位责任是什么、目标任务是什么。不同的职务、不同的层次有不同的要求。如高层领导，如何决策是关键；中层领导，如何有效地贯彻上级决策是关键；基层领导，执行任务是关键。不同的机关、专业人员，都要明确自己的岗位职责和目标任务是什么，不能写出来都一个样。

（3）行文的庄重性。述职报告通常要存入人事档案，需要实事求是、认真对待。其写作态度要严肃认真，内容要真实无误，陈述要具体简明，论断要准确恰当，语言要平直质朴。不允许有任何的"合理想象"、编造拔高，也不能"只报喜不报忧"，含糊其词，文过饰非，同时避免使用渲染、夸张性的语言。

3. 述职报告的撰写

述职报告通常由标题、称谓、正文、落款几部分组成。

（1）标题。公文式标题，与公文标题发文机关、事由、文种相对应，写成"何人何时期的述职报告"，如《王××任期述职报告》。也可省略其中一项或全省略，只写《述职报告》。文章式标题，与一般文章概括内容的标题相似，如《全心全意为基层服务》《恪尽职守，尽力而为——2020年度述职报告》等。

（2）称谓。述职报告一般要当众宣读，所以应根据对象选择恰当的称呼，如"各位首长、同志们"。

（3）正文。述职报告的正文一般由开头、主体、结尾三部分组成。总的要求是围绕中心，重点突出，叙议结合，层次清楚，详略得当。

开头。即前言部分，包括两方面内容：一是任职简介，主要说明自己从何时起担任何职，主要负责什么工作，并对述职的内容和范围做必要的交代；二是概括评价任职以来的工作情况。这一部分应写得简明扼要。

主体。这是述职报告的核心部分。由于干部的职务不同，分管的工作不同，这一部分的内容就有所区别，但都要紧紧围绕自己的岗位职责来写。首先，摆出工作实绩，串起德、能、勤各方面，可围绕中心分条列项写。既要有说服力的具体事例与数据，又要有开拓性的个人理性思维，防止见物不见人。其次，总结经验和教训，除非成绩特别突出要讲一点经验体会，出了篓子要总结教训，通常这一部分是附属的，可大可小，看个人工作情况而定。要谈就要谈出一点体会，凭什么取得成绩，为什么存在问题。要从实际出发，谈出点新东西，不要落入陈言旧套之中。最后，表明今后的设想和决心。要从实际出发，通过回顾陈述总结，对于今后工作，哪些要发扬、哪些要改进，下一段如何有效履职要有基本设想。当然，这和计划及责任书不同，只是虚实结合、提纲挈领讲几点构想要点、整体规划、可行措施。这是对今后工作心中有数、自信心强的表露。

结尾。主要是表述自己的态度，欢迎大家对自己的述职报告进行评议。还要表达应有的礼貌，用得体的谦辞和礼貌语，如"请多加指导"，"有不当之处请指正，谢谢大家"等。

（4）落款。落款包括署名和日期两项内容。署名要写明述职人的单位、职务和姓名，下行写述职日期。

4. 述职报告的写作要求

述职报告写作要做到以下几点。

（1）态度认真严肃。述职报告是对组织、职责的承诺兑现，必须秉持接受检查监督的心态，要认真对待，深入思索，征求意见，亲自动手，做好准备。任何敷衍搪塞、弄虚作假都是不可取的。

（2）实绩确凿可信。实绩是述职的基础，也是任职的基础；履行职责有一说一，不夸大其词，陈述公允，经得起检验。经验体会尊重事实，突出规律性，不人为拔高。

（3）评估客观公允。对自己履行职责要作出评估，过分客气和过分自负都不可取。要客观，站在旁人的角度审视自己；要公允，让人觉得是那么回事。不要在述职工作中考虑自己的任用、升迁、选举的事，以免干扰评估的客观性。

（4）强调个人特色。每个干部分管工作不同，个人工作风格也不同，那么在述职时要有个人特色，要从自己的实际出发，实话实说，说出自己的想法，自己的个性。避免人云亦云，满篇套话。

（二）干部考核材料

干部考核是党组织和有关部门为了正确、全面地了解干部的德才表现、工作水平，而经常或不定期地进行的一项工作。考核材料是人事部门对干部和领导班子进行考察评估后，将考察情况以书面形式写成的汇报材料。它是组织对干部和领导班子的书面鉴定，为上级组织部门使用干部提供决策依据。按考察的内容可分为干部个人考察材料和领导班子考察材料两类。

干部考核材料，从性质上区分，有工作情况的考核材料、学习情况的考核材料、思想情况的考核材料和业务情况的考核材料等；从时间上区分，有任期考核材料、年度考核材料、季度考核材料和阶段考核材料等；从范围上区分，有全面考核材料、专题考核材料、单项考核材料和班子考核材料等。

1. 干部考核材料写作的基本结构

干部考核材料一般包括六个方面。

（1）标题。标题要简明准确，一目了然。如"×××同志考核材料"，如果是某人在某一时期或某一方面的考核材料，应在标题中加上相应的定语。如"关于×××同志在×××任职情况的考核报告"，"关于×××同志一年来代职锻炼情况的考核报告"。

（2）导语。导语要写得简练概括，主要简述以下三个方面的情况：考核的主旨，包括考核的原因、任务和目的；考核的主体，简要说明考核的组织者、参加者以及有关人员情况；考核的过程，主要简介考核的时间、地点、范围、方法、方式和程序等。

（3）主体。这是全文的核心，这部分要用翔实的调查材料，准确地展示出被考察人的成绩和问题。这一部分具体写作要领下面单独介绍。

（4）署名。考核材料写成后，要署上参加考核人员的姓名、考核机关名称，以示负责，以单位或部门的名义署名的要加盖公章。

（5）日期。注明完稿日期。

（6）附录。有些在考核材料正文中包括不了的内容或需要加以说明的情况，应以附录形式附于正文之后。

2. 干部考核材料主体的写作要领

主体部分要用翔实的调查材料，准确地展示出被考察人的成绩和问题。

（1）表述基本情况要简明扼要。这一部分内容，要根据实际需要确定叙述的详细。一般来说，用于上级审批干部的任免时，或对干部进行初次考核后，应该写得全面详细；用于本单位的直接工作需要时，或在其他材料作依据的情况下，可以只写一些主要的、必要的情况。

（2）历史和现实的表现立体准确。这是干部考核材料的核心部分。历史的表现情况主要指干部在本次考核以前的各个时期的表现。写作时要做好归纳整理，不能面面俱到，但又要反映出干部在每个时期的特点。现实表现主要叙述干部的德能勤绩和主要的优缺点。用写实的办法，尽可能写细写透。写好这部分内容应注意这样几点：

第一，以线串点，重点展开；以点带面，点面结合。对于掌握的材料要运用综合分析的方法谋篇布局，使各个观点之间保持内在的联系，都是围绕整体的需要。在结构上采取纵横交错的形式较好。用纵式结构把调查材料按逻辑顺序，或按事情经过，或按理论层次叙述；用横式结构阐明干部的政治品德、工作能力、开拓性的政绩等重点内容，全面正确地展示干部的真实面貌。

第二，端正观点，掌握标准；全面分析，正确定性。考核材料要对干部的德能勤绩的主要方面进行判断和估量，因此写作者的人才观和判断是非标准如何，就会自觉不自觉地表现在材料之中。所以，树立正确的用人观点，采用正确的判断是非的标准，显得尤为重要。为能使干部的面貌写真，需要注意防止三个方面的问题。一要防"浮"。浮在上面，不作深入分析，往往会被一些假象迷惑。比如，有些干部表面看来很是稳重、谨慎，但其中有的是没有主见，随声附和；有的却是思路清晰，柔中有刚。对这些干部，要具体分析，区别对待，不能一概而论。二要防"偏"。端正思想方法，客观公正地评价每一个干部。三要防"满"。往往有这种情况，凡是上级提升的干部，以能提升为目标，突出成绩和优点，锦上添花，随意拔高；凡是上报免职和降职的干部，则突出问题和缺点，加以渲染。这种实用主义的做法，尤其应以纠正。要使考核材料"文如其人"，就要自觉地用马克思主义人才观和党的干部政策来指导写作。正确性是建立在全面系统地把握干部的实际情况的基础之上的。所谓全面，首先是指对干部的优点和缺点、长处和短处、过去和现在、显绩和隐绩等，要全面看待，不能顾此失彼，以偏概全。其次是指要从整体上把握干部，即按照党对干部的总体要求和干部的岗位、职责的需要来看待干部，从而作出客观正确的判断和估量。

第三，尊重事实，反映实质；成绩写实，缺点写透。干部考核材料要坚持用事实说话，准确反映客观实际。事实要准确可靠，能反映本质；数字要真实具体，能说明问题。对反映干部本质的成绩要写够，就是说，既要写干部独立取得的成绩，也要写其在集体完成任务中的作用；既写显绩，也要写隐绩。对干部的缺点、弱点要抓住主要方面，准确鲜明地表述，对其主要缺点应举出具体事例加以说明。注意不要将工作上的失误、差错同个性上的不足、缺陷混为一谈。在认定一个干部的缺点时，要进行认真分析，抓住主要矛盾方面，只要其不足的一面还没有影响其长处的发挥，就不要轻易认定为缺点而写进考核材料。

（3）总评和建议，注重潜力开发。总评要精练概括，画龙点睛，一语中的，不落俗套。建议，即对考核对象能否使用，如何使用等提出意见。总评和建议的关键在于着眼于未来和发展，着眼于对干部潜力的认识和开发。

（三）组织鉴定

鉴定是组织对干部在一定时期内的工作、学习、作风和政治思想等方面的实际表现进行鉴别和评定后所写成的书面材料。它是机关人事部门经常使用的一种文书，其作用在于能够较为全面地反映被鉴定人的历史面貌和人生价值，是人事部门考察、选拔和使用干部的基本依据和凭证。

1. 组织鉴定材料的撰写

组织鉴定一般由七部分构成。

（1）标题。通常采用以下方法：一是直接标明文种。如"鉴定"或"组织鉴定"等。二是由介词"对"引出被鉴定人姓名再加文种。如"对×××同志的鉴定"。如系被鉴定人某一时期、某一阶段或某一方面的情况鉴定，则要在文种前面添加相应的限制成分，使之具体、准确。如"对×××同志退伍的鉴定""对×××同志在预备党员期间的鉴定"等。

（2）引言。通常用第一句话或第一小段文字，简要写明鉴定的缘由及时限。如对退出消防员的鉴定，开头不妨这样写："×××同志即将退出队伍到地方工作，今对其在队伍工作期间的表现做如下鉴定。"

（3）开头。鉴定的开头内容一般是概述基本情况，简要地表达组织对被鉴定人的基本看法。

（4）主体。主体部分分为优点和缺点两部分。优点是全文的重点，应恰如其分地表述，着力写好。有的按政治素质、工作和业务能力、工作态度、工作实绩等四个方面分条陈述。分条之后，每一条的开头语，要高度准确地概括出某一方面的优点。如"热爱队伍工作，具有较强的献身消防救援事业的精神"；"胸怀坦荡，忠诚老实，善于团结同志一道工作"等。有了明晰的条目，再分条采用写实的方法，用事实说话，用实实在在的行动、成果、实绩、奖励等"干货"介绍有关实际内容。如政治素质不要只用"一贯重视政治学习，立场坚定，旗帜鲜明"等笼统性的话。读书学习要有数质量，进步有标志，才能有真实感。鉴定中优点的评语，可以用一些形容词，如勤勤恳恳、兢兢业业、雷厉风行、干脆利落等，但不可用得过多，特别是不能把表达同一意思的形容词都堆在一起。同时也不能用得过头，如"一尘不染""大公无私"之类，尽量少用或不用。反映干部的缺点，应从思想政治品质，思想方法，能力素质，工作姿态、方法、作风等主要方面来找，内容不用具体展开介绍，但归纳概括的文字要准确公正合理，必要时可指出其症结所在，令被鉴定人口服心服。

（5）结尾。通常是向被鉴定者提希望。有的情况，如对转业干部或毕业学员的鉴定，还可提出今后任职的建议。提希望要中肯适度，鼓舞人心；提建议要严肃负责，集体定论。

（6）落款。就是鉴定者所在党委、机关或考核组署名、盖章。需要注意的是组织名称要写全称，时间也要使用公元全称，以示郑重、严肃。

2. 撰写组织鉴定的写作要求

撰写组织鉴定要做到以下几点。

（1）公正。本着对组织、对群众、对干部本人、对事实高度负责的态度，实事求是地反映干部的德能勤绩，绝不能掺杂个人的恩怨好恶。尤其是对于犯有错误的被鉴定人更应如此，严禁"扣帽子""打棍子"，借组织鉴定之机有意整人。写作时，可以参考被鉴定人的自我鉴定，对其中比较准确的内容要吸收并加以肯定；对本人有意回避的缺点和夸大的优点，要坚持原则，给予纠正。否则，就失去了组织鉴定的价值。

（2）实在。就是观点与论据相统一，评价与现实相吻合。一是要坚持深入实际调查研究，抓住第一手材料，实事写实。其中，要注意选一些综合性的工作材料，把一定期间有影响的工作作出归纳和概括，综合起来反映；注意选一些数据性材料，反映干部的工作数量和质量；注意选择典型性材料，增强鉴定的说服力；注意多用一些近期材料，主要是从任现职的材料中选用。二是要处理好观点与材料的关系。不能观点与材料"两张皮"，也不要简单的观点加例子，善于用浓缩的事实说明某一评价，使之显得很充实，很有"底气"，使观点与材料融为一体。

（3）准确。就是要确切地反映被鉴定干部的表现情况、是非状况，切忌含糊其词，防止和克服评语"公式化"。为把干部的特点写准，就要进行纵横比较。纵向比较，就是看干部的历史，看一贯表现，看干部的变化。开展横向比较，是为了把一个干部区别于其他干部的更明显的特点找出来。如，有的以头脑聪明、思维敏捷见长；有的以老实本分、踏实肯干为优；有的稳重老练，有的敢想敢干；有的简单粗鲁，有的精于计算；有的管理工作能力强，有的机关工作业务熟；等等。通过纵横比较，从中发现个性，抓住特点，把评语写得像被鉴定人。

（4）简练。就是要简明扼要，富于概括力，力求用较少的文字涵盖较丰富的内容，总结为"四略四详"。一是略共同优长、详个性特点。一方面，要高度概括干部的共性优长，比如可采用"该同志完全符合现役军官基本条件"的办法，将干部的共性优长一笔带过。另一方面，要紧紧抓住干部区别于他人的个性特点，着力刻画。二是略历史表现，详现实表现。否则，不仅会出现以往任期的评语与任现职的评语相同的现象，而且还会产生用历史上的表现突出来掩饰现实的平庸的现象，容易给组织识别干部带入误区和盲区。三是略单位荣誉，详个人实绩。要正确估价干部在单位中的地位作用，公正分析干部所在单位的客观基础，切实搞清每个人在单位中所做的工作和取得的实效。四是略工作描述，详评价结论。正确理解"写实记绩"的要求，防止和克服完全用实例代替评价的现象，善于在大量的事实材料中摄取精华，精心推敲文字，客观准确地对干部作出定性结论。

（5）反馈。就是鉴定要征求个人意见。如被鉴定者意见正确，应当接受和采纳。如所提出的意见欠妥当，则应进行说服教育，做到以理服人；如不服，应允许其将自己的意见写在鉴定上。

三、宣传工作文书

宣传工作文书是队伍宣传的重要载体，是实现宣传目的的重要工具。宣传工作文书种类繁多，此处主要介绍宣传教育材料、思想评论、新闻报道三种类型。

（一）宣传教育材料

宣传教育材料属于宣传教育类中的一种，除此之外还包括标语口号、宣传提纲等。所谓教育材料，就是为配合队伍某项教育，由队伍宣传教育部门编写的较为详细的文字材料。它与宣传提纲相比较为详尽，它包括宣传参考材料、教育辅导讲话等。

1. 宣传教育材料的主体结构

宣传教育材料的结构严谨，有一定的规范。主体部分一般运用这样几种结构形式：

（1）中心辐射结构。这种结构也称总分式结构。它的主要特点是：有中心论点（或称总论点），也有派生论点（或称分论点），各个派生论点紧紧围绕中心论点进行论述，形成一个多方面、多层次的论述网络，这就是中心辐射结构。如讲"保证我军在政治上永远合格"这个问题，它的总体结构分为三大部分：一是在政治合格问题上要保持清醒头脑；二是始终同党中央保持一致；三是坚定不移地履行我军的历史使命。关于"在政治合格问题上要保持清醒头脑"这个论点，又可以形成这样三个小论点：①认清整体合格与人人合格的关系；②认清现在合格与将来合格的关系；③认清上面合格与正面合格的关系。

（2）连锁递进结构。这种结构也简称为扣环结构。它的特点是围绕中心论点纵向推进，步步深入，形成环环相扣的连锁递进状态。如讲"民主集中制的组织原则"问题，总体结构分三部分：一是民主集中制是党的根本组织原则；二是"四个服从"是民主集中制的基本内容；三是正确实行民主集中制。这三部分一层深一层，使人们对这个问题的认识逐步趋于完善。

（3）正反交织结构。这种结构又称比较结构。它的主要特征是正反、真假、新旧、优劣放在一起，形成鲜明对比，以求得论述的良好效果。如讲"多党制不适合我国国情"的问题，总体结构可作这样的安排：一是我国和西方国家的历史不一样；二是我国和西方国家的国情不一样；三是我国和西方国家的政权性质不一样；四是我国的民主党派和西方国家的在野党、反对党不一样。用这种对比的方法，在结构的组合中形成鲜明的结论。

以上几种结构形式，常常是在同一材料中被综合运用。比如有的宣传教育材料总体看是辐射结构，但小层次往往又用正反交织结构。总之，采用什么结构形式，要根据内容而定。

2. 宣传教育材料的写作要领

基本的要求是要熟悉和理解党的路线、方针、政策和队伍的有关规定，具有一定的理论水平和较为丰富的知识。

（1）要能够提纲挈领。抓住了"纲"，"目"也就带动起来了。宣传教育材料的写作，切忌重"血肉"轻"骨头"，论点一定要用充分的论据来支撑。否则，材料是"立"不起来的。

（2）要突出说理性。宣传教育的目的，是要解决队伍指战员的思想问题和认识问题。宣传教育材料的说理性，主要表现在三个方面：一是讲清什么是正确的，什么是错误的；二是讲清为什么，主要讲清其意义；三是讲清怎么办，也就是该如何去做。因此，宣传教育材料的写作要有充分的说服力，决不能仅仅用观点加例子和理论推演的方法进行简单化的论述。

（3）要密切联系实际。宣传教育的真谛是释疑解惑，只有联系实际，才能使宣传的观点进入被教育者的头脑。因此，写宣传教育材料必须紧密联系社会、队伍的实际，联系广大消防员的思想情况，回答迫切需要回答的重要问题。

（二）思想评论

思想评论是评述议论意识形态的文章，常被誉为政治工作的"巡逻兵"。

1. 思想评论的特点

思想评论与其他宣传教育材料相比较，有以下三个鲜明特征。

（1）时效性。思想评论的内容一定是人们思想认识上的热点、难点，所以有较强的时效性。它的时效性不等于说文章的寿命很短，恰恰相反，因为它抓住有代表性的思想问题进行评述，往往有很强的生命力。

（2）鲜明性。思想评论直指利害，拥护什么、反对什么，旗帜鲜明，是非曲直，一目了然。

（3）单一性。思想评论往往是围绕一个观点、一个倾向深入剖析，围绕一个中心，不枝不蔓，把道理讲深讲透，令人震撼。

2. 思想评论的写作方法

思想评论要一语中的、实现主旨要求，就必须遵循写作的一般规律。

（1）正确选题。就是要从上级的指示精神中选题，从实际生活中选题，从有关资料中选题。它可能是现实生活中某种思想倾向、某种认识问题，也可能是现实生活中的某种社会现象。这些论题或通过报刊、广播、电视等新闻媒介获知，或是参加有关会议而生发，或是深入生活、观察生活的所见所闻，或是在阅读有关资料中有所发现。总之，论题就在我们的生活之中，关键是我们能不能及时地捕捉到它。我们要用满腔热情注视现实生活中的一切新变化新发展，及时地发现其中的新气象、新风尚、新人物，发现人民群众普遍关心的问题和不良倾向，从中选择出论题。

（2）深入分析问题。写思想评论时，必须对评论目标的情况（内容、性质、产生、发展等），以及它同其他事物的联系加以具体的剖析和反复的比较，经过去粗取精、去伪存真、由此及彼、由表及里地认真思索，以便达到对评论目标有一个全面的深刻的认识，从而抓住实质，针对要害，把话说到人的心上。

（3）由表及里评论。写思想评论必须采用能够使人心悦诚服的说理方法，要用不多的话，打中要害，使人豁然开朗。一是要对症下药。在进行评论时，用什么材料，讲什么道理，必须看评论对象的具体特点，有的放矢。二是要析果论因。弄清客观事物发展变化的前因后果，是全面地、本质地认识事物的重要条件。只有弄清这些因果关系，才能更好地对客观事物准确地作出本质的判断，也才能找到解决问题的办法。

3. 思想评论的写作要求

写好思想评论要注意以下几点。

（1）要精心制作好标题。思想评论的标题十分重要。题好文一半。标题生动、富有吸引力，一下就能把读者抓住，使他非看下去不可。如果标题一般化，读者一看标题就够了，就没有兴趣再去看正文。制作一个好标题需要反复思考、反复研究，还要学一点修辞手法，研究点制作标题的艺术。

（2）要正确运用分析和综合的方法。写思想评论文章离不开分析和综合，一般来说，这两种方法常常结合运用，没有分析的综合是靠不住的；没有综合，分析也会变成盲目的。总之确立了一个好的论点后，分析要精辟，一层进一层，直至问题的核心；要紧密联系实际，不能公式化地讲大道理、空道理。在进行综合时，一定要在事物的原有基础上综合，要自然地综合出结论，要揭示本质，画龙点睛，给人以开朗之感。

（3）注意掌握说理艺术。比如，打比方，可使一些深刻的道理很快地变得通俗明白，做到深入浅出，为人们所理解；举事例，可使论点变虚为实，变干巴为生动，容易为人所接受。总之，形象说理，关键是必须把形象的比喻和讲理紧密地结合起来，虚虚实实，虚实并举，才能相得益彰。

(三) 新闻报道

新闻报道主要包括消息、通讯、言论、报告文学等。

(1) 消息。消息是新闻体裁的一种。它是关于新近发生或发现的、具有新闻价值的事实的报道。它在新闻诸体裁中占有"主角"地位。它的特点是短小精悍，快速灵活。

(2) 通讯。通讯是用叙述、描写、议论等多种方法，详细而形象地报道典型人物、事件或问题的新闻体裁。通讯有三个特点。一是容量大。可以展开情节，详细报道，需要运用相当丰富的材料。二是具体形象，生动感人。它要采用一些文学手法，带有一定的文学性。三是运用叙述、描写、议论、抒情等多种表达方式。

(3) 言论。言论是指发表在报刊上的议论性、说理性文章。它是报纸的"眼睛"。言论有三个特点：一是直接发表意见。消息和通讯一般是通过事实来发表作者的观点。而言论通常是直接表明态度：提倡什么，反对什么。二是以理服人。消息是以事实服人，通讯是以情感人，言论则是以理服人。三是针对性。消息、通讯也针对社会问题，但没有言论的针对性那么强；言论抓住社会问题，往往是一针见血，决不含糊。

(4) 报告文学。报告文学是兼有新闻和文学双重特色的边缘文体。它既有新闻价值，又有文学价值。

四、纪检工作文书

纪检工作文书主要反映党的纪检工作，除了通用文书外，还包括立案报告、案件调查报告、案件审理报告等专用文书。

(一) 纪检工作文书及其与政法工作文书的区别

纪检工作文书与政法工作文书在形式上有许多相似之处，但两者的界限还是分明的，这是由纪检机关和政法机关不同的工作性质和工作内容所决定的。首先，纪检机关是党的执法部门，政法机关是行政执法部门；其次，纪检工作执行的是党纪，政法工作运用的是法律；再次，纪检部门按党内的组织程序办事，政法部门则按法律程序办事。以上这些方面决定了纪检工作文书与政法工作文书在内容上是有较大区别的。另外，两者在形式上也有很大差异。有些文书是纪检机关专用的，如处分决定、案例通报等；有些文书是政法机关专用的，如起诉书、判决书等。即使有些文书的字面形式相同，如"案件调查报告"，但其具体的操作程序也不同。纪检机关用的是组织调查的形式，政法机关则用法律调查的形式。所以，对这两种不同的文书应当明确地区分开来。

(二) 纪检工作文书的写作要求

党的纪律检查工作，是指党的纪律检查机关依据党章的规定，对党组织和党员遵守党章或其他党规党纪，执行党的路线、方针、政策，遵守国家法律法令的情况进行监督、检查，维护和执行党的纪律，协助党委管好党风的工作。因此，要正确地判断案件的性质，得出符合客观实际的真实结论，纪检工作文书要符合以下要求。

(1) 有理有据。纪检工作各种文书的写作都应注重对党的理论、政策、纪律规定等进行全面深刻的阐述，这是纪检工作文书进行宣传教育、维护党的纪律的重要保证。理是靠据来支持的。如果只注意宣传理论而不注意说明根据。或者只处分人而不讲缘由，这样的纪检工作文书就谈不上权威性，就不能得到人们的信服，从而失去了党的组织代言工具的效用。

（2）实事写实。一是纪检工作文书的内容必须是现实生活中确切存在的事实，二是写作纪检工作文书的态度必须客观、实在。实事求是是我党的优良作风之一，作为党的干部、党的工作者，应当始终不渝地按党的原则办事，决不能在写作时掺入个人的私心杂念，搞小动作，以确保党的文书的纯洁性、有效性。

（3）慎下结论。结论性是纪检工作文书最突出的特点，所以在写作时应特别慎重。尤其是纪检工作文书的写作中，对违纪人员、违纪现象的处理稍有不慎，就会影响文书内容的真实性和公正性，从而损害纪检部门的形象和声誉。为了保证纪检工作文书结论性的公正与确切，就要在写作前和写作中进行全面细致的调查研究工作，详细了解党的政策、纪律的精髓内容，以便组织纪检工作文书收到最好的表达效果。

（三）常用纪检专用文书写作

常用纪检专用文书有批评性通报、立案报告和案件调查报告等。

1. 批评性通报

批评性通报，主要用于通报对所犯错误及有关人员的处理，并提出告诫。正文部分要写明：一是错误事实，如错误情节、危害程度及有关数字等；二是错误性质，主要分析所犯错误的性质及其原因，或者应当吸取的教训；三是处理意见，要写明对错误的直接责任人所作出的处理，有的还可提出一些要求。

2. 立案报告

立案报告是各级纪委的案件检查部门准备将了解到的问题作为案件进行调查时，向同级或上级党委或纪委写的书面报告。它通常由标题、正文、署名和日期、附件四部分构成。

（1）标题。标题要写清是对某人某方面的问题所作的立案报告，如《关于对×××受贿问题立案进行查处的报告》。

（2）正文。正文是立案报告的中心部分，应写清三个方面的内容：一是有关立案的基本情况，包括被检查人的工作单位、职务、简历等以及问题反映上来的渠道。二是被检查人的主要错误事实及造成的危害和影响。这部分内容应把主要问题和重要情节逐条列出，不必写得过细，因为它不是案件调查报告。三是拟办单位，即确立由哪个单位具体负责查处工作，以便上级机关掌握情况。正文的结尾一般用"当否，请批示"或"此报告，请批示"等来收尾。

（3）署名和日期。这里指呈报单位名称和完成报告的年月日。

（4）附件。如有揭发材料或初步了解的情况，应一并附于报告之后。为了使立案工作简便、规范，目前很多单位用立案审批表代替立案报告。

撰写立案报告应注意：一是在写作前要对检举、反映的问题做初步的了解，以确保问题的可靠性和真实程度；二是如果与本级党委的意见不一致时，应请示上级纪委后着手撰写，以保证立案工作不留隐患。

3. 案件调查报告

案件调查报告是对某一案件的事实真相进行全面的调查核实后作出的有关案件全貌及定性处理意见的书面报告。案件调查报告的组成项目通常有标题、主送单位、导语、正文、署名和日期等五个方面。

（1）标题。标题要高度概括出调查的中心内容，如《关于×××在办理查抄财物工作中收受贿赂情况的调查报告》。

（2）主送单位。主送单位一般是派出调查组的党委或纪委。

（3）导语。导语位于案件调查报告的开头，一般应写清四个方面的内容：被调查对象（单位或个人）的主要问题或基本情况；进行调查的根据，即为什么进行调查；调查组的组成及工作情况；对所调查问题的大致结论。导语在整篇案件调查报告中起着提纲挈领的作用。

（4）正文。正文是案件调查报告的中心内容。一般采用纵横结合的写法，即从纵的方面揭示问题或事件的过程与结果，从横的方面分析这些问题或事件的性质或责任。具体来说，正文要写清调查核实的事实和需要说明的问题，被调查者的态度以及对错误性质的分析和由此作出的结论等几个方面的内容。

（5）署名和日期。调查报告的最后要写上调查组的名称和完成报告的年月日。

写作案件调查报告应注意以下四点：一是调查工作要全面、细致，这是写好调查报告的基础；二是报告内容要具体、真实，要抓住主要问题和主要情节进行详细、客观的报告，不要遗漏重要材料，也不允许将个人偏见带入调查报告的写作中去；三是证据要确凿，要严格鉴别人证、物证、书证等的可靠性；四是定性要准确，报告中提出的定性结论是执行党内纪律的重要依据，不允许出现偏差，要以对党的工作、对调查对象负责的态度作出准确的判断。

思考题

1. 消防救援队伍政治机关文书的主要特征有哪些？
2. 消防救援队伍政治机关文书写作的方法步骤是什么？
3. 消防救援队伍政治机关文书写作的基本要求有哪些？

参 考 文 献

[1] 马克思恩格斯．马克思恩格斯全集（第42卷）[M]．北京：人民出版社，2017．
[2] 恩格斯．反杜林论［M］．北京：人民出版社，2016．
[3] 邓小平．邓小平文选（第2卷）[M]．北京：人民出版社，1983．
[4] 毛泽东．毛泽东选集（第1卷）[M]．北京：人民出版社，2009．
[5] 周恩来．周恩来选集（上卷）[M]．北京：人民出版社，1984．
[6] 列宁．列宁全集（第6卷）[M]．北京：人民出版社，2014．
[7] 陈介堂．公安先进典型宣传的实践与思索［J］．武汉公安干部学员学报，2009，84（1）：47-50．
[8] 成云雷．宣传先进典型需要把握"四个关系"［J］．理论探索，2007（1）：72-73．
[9] 高长清．政工研究与公文写作［M］．北京：海潮出版社，1999．
[10] 耿显榜．构建创先争优长效机制［J］．党建研究，2011（9）：40-41．
[11] 韩振峰．创先争优是推进党的先进性建设的内在动力［J］．学校党建与思想教育，2011（12）：7-9．
[12] 孔庆程．军用公文写作20讲［M］．北京：海潮出版社，1997．
[13] 马金生．大型文字材料写作技法详解［M］．北京：海潮出版社，2010．
[14] 李和忠．队伍政治机关公文写作概论［M］．北京：国防大学出版社，2001．
[15] 李自力．队伍政治工作应用写作理论与实践［M］．北京：军事谊文出版社，2009．
[16] 吕泽志．经验做法类文字材料写作［M］．北京：蓝天出版社，2012．
[17] 欧阳坚．加强改进先进典型学习宣传工作推动社会主义核心价值体系建设［J］．求是，2007（17）：13-15．
[18] 王景鑫，张思源．以新时代视角探索消防救援文化建设的问题及对策［J］．大众标准化，2021（11）：137-139．
[19] 王怀志．队伍政治工作文书写作［M］．北京：军事科学出版社，2001．
[20] 于建伟．队伍干部写作大全［M］．北京：国防大学出版社，2007．
[21] 本书编写组．宣传工作实务［M］．杭州：红旗出版社，2012．
[22] 余琦．军事新闻写作［M］．济南：黄河出版社，1997．